本书为教育部创新团队发展计划系列成果之一
CCES当代中国经济研究系列

经常账户失衡与经济波动

金融结构与银行集中度的视角

Current Account Imbalances and
Economic Volatility
The Perspective of Financial Structure and
Bank Concentration

谭之博 著

北京大学出版社
PEKING UNIVERSITY PRESS

图书在版编目(CIP)数据

经常账户失衡与经济波动:金融结构与银行集中度的视角/谭之博著.—北京:北京大学出版社,2016.9
(CCES 当代中国经济研究系列)
ISBN 978-7-301-27851-2

Ⅰ.①经… Ⅱ.①谭… Ⅲ.①金融市场-经济波动-研究 Ⅳ.①F830.9

中国版本图书馆 CIP 数据核字(2016)第 304083 号

书　　名：经常账户失衡与经济波动:金融结构与银行集中度的视角
　　　　　Jingchang Zhanghu Shiheng yu Jingji Bodong
著作责任者：谭之博　著
策划编辑：徐　冰
责任编辑：赵学秀
标准书号：ISBN 978-7-301-27851-2
出版发行：北京大学出版社
地　　址：北京市海淀区成府路 205 号　100871
网　　址：http://www.pup.cn
电子信箱：em@pup.cn　QQ:552063295
新浪微博：@北京大学出版社　@北京大学出版社经管图书
电　　话：邮购部 62752015　发行部 62750672　编辑部 62752926　出版部 62754962
印　刷　者：北京大学印刷厂
经　销　者：新华书店
　　　　　730 毫米×1020 毫米　16 开本　19.5 印张　215 千字
　　　　　2016 年 9 月第 1 版　2016 年 9 月第 1 次印刷
定　　价：49.00 元

未经许可,不得以任何方式复制或抄袭本书之部分或全部内容。
版权所有,侵权必究
举报电话:010-62752024　电子信箱:fd@pup.pku.edu.cn

前言

本书从金融结构(金融体系中资本市场与银行的相对发达程度)与银行业结构(银行集中度)的角度探讨了金融体系如何影响经常账户失衡与经济波动,为理解中国的经常账户失衡与经济波动提供了新的启示。

本书的第一部分探讨了金融体系特征对经常账户失衡的影响。现有文献强调金融市场的绝对发展水平对于经常账户失衡的贡献,难以解释美国、英国、德国、日本等国家都拥有发达的金融市场,但经常账户失衡的状况迥异。本书从金融结构与银行集中度的视角切入,提出了一套理解经常账户失衡的新思路。本书提供了金融结构与银行业结构影响经常账户失衡的理论模型与经验证据,诠释了其中的作用机理,对传导渠道进行了系统的实证检验。

具体而言,本书首先通过构建理论模型,证明了金融结构对经常账户失衡的影响。本书先构建一个静态微观模型,刻画金融结构对于企业融资和储蓄的影响,接下来,将该微观模型嵌入宏观动态模型中,先讨论金融结构对于封闭经济中资本回报率的影响,再探讨当经济开放后,金融结构对于经常账户失衡的影响。微观静态模型是Allen和Gale(1999)的拓展,刻画了直接融资(市场融资)与间接融资(银行融资)的权衡取舍:直接融资虽然可以通过每个投资者亲自决策避免观点的不一致,但每个投资者都需付出信息搜集等融资成本。模型证明,当融资成本较大时,通过间接融资获得外部融资的企业份额较大,通过直接融资获得外部融资的企业份额较小。因此,融资成本刻画了金融结构,融资成本较高的国家为银行主导国家。并且,银行主导国家的企业面临更大的外部融资困难,从而更多地依赖于自身储蓄融资。更重要的是,金融结构对企业融资和储蓄的影响存在异质性,大企业在何种金融体系下都较易得到外部融资,小企业在银行主导国家受到较大的外部融资抑制而进行更多的储蓄。通过将上述模型扩展到宏观动态模型,即资本的需求面由上述微观模型刻画,而资本的供给面由家庭消费与储蓄的最优化行为确定,本书求解了资本的供给与需求方程,并证明,在封闭经济下,在参数满足一定条件时,在平衡增长路径上,相对于市场主导国家,银行主导国家的资本供给更小,而资本需求一致,从而拥有更高的总资本回报率。但净资本回报率需从总资本回报率中扣除融资成本,并且供给曲线向上倾斜,因此银行主导国家的净资本回报率更低。数值模拟分析结果表明,在更一般的条件下,相对于市场主导国家,银行主导国家的资本需求和资本供给更小,净资本回报率更低。从而,当金融市场开放后,银行主导国家成为债权持有者,购买市场主导国家的金融资产(债券),经历资本外流和经常账户顺差,市场主导国家经历经常账户逆差。

接下来,运用56个国家1990—2007年的宏观面板数据,世界银行商业环境调查数据和Compustat全球工业商业企业年度数据库,本书实证检验了一国的金融结构对其企业储蓄与经常账户失衡的影响。国家层面的实证结果表明,市场主导国家相对于银行主导国家拥有更低的企业部门储蓄和更大的经常账户逆差(更小的顺差)。并且,企业部门储蓄对于经常账户失衡产生重要影响,金融结构影响企业部门的储蓄,而对于家庭和政府部门的影响不显著。企业层面的实证结果表明,相对于市场主导国家的企业,银行主导国家的企业,尤其是中小企业,更多地依赖于内源融资,拥有更高的储蓄率。

本书对上述基准回归结果进行了一系列稳健性检验。包括控制时间趋势项的影响,排除金融中心效应,考虑海外上市及金融危机的影响,排除产油国及异常值的影响。本书也尝试了横截面与面板数据回归、Tobit模型及工具变量估计方法,基准回归结果保持稳健。

解释两种金融体系下企业储蓄行为的差异,需要比较在两种金融体系下,小企业受到的外部融资抑制的差异。由于在银行主导国家,企业外部融资的主要途径是银行贷款,而市场主导国家股权融资占据更大的外部融资相对份额,本书接下来比较银行融资相对于股权融资的规模在大、小企业间是否存在显著差异(在上市企业间相比或非上市企业间相比),以更深入地理解金融结构对于企业融资行为的影响。基于中国上市公司1991—2009年的面板数据和世界银行1999年的跨国企业调查数据,静态面板模型、动态面板模型与横截面 Tobit 模型的回归分析结果表明,企业的规模越小,不仅银行融资占总资产的比重越小,而且银行融资相对于股权融资的比例越小。银行融资比股权融资对小企业施加了更多的抑制。这为从金融结构和企业储蓄的视角解释经常账户失衡提供了进一步的微观基础。不同于传统文献强调中小企业的融资难题由其自身因素所致,这些实证结果表明,小企业受到的融资抑制与它们所处环境的金融结构相关。

在深入探讨金融结构(金融体系中资本市场与银行的相对发达程度)对经常账户失衡的影响之后,本书进一步讨论了银行业内部结构,即银行集中度对经常账户失衡的影响。基于1990—2007年56个国家的面板数据和1999年世界银行的企业调查数据,运用动态面板模型和Tobit模型,本书探究了银行集中度、企业储蓄和经常账户失衡的关系。实证结果表明,银行集中度越高,企业从银行融资的比重越小,自身储蓄越高,而企业部门的储蓄与经常账户余额存在显著的正向相关,高银行集中度国家企业的高储蓄导致这些国家经历更大的经常账户顺差(或更小的逆差)。上述结论并不受金融中心效应的影响,也在工具变量回归中保持稳健。与强调金融部门总规模的传统金融发展观不同,上述实证结果表明,银行业的内部结构是理解经常账户失衡的重要视角。

上述研究表明,经常账户失衡的重要原因在于金融体系的结构性因素导致的中小企业融资困难。银行为主导的金融结构与较高的银行集中度对中小企业融资施加了较大约束,对经常账户失衡产生重要影响。因此,减缓中小企业面临的融资抑制对于改善经常账户失衡状况具有重要作用。短期内,给定金融结构与银行业结构的约束,对于中国这些银行在金融体系中发挥重要作用的国家,能否在传统信贷模式上进行创新,更好地帮助中小企业获得贷款具有重要意义。本书接下来就通过建立理论模型,分析了这样一种模式,即银行与电子商务联手为企业提供贷款的新型融资模式,和这种模式的内在机制,为缓解中小企业融资难、改善经常账户失衡提供一条新思路。信息不对称使得银行通过设计抵押品和利率的传统信贷模式无法满足部分中小企业的融资需求,从而出现信贷配给。本书证明,引入电子商务平台后,其在增大企业违约成本、采集企业信息、实现风险共担等方面的优势可以在一定条件下帮助企业展示自己的信用类型。即使在没有抵押品的情况下,传统模式下受到信贷约束的低风险中小企业在新模式下可以获得银行贷款。本书进一步分析了企业违约成本、信息获取优势、风险共担机制、电子商务用户总规模等因素对电子商务作用的影响,在此基础上提出政策建议,为通过电子商务平台解决中小企业的融资难题,改善失衡状况提供了理论基础。

本书的第二部分探讨了金融体系特征对经济波动的影响。运用中国省级层面的面板数据,本书探讨了银行集中度对于宏观经济和三次产业波动的影响。实证结果表明,银行集中度越高,外在冲击对于经济波动的影响越弱。这种作用主要体现在第二产业,尤其是工业。控制银行集中度后,金融发展因素不再显著。基于中国上市公司面板数据的分析表明,银行集中度越高,企业的长短期贷款占总资产的比重越小。高银行集中度对于企业信贷的抑制提供了银行集中度减缓外在冲击对于经济波动影响的微观基础。

金融危机是经济波动的一种重要表现形式。深入研究银行集中度对于金融危机后企业信贷紧缩的影响,有助于进一步理解银行集中度对于经济波动的作用。本书的最后一部分利用世界银行1999年开展的世界商业环境调查(World Business Environment Survey, WBES)数据和Worldscope数据库提供的24个国家2007年第三季度至2009年第一季度的上市公司季度数据,运用Probit模型和工具变量回归,考察了东南亚金融危机和最近这次全球金融危机后,银行集中度对不同类型企业信贷紧缩的影响。实证研究分两步展开。先利用WBES数据,考察不同规模企业(大、小企业)的信贷增长是否受到银行集中度的显著影响。接下来,运用上市公司数据,考察银行集中度对不同企业信贷变化量的影响,并通过分析银行集中度对股价的影响,提供了银行集中度影响企业信贷增量的补充性证据。实证结果表明,银行集中度越高,小企业出现信贷增长的概率越低,信贷紧缩的幅度越大,而大企业恰好相反。并且,银行集中度越高,大企业股价下跌幅度越小。上述结果对潜在遗漏变量问题和金融危机原发国的影响保持稳健。

本书在以下几方面做出了贡献:第一,本书丰富和发展了关于金融市场差异与经常账户失衡的文献。与现有文献强调金融部门的绝对发展水平不同,本书指出,外部失衡恰恰反映了各国金融结构与银行业结构的差异及这种差异对于企业融资和储蓄行为的影响。改善失衡问题需从结构性因素入手,着力解决中小企业的融资难问题。金融结构与银行集中度的视角有利于更全面地理解经常账户失衡。第二,本书在从微观视角研究宏观问题方面进行了有益的探索,将微观模型与宏观模型相结合,综合运用宏观数据和微观企业数据,提供了金融结构与银行集中度影响企业尤其是中小企业储蓄,进而影响企业部门储蓄率及经常账户失衡的宏微观经验证据。第三,本书提供了详尽的金融结构影响企业融资的微观基础,并对中小企业融资难的原因提供了新的解释。中小企业融资难不仅与企业自身因素相关,也与一国的金融结构有关。第四,本书为缓解经常账户失衡问题提供了新思路。银行主导的金融结构与较高的银行集中度对中小企业融资施加了较多的约束。应对高企业储蓄问题的关键在于在传统信贷模式上进行创新,处理好中小企业的融资难问题。本书通过分析电子商务平台如何通过增大企业违约成本、发挥信息采集优势、与银行和政府共建风险池、实现规模经济等途径,在无需抵押品的情形下帮助低风险的优质中小企业获得银行贷款,为银行通过电子商务平台为中小企业贷款的新型信贷模式提供了理论基础。在银行和电子商务平台联手的新型融资模式下,通过向风险池注资,政府可以借助电子商务平台的信息甄别机制,真正帮助经营效率高、风险低的优质中小企业获得银行贷款。这也是政府有的放矢地帮助中小企业解决融资难题,进而缓解经常账户失衡的新思路和重要举措。第五,本书实证检验了银行集中度与宏观经济波动的关系,并且对背后的传导渠道进行了探索。通过探讨银行集中度对金融危机后不同规模企业信贷紧缩的影响,本书为理解银行集中度如何影响经济波动提供了进一步证据。这为结合自身银行业结构,针对不同规模的企业采取不同的危机缓解措施,提供了启示。

目录

第1章　导论　1

　1.1　研究问题　1

　1.2　研究思路　14

　1.3　创新与意义　21

　1.4　全书章节安排　24

第2章　金融结构与经常账户失衡：理论模型　28

　2.1　本章引言　28

　2.2　文献综述　33

　2.3　理论模型　42

　2.4　本章结论　60

第3章　金融结构、企业储蓄与经常账户失衡：实证研究　62

　3.1　本章引言　62

　3.2　文献综述　65

　3.3　金融结构与经常账户失衡　70

3.4	金融结构与企业内源融资：基于 WBES 的证据	87
3.5	金融结构与企业储蓄：基于 GCICAD 的证据	95
3.6	本章结论	104

第 4 章　企业规模与银行、股权融资：微观证据　106

4.1	本章引言	106
4.2	文献回顾	112
4.3	理论分析	115
4.4	数据和方法	117
4.5	基本回归结果	125
4.6	稳健性检验及进一步讨论	133
4.7	本章结论	140

第 5 章　银行集中度、企业储蓄与经常账户失衡　141

5.1	本章引言	141
5.2	文献综述	144
5.3	数据与方法	148
5.4	实证结果	152
5.5	稳健性检验	164
5.6	结论	169

第 6 章　电子商务、银行信贷与中小企业融资　170

6.1	本章引言	170
6.2	文献综述	174
6.3	不存在电子商务时的信贷模型分析	176

6.4	引入电子商务后的信贷模型分析	185
6.5	讨论和政策启示	196
6.6	本章结论	198

第7章 银行集中度、企业信贷与经济波动　　200

7.1	本章引言	200
7.2	文献综述	204
7.3	计量模型及变量选取	207
7.4	基本回归结果	212
7.5	稳健性检验	219
7.6	结论及启示	223

第8章 银行集中度、企业规模与信贷紧缩　　225

8.1	本章引言	225
8.2	研究假说	229
8.3	数据与方法	232
8.4	基本实证结果	237
8.5	稳健性检验	246
8.6	结论与启示	249

第9章　结论　　251

参考文献　　261

附录1　　283

附录2　　288

后记　　291

第1章

导　论

1.1　研究问题

纵观中国的金融体系,有两大特征值得关注:一是银行与证券市场融资的相对比例关系,或直接融资与间接融资的相对比重(以下称为金融结构);二是银行业内部的集中程度(以下称为银行集中度)。通过考察具体的统计指标,可以对中国金融体系的两大特征获得直观的认识。

首先考察中国的金融结构。文献中有两种方法刻画金融结构,一是增量法,二是存量法。增量法使用每年新增的融资额度刻画金融结构。但这一指标存在一定的缺陷。由于每年的融资增量有更大的波动性和不确定性,易受市场环境和经济政策的影响,波动较大,并且这一指标国际数据可得性差,难以进行国际比较。存量法使用银行信贷余额与证券市场资本化总额的相对比例衡量金融结构。由于存量规模相对稳定,国际数据可得性更好,因此,在进行国际比较时通常使用这一指标。

首先采用增量法描述中国的金融结构,即采用中国人民银行公布的每年新增非金融企业直接融资(股票和债券)占新增社会融资规模的比重来刻画直接融资和间接融资的相对比例。图1.1描绘了这一指标随时间的演进趋势。虽然从趋势来看,中国直接融资的比重有所增加,但这一比例仍然较低,即使在 2012 年,也只有 15.9%。中国仍然是银行主导的国家。

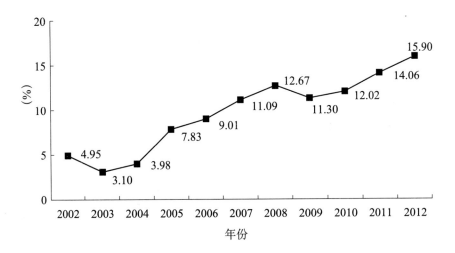

图 1.1 中国社会融资中直接融资所占的比重

注:直接融资所占比重为股票和债券融资占新增社会融资规模的比重。
资料来源:中国人民银行。

接下来采用存量法(银行信贷与证券市场资本化总额之比)来描述金融结构,并将中国与其他国家进行比较。

图 1.2 对比了中国和四个发达国家的金融结构,图 1.3 则对比了中国和另外三个金砖国家的金融结构。由图 1.2 可知,中国的银行信贷规模相对于证券市场规模的比例在 2000 年以前远高于四个发达国家的相应比例,2000 年之后有所下降,但 2005 年以前仍然高于四个发达国家。2005 年之后,股市复苏,2007 年出现大牛市,银行业的主导地位才有所缓和。图 1.3 显示,中国的银行信贷规模相对于证券市场规模的比例一直是金砖四国中最高的。

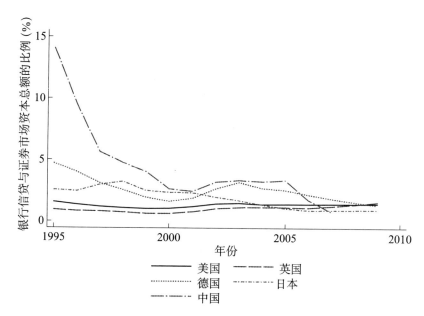

图 1.2　中国和四个发达国家以存量法刻画的金融结构

资料来源：世界银行世界发展指数（WDI）数据库。

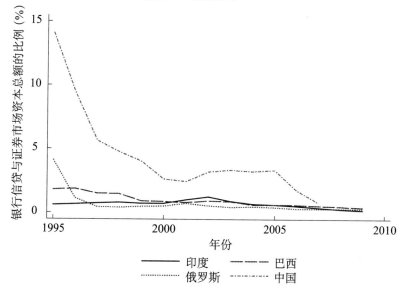

图 1.3　中国和其他金砖国家以存量法刻画的金融结构

资料来源：世界银行世界发展指数（WDI）数据库。

如果采用每千人上市公司的数量来衡量证券市场的发展程度,中国证券市场的发展程度不仅比美国、英国、德国、日本这些发达国家落后,由图1.4可知,即使是在金砖四国当中,也处于最低的水平。

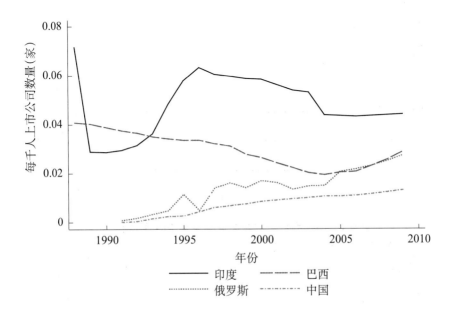

图1.4 中国和其他金砖国家每千人上市公司数量
资料来源:世界银行世界发展指数(WDI)数据库。

在考察了中国的金融结构之后,再来看看中国的银行集中度。中国的银行数量有限,银行平均规模较大。即使是包括乡镇银行、农信社和新近发展起来的私人贷款公司,中国的银行总量也不会超过4 000家,而美国有7 500家商业银行、886家存贷协会、400家互助储蓄银行和9 900家信用社。这说明美国的绝大多数银行的规模都很小,而中国的银行规模相对较大。

如果用最大三家银行的总资产占所有商业银行总资产的比重来衡量银行集中度,可以比较中国的银行集中度与其他国家的相对大小。中国的银行集中度长期维持在很高的水平,大量资产集中于少数银行的手中。1995—2006年,中国的银行集中度不仅高于美国、英国等发达国家,即使在金砖国家中也处于最高水平(图1.5对比了中国和其他金砖国家的银行集中度)。2005年之前,中国的银行集中度虽然经历了下降的趋势(但即使在金砖国家中也是最高的),但之后很快又反弹至较高的水平。中国前三大银行的资产份额在60%—80%波动,而美国的相应指标长期维持在20%的水平,2003年之后逐步上升至38%左右。

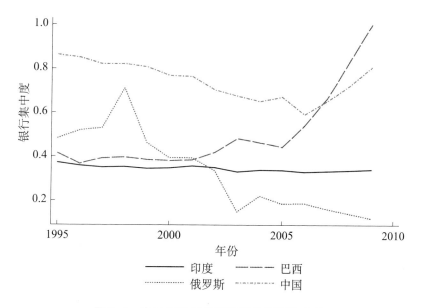

图1.5 中国和其他金砖国家的银行集中度

资料来源:惠誉(Fitch)Bankscope数据库。

综合上面的描述性分析,中国的金融体系具有两大特征,一是金融结构以银行为主导,二是银行业的集中程度较高。

本书关注中国金融体系的上述特征对其宏观经济的影响。具体的,本书关注宏观经济的两大核心问题,即经常账户失衡与经济波动,从金融体系特征的视角理解经常账户失衡与经济波动。

经常账户失衡一直是学术界与政策制定者关心的热点问题。为什么一些国家经历持续的经常账户顺差,而另一些国家经历持续的经常账户逆差?许多文献给出了解释[1],比如财政赤字导致的双赤字(Obstfeld and Rogoff,1995;Chinn and Prasad,2003)、人口结构(Higgins and Williamson,1997;Attanasio and Violante,2000;Brooks,2003)、文化差异(Carroll et al.,2000)、经济发展战略和政策(Dooley et al.,2003,2004,2009)等。近年来,从金融的视角理解失衡(Caballero et al.,2008;Mendoza et al.,2009;Ju and Wei,2010)成为一个蓬勃发展的领域。

具体而言,Cabarrello 等(2008)构建了一国的金融体系和增长动力共同影响其经常账户状况的理论模型。在他们的模型中,美国作为全球最主要的金融中心,拥有生产金融资产的比较优势,但它的经济增长率低于新兴市场经济体。因此,国际分工的结果是美国成为世界的银行,为其他国家提供金融资产,吸引资本流入,经历经常账户逆差。Mendoza 等(2009)的理论模型表明,各国经常账户的失衡可以由各国金融发展水平的差异所引发,金融发展水平越高的国家,越会积累大量债务,经历经常账户逆差。Ju 和 Wei(2010)从道德风险的角度刻画了金融摩擦,他们的理论模型证明,金融体系更健全的国家进口金融资本,出口 FDI,而金融体系更不健全的国家恰好相反。然而,在他们的理论模型中,一国金融体系的健全程度对其经常账户状况的影响并不确定。

本书也从金融的视角探求经常账户失衡的原因,为理解中国的经常

---

[1] 更详细的文献综述在每一章的研究中进行。

账户失衡提供新的启示。但与上述文献不同,本书从金融结构与银行集中度的视角切入,探讨它们对于经常账户失衡的影响。与强调金融部门总规模的传统金融发展观不同,本研究发现,金融体系的结构特征是理解经常账户失衡的重要视角。本书为从这一新的角度理解经常账户失衡提供了一个统一的分析框架。

一些典型化事实为从金融体系特征的视角研究上述问题提供了初步的线索。

先看中国的经常账户失衡。自20世纪90年代以来,中国经历了持续的经常账户顺差。如图1.6所示,中国的经常账户盈余占GDP的比重仅在1993年出现了负值,之前和之后都处于较高的水平,并且攀升速度较快。在2008年,中国经常账户盈余占GDP的比重超过10%。

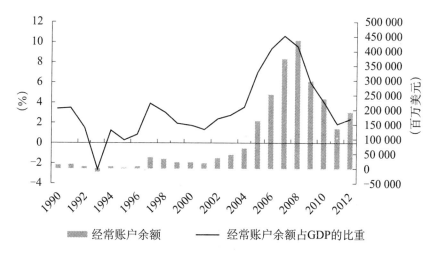

图1.6 中国近年来的经常账户余额

资料来源:世界银行世界发展指数(WDI)数据库。

从绝对规模来看,中国经常账户失衡的程度也相当惊人,2008年中国的经常账户盈余超过4 200亿美元,占美国当年赤字规模的80%。

对于世界其他主要国家经常账户失衡的考察有利于进一步认识这一问题。一方面,德国、日本等国家经历巨额的经常账户顺差。如图1.7所示,自2000年以来,两国一直是顺差国,两国经常账户顺差占GDP的比重最高时分别达到7%和5%。另一方面,美国和英国等国家经历持续的经常账户逆差。如图1.7所示,自2000年以来,两国一直都是逆差国,美国经常账户赤字占GDP的比重最高时达到6%,而英国的相应比重为4%。

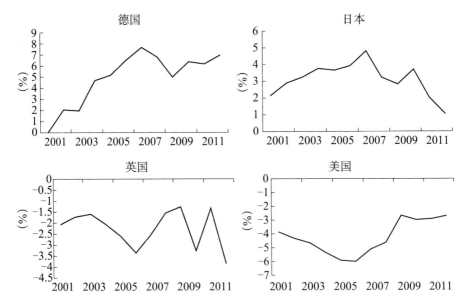

图1.7 德国、日本、英国、美国经常账户余额占GDP的比重
资料来源:世界银行世界发展指数(WDI)数据库。

再看各国的金融体系特征。如果考察德国、日本、英国、美国的金融市场绝对发展程度,四个国家都拥有非常发达的金融市场。例如,如果用私人信贷总额占GDP比重与股票市场总市值占GDP比重之和来刻画金融发展,四国的金融发展程度如图1.8所示。由图1.8可知,四国的金融市场规模都远远超过GDP,日本和英国的这一指标甚至超过了200%。从绝对规模来看,日本的金融发展程度甚至超过美国。但由图1.7可知,日本为经常账户顺差国,而美国为经常账户逆差国,这与传统文献"金融发展程度越高,经常账户逆差越大"的理论预测并不相符。并且,四国的金融市场都很发达,但在经常账户失衡方面却表现迥异。因此,金融发展的绝对水平并不能完全刻画金融市场对经常账户失衡的影响。

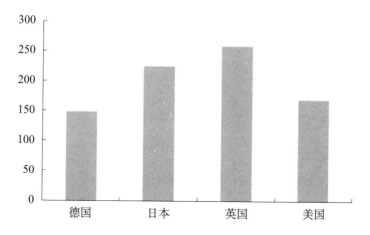

图1.8　德国、日本、英国、美国的金融发展程度

注:金融发展以私人部门银行信贷总额占GDP比重(%)与股票市场总市值占GDP比重(%)之和来度量。为了剔除全球金融危机带来的信贷紧缩和股市下挫的影响,并剔除短期内的波动,图中取金融发展1990—2007年的平均值。

资料来源:世界银行金融发展与金融结构数据库。

但是,如果考察金融市场的相对发达程度或银行业内部的集中程度,可以对金融结构和银行集中度的视角得到初步的直观认识。采用

Beck 和 Levine(2002)的方法,金融结构的度量方法为股票市场总市值与私人部门银行信贷总量之比的对数值。该指标越大,表明一国的金融体系更加市场主导,该指标越小,表明一国的金融体系更加银行主导。银行集中度的度量方法为前三大商业银行总资产占所有商业银行总资产的比重。该指标越大,表明一国的银行集中度越高。图 1.9 展示了四国的金融结构,图 1.10 展示了四国的银行集中度。

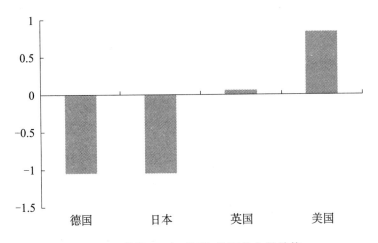

图 1.9　德国、日本、英国、美国的金融结构

注：金融结构以股票市场总市值与私人部门银行信贷总量之比的对数值来度量。为了剔除全球金融危机带来的信贷紧缩和股市下挫的影响,并剔除短期内的波动,图中取金融结构 1990—2007 年的平均值。

资料来源：世界银行金融发展与金融结构数据库。

由图 1.9 和图 1.10 可知,德国和日本为银行主导国家,而英国和美国为市场主导国家。德国和日本的银行集中度高于英国和美国的银行集中度。德国和日本为经常账户顺差国,而英国和美国为经常账户逆差国。这在一定程度上表明,市场主导国家经历更大的经常账户逆差(更小的顺差),而银行主导国家经历更大的经常账户顺差(更小的逆差)。

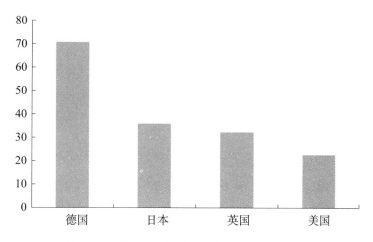

图 1.10　德国、日本、英国、美国的银行集中度

注：银行集中度为前三大商业银行总资产占商业银行总资产的比重。受限于可比数据的可得性，图中取银行集中度 1999—2003 年的平均值。

资料来源：世界银行金融发展与金融结构数据库。

银行集中度越高的国家经历更大的经常账户顺差。反观中国的情况，中国为银行主导国家，高银行集中度国家，经常账户顺差国，也与这一模式相吻合。与金融发展相比，各国金融结构与银行集中度的差异似乎与其经常账户失衡的状况更加匹配。

那么，上述观察是否在更一般的意义上成立？如果成立，金融结构与银行集中度影响经常账户失衡的机理是什么？本质传导渠道何在？本书将对这些问题展开系统、详尽的理论分析和实证检验。

由于经常账户余额等于国民储蓄与投资之差，进一步考察中国、德国、日本、英国、美国的储蓄率和投资率，有利于对失衡的原因得到更深刻的认识，找到问题的切入点。1990 年—2008 年期间，中国、德国和日本的平均国民储蓄率（国民储蓄占 GDP 的比重）分别为 43.15%、21.38% 和 29.02%，平均投资率（资本形成总额占 GDP 的比重）分别为

39.74%、20.38%和26.53%,而美国和英国的储蓄率分别为15.09%和14.95%,投资率分别为18.61%和17.35%。[1] 因此,高储蓄而非低投资推动着五国经常账户的失衡。由于一国的储蓄可以由家庭部门、企业部门和政府部门所完成,因此可以进一步考察国民储蓄在部门间的分配。对家庭储蓄而言,中国的家庭储蓄率在1992年为21.1%,之后下降,到2001年只有16%左右;2001年之后,家庭储蓄率开始回升,至2008年达到22.5%,略高于1992年的水平。中国家庭储蓄在20世纪90年代的下降主要是因为国有企业改革造成了大量的下岗和失业,居民收入上升缓慢,许多人的收入甚至下降。因此,以1992年为标杆,2001年之后家庭储蓄率的上升可以看作对20世纪90年代家庭储蓄率下降的补偿。在1992年的时候,中国的经常项目基本持平,而2008年则非常高,但两年的家庭储蓄率基本一样,因此,很难说2004年之后中国经常项目出现大量盈余是由于家庭储蓄上升造成的。德国和美国的家庭储蓄率(家庭储蓄占可支配收入的比重)在这一阶段比较稳定,日本的家庭储蓄率反而出现了下降,在2008年甚至低于美国[2]。与此相对,中国的企业储蓄率经历了较快的上升,从1998年的15%上升至2008年的22%。德国和日本的企业储蓄[3]占GDP的比重分别从1998年的8.75%和13.33%上升至2007年的11.36%和17.84%,而美国和英国的相应

---

[1] 由世界银行发布的世界发展指数计算而得。
[2] OECD的数据表明,德国的家庭储蓄率在1996年为10.55%,在2009年为11.13%。美国的相应比率为5.12%和6.19%。日本的家庭储蓄率从1996年的11.4%跌至2008年的2.29%。
[3] 遵循OECD(2007)的计算方法,企业部门储蓄的测算方法为:总附加值 - 付给职工的薪酬 - 生产税(扣除补贴) - 支付的净利息 - 支付的股利 - 支付的直接税 + 净财产收入 + 净其他经常转移收入。

比重却保持稳定,在1998年分别为7.52%和11.08%,而在2007年分别为6.53%和11.91%。另外,各国政府储蓄占GDP的比重基本遵循相同的趋势,在1996—2007年,在-4%—7%波动。因此,企业储蓄率差异是五国储蓄率差异的重要来源,是理解经常账户失衡的重要视角。

本书即从企业储蓄的角度切入,探讨金融结构与银行集中度影响经常账户失衡的传导渠道。虽然Bachetta和Benhima(2010)、Sandri(2010)、Song等(2011)等从企业储蓄的视角审视经常账户的失衡,但它们并没有探讨金融结构与银行集中度的作用。与其关心流动性支付需求、异质性风险等引发的预防性储蓄不同,本书着重探讨金融结构与银行集中度对企业储蓄行为的影响及其向经常账户失衡的传导。

具体而言,本书将论证在银行主导国家及高银行集中度国家,中小企业面临的外部融资困难越大,越依赖于自身储蓄,并为此提供经验证据。由于一国的经常账户余额等于国民储蓄与国民投资之差,而企业储蓄是国民储蓄的重要构成部分,因而金融结构成为影响其经常账户状况的重要因素。

作为同一硬币的两面,对企业储蓄的研究离不开对企业融资的考察。由于在银行主导国家,企业外部融资的主要途径是银行贷款,而在市场主导国家,股权融资占据更大的企业外部融资相对份额,所以本书进一步探讨了银行融资与股权融资对于小企业的抑制程度是否存在显著差异,以更深入地理解金融结构对于企业融资、储蓄行为的影响。

既然小企业受到的融资抑制与它们所处环境的金融体系特征相关,降低企业储蓄、缓解外部失衡的思路即为解决银行主导国家与高银行集中度国家的中小企业融资难问题。短期内,给定金融体系特征的约束,对于中国这些银行在金融体系中扮演重要角色的国家,在传统信贷模式上进行创新,更好地帮助中小企业获得贷款就具有重要意义。本书也探讨了银行通过电子商务平台为中小企业贷款的新型信贷模式,分析其帮助传统信贷模式下无法获得银行融资的优质中小企业获得银行融资的内在机制及前提条件,为政府在其中发挥积极作用,帮助中小企业缓解融资困难,改善经常账户失衡提供了新思路。

综上所述,本书将以企业融资和储蓄为传导渠道,深入探讨金融结构和银行集中度对于企业外部融资、企业储蓄、经常账户失衡的影响,详细阐述其中的传导机理,并提供翔实的经验证据,继而为缓解经常账户失衡提供新的思路。

除经常账户失衡之外,经济波动也是中国经济的重要问题。本书的第二部分探讨银行集中度对经济波动的影响。通过对经济波动按三次产业进行分解,这一部分探讨了银行集中度如何影响外部冲击对经济波动的作用,及其背后的传导机制。特别的,金融危机之后,企业面临较为严重的信贷紧缩,而银行集中度会对不同类型企业的信贷紧缩产生不同的影响。通过对这些问题进行实证分析,有助于进一步理解金融体系特征与企业信贷及宏观经济的联系。

1.2 研究思路

本书首先构建理论模型,阐述金融结构影响经常账户的机理。理论模型由静态微观模型和动态宏观模型构成。静态微观模型是 Allen 和 Gale(1999)的扩展。该微观模型刻画了直接融资(市场融资)与间接融资(银行融资)的权衡取舍。直接融资中,每个投资者通过付出信息成本,了解企业,亲自决定是否为企业融资。而间接融资中,投资者将决策权随机地委托给一个经理人(金融中介),由经理人付出成本了解企业,代理决策。直接融资的劣势在于,每个投资者都需付出信息成本,而优势在于每个投资者亲自决策,从而不会投资于一个自己并不愿意投资的项目。与此相对,间接融资的不足在于,选出的经理人(金融中介)可能投资了一个委托人并不愿意投资的项目,而优势在于,由于只有经理人付出信息搜集成本,信息成本被摊薄。因而,融资成本越大,间接融资的成本分担优势越明显。虽然融资成本加大也使净收益为正的项目减少,模型证明,只要项目规模足够大,成本分担的力量就会占据主导,从而融资成本越大,间接融资的份额越大,直接融资的份额越小。因此,融资成本刻画了一国的金融结构,融资成本小的国家为市场主导国家。接下来,模型证明,融资成本越大,外部融资的份额越小,这是因为随着融资成本的上升,直接融资份额的下降幅度大于间接融资份额的上升幅度。从而,市场主导国家的企业面临更小的外部融资困难,更少地依赖于自身储蓄融资。进一步,理论模型说明,融资成本的增大使得一些企业从直接融资转为间接融资,但这些企业都是投资者对其观点的分歧性较小或期望回报较高的企业,从而金融结构对这些企业是否获得外部融资影响并不显著(这些企业只是外部融资的形式发生变化,但依然可以获得外部融资)。受融资成本影响最大的企业为投资者对其观点的分歧性较大或期望回报较低的企业。由于直接融资的优势在于避免观点的分歧性,投资者对其观点的分歧性较大的企业主要依赖于直接融资。融资成本的增大减少了直接融资,从而对这类企业产生了较明显的影响。对应于现实,由于有关小企业的信息非常缺乏,信息不对称问题十分严重,因此相对于大企业,投资者对于小企业项目的观点更加不一致。并且,小企业通常拥有更大的风险,投资者对它们能够获利的信心更为不足。因此,金融结构对于小企业的影响显著,而对于大企业的影响并不显著。银行主导国家的小企业面临更多的外部融资困难。换言之,市场融资可以更好地匹配小企业的融资需求,而经济体中大多数企业为中小企业,因此总体而言,市场主导国家中的企业面临的外部融资困难较小。

接下来,上述静态模型被嵌入宏观动态模型中。封闭经济中,资本供给由消费者消费与储蓄的动态最优化决定,而资本需求由上述静态模型确定。模型证明,平衡增长路径存在,并分别求解出资本供给和资本需求与总资本回报率的关系。在参数满足一定条件时,在平衡增长路径上,相对于市场主导国家,银行主导国家(由上述融资成本刻画,对应于更大的融资成本)的资本供给更小,而资本需求一致,从而拥有更高的总资本回报率。但净资本回报率需从总资本回报率中扣除融资成本,并且供给曲线向上倾斜,因此银行主导国家的净资本回报率更低。数值模拟分析结果表明,在更一般的条件下,相对于市场主导国家,银行主导国家的资本需求和资本供给更小,总资本回报率更高,净资本回报率更低。从而,当金融市场开放后,资本从银行主导国家流向市场主导国家(银行主导国家持有对市场主导国家的净债权),与此相应,银行主导国家经历经常账户顺差,而市场主导国家经历经常账户逆差。在平衡增长路径上,各主要变量都以恒定速率增长,两国经常账户余额占 GDP 的比重为常数。

本书接下来对金融结构与经常账户的关系及传导渠道进行实证检验。第一,基于 66 个国家 1990—2007 年的宏观面板数据,运用动态面板模型，本书提供了市场主导国家经历更大的经常账户逆差（更小的顺差）的经验证据。第二，基于经常账户的分解表明，企业储蓄是经常账户失衡的重要推动力量，金融结构影响企业部门的储蓄，而非家庭与政府部门的储蓄。第三，基于世界银行商业环境调查数据库和Compustat全球工业商业企业年度数据库，运用横截面和面板回归模型，本书提供了金融结构影响企业储蓄的微观证据：银行主导国家的企业，尤其是中小企业，相对于市场主导国家的企业更多地依赖于留存收益融资（内源融资），拥有更高的储蓄率。

解释不同金融结构下企业储蓄行为的差异，需要比较在两种金融结构下，小企业受到的外部融资抑制的差异。如果企业受到更多的外部融资抑制，就只好依赖于留存收益融资，提高自身储蓄率。由于在银行主导国家，企业外部融资的主要途径是银行贷款，而在市场主导国家，股权融资占据更大的企业外部融资相对份额，所以需要比较银行融资与股权融资对于小企业的抑制程度是否存在显著差异。本书接下来探讨不同融资方式对于小企业抑制程度的差别，以为前面的研究提供进一步的微观基础和互补性证据。本章先从理论上给出分析。首先，当投资者对项目收益的看法差异很大时，银行这一代理决策者并不能很好地代表委托人，此时只有依靠股权投资者的分散决策才能更好地解决这一问题。现实中，小企业信息不对称的问题较严重，具有更高的项目风险，投资者对于小企业的看法差异较大。因此，相对于分散决策的股权融资，银行更愿意为投资者看法比较一致的大企业进行融资，而对小企业的融资抑制更加严重。其次，从合约形式来看，债务合约的性质使得银行收益上限锁定，而一旦项目失败企业违约，银行会遭受很大损失。相比之下,股权融资使得投资者成为企业股东,风险大收益高的项目一旦成功,股东也可以获得很大收益。换言之,当企业风险较高时,股权融资者和企业"一荣俱荣,一损俱损",而作为债权人的银行则存在损益不对等问题。由于小企业的风险较高,不确定性较大,银行对于小企业的抑制比股权融资更为严重。在理清相关逻辑和机理后,本章运用中国上市公司1991—2009年的面板数据和世界银行1999年的跨国企业调查数据,系统地检验了企业规模与融资来源之间的关系。实证结果表明,企业的规模越小,银行融资占总资产的比重越小,银行融资相对于股权融资的比例越小。银行融资比股权融资对小企业施加了更多的抑制。这为从金融结构和企业储蓄的视角解释经常账户失衡提供了进一步的微观基础。不同的外部融资方式对于中小企业的融资抑制作用不同,中小企业的融资难问题就不仅与企业自身因素相关,也与一国的宏观金融结构有关。在中国这些银行体系占主导,直接融资相对不发达的国家,中小企业受到更多的信贷约束,进行更多的储蓄,致使它们经历更大的经常账户顺差。

在分析了金融结构对经常账户失衡的影响后,本书探讨了银行集中度对经常账户失衡的影响。基于世界银行调查数据和跨国面板数据的分析表明,银行集中度越高,企业从银行融资的比重越小,自身储蓄越高。而企业部门的储蓄与经常账户余额存在显著的正向相关,高银行集中度国家企业的高储蓄导致这些国家经历更大的经常账户顺差(或更小的逆差)。

短期内,给定金融结构与银行集中度的约束,对于中国这样银行在金融体系中占据主导地位并且银行集中度较高的国家,在传统信贷模式上进行创新,更好地帮助中小企业获得贷款就具有重要意义。在有关经常账户失衡的讨论的最后一部分,本书探讨了银行通过电子商务平台为中小企业贷款的新型信贷模式。通过建立理论模型,本书证明,引入电子商务平台后,其在增大企业违约成本、采集企业信息、实现风险共担等方面的优势可以在一定条件下帮助企业展示自己的信用类型。即使在没有抵押品的情况下,传统模式下受到信贷约束的低风险中小企业在新模式下可以获得银行贷款。其机制在于,电子商务平台增大企业违约成本的功能可以充当一种筛选机制。当企业的违约成本增加时,风险较高的企业由于更容易承担违约成本而不愿使用电子商务平台进行融资。但企业违约成本不能过大,否则低风险企业也会惧怕违约后遭受过大损失,而不愿通过电子商务进行融资。在风险共担方面,随着政府在风险池中注资比例的提升,更多低风险中小企业将可以获得银行信贷。其原因在于,电子商务平台实现了信息甄别,区分出了低风险企业。政府在风险池中注资相当于为低风险企业提供了补贴,从而使它们更愿意通过电子商务进行融资。这为中国,以及其他银行在金融体系中占据重要地位国家的政府通过电子商务平台有的放矢地解决中小企业融资难问题,缓解外部失衡提供了理论基础和新的思路。

  本书的第二部分将研究视角集中于银行集中度,探讨银行集中度对于经济波动的影响。从理论上讲,银行集中度如何影响经济波动对于外生冲击的反应存在不确定性。一方面,高银行集中度可以熨平外生冲击对于经济波动的影响。第一,银行高度集中意味着银行的垄断利润较高,有更强的能力承担风险,建立应对不利冲击的防御机制。在经济不景气时,银行有足够的利润空间以备缓冲(Boot and Greenbaum,1993);

第二，当银行集中度较高时，银行更容易在不同时期之间进行收益的平滑(Petersen and Rajan,1995)：它们可以在经济不景气时增加给企业的贷款，当经济处于扩张期时，收取更高的租金以弥补经济紧缩期的损失，从而减弱外生冲击对于经济波动的影响。另一方面，银行集中度越高，外在冲击对于经济波动的影响也可能越大。这是由于银行的垄断力量越强，索要的利率越高，逆向选择和道德风险两种渠道都可能加大银行项目的风险，放大经济波动。同时，银行集中度越高，中小企业更容易得到贷款(Petersen and Rajan,1995)，而中小企业在经济紧缩时容易受到更大的冲击，项目风险较大，如果银行的资产组合中有大量的中小企业贷款，外生冲击对于经济波动的影响就会被放大。

为了对上述问题进行回答，本书运用中国1992—2004年省级面板数据和上市公司面板数据，系统地检验了银行集中度在外生冲击对于经济波动的影响过程中发挥的作用。实证结果显示，高银行集中度对于经济波动起到了"减震器"(shock absorber)的作用。具体而言，高银行集中度自身并不会显著影响经济波动，但其可以显著缓解外生冲击对经济波动的影响，并且，这一作用主要体现在第二产业，具体地说，是第二产业中的工业。本书进一步检验了传导渠道。研究结果表明，高银行集中度对于企业信贷具有显著的负向影响，而信贷具有顺周期性，对于加剧经济波动有重要影响。中国作为一个高速增长的经济体，在经济繁荣期常常面临过度的信贷投放和产能过剩问题，银行集中度对于企业信贷的抑制提供了一个银行集中度缓解外生冲击对于经济波动影响的传导渠道。

特别的，金融危机是经济波动的一种重要形式。深入研究银行集中度对于金融危机后企业信贷紧缩的影响，有助于进一步理解银行集中度对于经济波动的作用。本书的最后一部分利用世界银行1999年开展的世界商业环境调查(World Business Environment Survey，WBES)数据和Worldscope数据库提供的24个国家2007年第三季度至2009年第一季度的上市公司季度数据,考察了东南亚金融危机和最近这次全球金融危机以后,银行集中度对不同类型企业信贷变化的影响。实证研究分两步展开。先利用WBES数据,考察不同规模企业(大、小企业)的信贷增长是否受到银行集中度的显著影响。接下来,运用上市公司数据,考察银行集中度对不同企业信贷变化量的影响,并通过分析银行集中度对股价的影响,提供了银行集中度影响企业信贷增量的补充性证据。

1.3 创新与意义

本书尝试在以下几个方面做出新的贡献。

第一,本书首次从金融结构、银行集中度、企业融资和储蓄的视角,为经常账户失衡问题提供了一个新的分析框架。现有文献对经常账户失衡的解释多从影响家庭、企业、政府储蓄的因素入手,集中于人口结构(包括为了在婚姻市场赢得竞争优势而进行的竞争性储蓄)、文化因素、经济增长率差异、异质性风险导致的预防性储蓄、财政赤字导致的双赤字、汇率扭曲、产业分工等。而从金融市场差异的视角探讨经常账户失衡的文献侧重于金融部门的效率、金融发展水平等。但并没有文献将金融结构、银行集中度、企业储蓄与经常账户失衡纳入一个统一的框架,探讨金融结构与银行集中度对于失衡的影响及其传导机制。本书丰富和扩展了从金融市场差异视角研究经常账户失衡的文献。与现有文献强调金融部门的绝对发展水平不同,本书指出,金融部门的结构因素在经常账户失衡中发挥着更加重要的作用。经常账户失衡问题的成因并不仅由于政策扭曲,外部失衡恰恰反映了各国金融体系特征(金融结构与银行集中度)的差异及这种差异对于企业融资和储蓄行为的影响,改善失衡问题需从结构性因素入手,着力解决中小企业的融资难问题。金融结构与银行集中度的视角有利于更全面地理解经常账户失衡。

第二,本书在从微观视角研究宏观问题方面进行了有益的探索。在理论研究方面,本书首先构建微观模型诠释了金融结构影响企业融资与储蓄行为的微观基础,再将其嵌入动态宏观模型中,揭示了金融结构影响经常账户失衡的机理。在实证研究方面,本书综合运用宏观数据和微观企业数据,提供了金融结构与银行集中度影响企业储蓄,尤其是中小企业储蓄,进而影响企业部门储蓄率及经常账户失衡的宏微观经验证据。

第三,通过探讨不同类型的融资方式对中小企业融资抑制程度的差异,本书提供了更详尽的金融结构影响企业融资的微观基础,并对中小企业融资难的原因提出了新的解释。中小企业融资难不仅与企业自身因素相关,也与一国的宏观金融结构与银行集中程度有关。在中国这些银行体系占主导,直接融资相对不发达,银行集中度高的国家,中小企业受到更多的信贷约束,进行更多的储蓄,致使它们经历更大的经常账户顺差(更小的逆差)。

第四,本书为缓解经常账户失衡问题提供了新思路。银行主导的金融结构与较高的银行集中度对中小企业融资施加了较多的约束。应对高企业储蓄问题的关键在于在传统信贷模式上进行创新,处理好中小企业的融资难问题。本书通过分析电子商务平台如何通过增大企业违约成本、发挥信息采集优势、与银行和政府共建风险池、实现规模经济等途径,在无需抵押品的情形下帮助低风险的优质中小企业获得银行贷款,为银行通过电子商务平台为中小企业贷款的新型信贷模式提供了理论基础。这种创新模式为政府缓解中小企业融资难问题提供了新途径。在传统的信贷模式中,政府难以甄别不同类型的企业,而政府补贴和担保的信贷模式反而可能加剧逆向选择和道德风险问题,难以改善中小企业的融资状况。在银行和电子商务平台联手的新型融资模式下,通过向风险池注资,政府可以借助电子商务平台的信息甄别机制,真正帮助经营效率高、风险低的优质中小企业获得银行贷款。这也是政府有的放矢地帮助中小企业解决融资难题,进而缓解经常账户失衡的新思路和重要举措。这一新型模式启示人们,解决中小企业的融资难题,关键在于降低信息不对称。因此,在全社会建立完善的中小企业信用体系,充分发挥信用资本在企业融资中的作用,拓宽信用甄别渠道,提高企业信息传递能力,对于缓解中小企业融资难题,降低企业储蓄,减少经常账户顺差具有重要意义。

第五,本书实证检验了银行集中度与宏观经济波动的关系,并且对背后的传导渠道进行了探索。本书不仅指出银行集中度对于外在冲击对总体经济波动的影响具有缓解作用,而且发现这种作用主要体现于第二产业,尤其是第二产业中的工业,其中的传导渠道是较高的银行集中度通过抑制企业过度贷款,减缓了经济波动。这些在以往的文献中并没有进行探索。另外,通过探讨银行集中度对金融危机后企业信贷紧缩的影响,本书为理解银行集中度如何影响经济波动提供了进一步证据。本书发现,各国银行集中度的差别是各国企业在危机后的信贷紧缩程度迥异的重要原因。在排除企业自身因素的影响后,银行业的结构不同,企业抵御危机的能力不同,经历不同程度的信贷紧缩。并且,本书考察了银行集中度对不同规模企业信贷变化的影响,发现银行集中度的作用存在异质性。这为结合自身银行业结构,针对不同规模的企业采取不同的危机缓解措施,提供了启示。

1.4 全书章节安排

全书共分为两个部分,9章内容。其中,第1章是导论,第2—6章(第一部分)与第7—8章(第二部分)是7章层层展开的主题研究,分别探讨金融体系特征对经常账户失衡与经济波动的影响,第9章是结论。

第1章为导论。该章结合典型事实和现有文献,介绍了全书的研究背景,提出了研究问题。继而介绍了对这些问题的研究方法,重点概述了机制和思路。最后分析了全书的贡献和现实意义。

第2章为揭示金融结构与经常账户失衡的关系及其作用机理的理论模型。通过构建微观静态模型,该章分析了金融结构如何影响企业的融资和储蓄,而通过将该静态模型嵌入宏观动态模型中,该章继而分析了金融结构对经常账户失衡的影响。

第3章为探讨金融结构与经常账户失衡的关系及其传导机制的实证研究。实证研究在国家层面和企业层面展开。第一,运用66个国家1990—2007年的宏观面板数据,该章实证检验了金融结构对于经常账户失衡的影响,并提供了企业部门储蓄为经常账户失衡的重要推动力量、金融结构主要影响企业部门储蓄而非家庭和政府部门储蓄的经验证据。第二,基于世界银行世界商业环境调查数据和 Compustat 2000—2007 年全球工业和商业企业年度数据,该章检验了金融结构对不同类型企业的留存收益融资(内源性融资)和企业储蓄率的影响,探讨了金融结构影响经常账户失衡的传导渠道和微观机制。

第 4 章探讨企业规模与融资来源的关系,提供银行融资与股权融资对于中小企业抑制程度存在差异的经验证据,为银行主导国家中小企业面临更大的融资困难提供进一步的微观基础。基于中国上市公司 1991—2009 年的财务数据和世界银行世界商业环境调查数据的实证结果表明,企业的规模越小,银行融资占总资产的比重越小,银行融资相对于股权融资的比例越小。银行融资比股权融资对小企业施加了更多的抑制。中小企业融资难问题不仅与企业自身因素有关,也受金融结构的影响。

第 5 章探讨了银行集中度对经常账户失衡的影响。实证研究在国家层面和企业层面展开。第一,基于 1990—2007 年 56 个国家的面板数据,实证研究结果表明,企业部门储蓄与经常账户余额存在显著的正向相关,高银行集中度国家企业部门的高储蓄导致这些国家经历更大的经常账户顺差(或更小的逆差)。第二,基于 1999 年世界银行的企业调查数据,本章发现,银行集中度越高,企业从银行融资的比重越小,自身储蓄越高。这为银行集中度如何影响经常账户失衡提供了微观机制和传导渠道。

第 6 章通过构建理论模型,分析了银行与电子商务联手为企业提供贷款的新型融资模式和这种模式的内在机制,以为缓解中小企业融资难,改善经常账户失衡提供一条新思路。前几章的理论分析和实证研究表明,银行主导的金融结构和较高的银行集中度对中小企业融资施加了更多的抑制,推高了企业储蓄,进而造成经常账户失衡。因此,能否在传统信贷模式上进行创新,解决银行主导和高银行集中度国家中小企业融资难问题,更好地帮助中小企业获得贷款对于缓解经常账户失衡具有重要意义。模型证明,引入电子商务平台后,其在增大企业违约成本、采集企业信息、实现风险共担等方面的优势可以在一定条件下帮助企业展示自己的信用类型。即使在没有抵押品的情况下,传统模式下受到信贷约束的低风险中小企业在新模式下可以获得银行贷款。第 6 章进一步分析了企业违约成本、信息获取优势、风险共担机制、电子商务用户总规模等因素对电子商务作用的影响,为通过电子商务平台解决中小企业的融资难题提供了理论基础。

第 7 章运用中国省级层面的面板数据,检验了银行集中度对于宏观经济和三次产业波动的影响。实证结果表明,银行集中度越高,外在冲击对于经济波动的影响越弱。并且,这种作用主要体现在第二产业,尤其是工业。控制银行集中度后,金融发展因素不再显著。基于中国上市公司面板数据的分析表明,银行集中度越高,企业的长短期贷款占总资产的比重越小。高银行集中度对于企业信贷的抑制提供了银行集中度减缓外在冲击对于经济波动影响的微观基础。

第 8 章基于 36 国企业调查数据和 24 国上市公司数据,运用 Probit 模型和工具变量回归,研究了银行集中度对金融危机后企业信贷紧缩的影响。金融危机作为经济波动的一种形式,通过研究银行集中度对金融危机后信贷紧缩的影响,可以更全面地理解银行集中度对经济波动的作用。实证分析结果表明,银行集中度越高,小企业出现信贷增长的概率越低,信贷紧缩的幅度越大,而大企业恰好相反。并且,银行集中度越高,大企业股价下跌幅度越小。上述结果对潜在遗漏变量问题和金融危机原发国的影响保持稳健。

第9章为结论,总结全文的主要结论和贡献。

第 2 章

金融结构与经常账户失衡：理论模型

2.1 本章引言

关于经常账户失衡成因的研究一直是文献关注的热点问题。为什么美国、英国等国家面临持续的经常账户逆差，而德国、日本、中国等国家经历长期的经常账户顺差？现有文献提出了一系列解释。

根据国民收入恒等式，经常账户余额等于储蓄与投资之差，而储蓄可以进一步分解为家庭、企业与政府储蓄，因此，多数文献从影响各部门储蓄的因素入手，展开研究。在影响家庭储蓄的因素中，人口年龄结构（Higgins and Williamson, 1997; Attanasio and Violante, 2000; Brooks, 2003）、文化差异（Carroll et al., 2000）等因素得到了较多的关注，企业储蓄的研究则侧重于经济增长率差异（Glick and Rogoff, 1995; Engel and Rogers, 2006）与金融部门将储蓄转化为投资的能力（Caballero et al., 2008），而关于政府部门对于经常账户的影响，现有文献多从财政赤字（Obstfeld and Rogoff, 1995; Chinn and Prasad, 2003）与经济发展战略和政策（Dooley et al., 2003, 2004, 2009）的视角切入。

强调人口年龄结构差异的文献认为，不同年龄阶段的人口储蓄倾向不同,从而人口结构不同,储蓄率与经常账户状况存在较大差异。但是,日本等国家都经历了老年人口比例上升和经常账户顺差共存的局面,这与该文献的结论恰好相反。关注文化差异的文献强调消费者偏好的不同和人们在未来决策时对于过去事件的依赖程度("习惯形成")。但是,英国也较多地受到传统文化的影响,"习惯形成"应该较强,却面临低储蓄和经常账户逆差。关注经济增长率差异的文献强调各国间经济增长率的差异对于资本流动的影响,认为经常账户逆差由较高的经济增长率所引发。但是中国也有较高的经济增长率,却是经常账户顺差国。财政赤字视角强调财政赤字导致经常账户赤字,扩张性的财政政策恶化经常账户状况。但是,过去30年,无论美国的财政状况如何,其经常账户的逆差在持续扩大。并且,政府的消费只占经济体中很小的一部分,并不一定对经常账户状况产生显著影响。关注经济政策的文献强调汇率扭曲、出口导向经济政策、美元霸权等因素造成了经常账户失衡,但是许多国家经历了货币升值,金融市场的开放使得政策扭曲越来越小,但经常账户的顺差依旧。

从金融市场差异的视角研究经常账户失衡问题成为一个蓬勃发展的领域。Caballero 等(2008)、Mendoza 等(2009)、Ju 和 Wei(2010)、Song 等(2011)提供了金融市场发展水平(提供金融资产的能力、金融市场效率)影响经常账户失衡的理论基础,Ogaki 等(1995)、Loayza 等(1998)、Ferrucci 和 Miralles(2007)、Chinn 和 Ito(2007)进行了经验研究。但上述文献侧重于金融市场绝对发展水平(实证上多以私人信贷占 GDP 比例来衡量金融发展),忽略了金融体系的内部结构。事实上,从绝对规模来看,美国、英国、德国、日本都拥有发达的金融市场,但经常账户的失衡状况却截然相反。本研究关注金融体系的结构问题,即一国的金融体系是以市场主导还是银行主导。从金融结构来看,美国、英国为市场主导国家,面临经常账户赤字,而德国、日本为银行主导国家,经历经常账户盈余,金融结构的差异与经常账户失衡的差异可以更好地吻合。因此,传统的金融发展观并不能完全刻画经常账户失衡的差异,金融结构是理解失衡状况的重要视角。本章的贡献在于通过构建理论模型,证明了金融结构对于经常账户失衡的影响及作用机制。

而有关金融结构的文献主要关注金融结构与经济增长的关系及其微观基础(La Porta et al., 1997, 1998, 2000; Levine and Zervos, 1998; Demirguc-Kunt and Levine, 2001),提出了四种观点,即银行主导更有利于经济增长、市场主导更有利于经济增长、金融服务观、金融法律观。但这些文献并没有关注金融结构对经常账户失衡的影响。本章在这方面做出了新的探索。

本章也具有丰富的政策含义。许多文献强调市场扭曲对于经常账户失衡的影响,认为只要这些扭曲被消除,经常账户失衡就会得以解决。而本章强调结构因素对于经常账户失衡的贡献,指出失衡反映的恰恰是各国金融结构的差异,单纯消除扭曲性因素并不能根本解决失衡问题,改善失衡问题需从结构性因素入手。

为了深入探讨金融结构与经常账户失衡的关系及其影响机制,本章先构建一个静态微观模型,刻画金融结构对于企业融资和储蓄的影响,接下来,将该微观模型嵌入宏观动态模型中,先讨论金融结构对于封闭经济中资本回报率的影响,再探讨当经济开放后,金融结构对于经常账户失衡的影响。模型的思路如下:

微观模型刻画了直接融资(市场融资)与间接融资(银行融资)的权衡取舍。直接融资中,每个投资者通过付出信息成本,了解企业,亲自决定是否为企业融资。而间接融资中,投资者将决策权随机地委托给一个经理人(金融中介),由经理人付出成本了解企业,代理决策。直接融资的劣势在于,每个投资者都需付出信息成本,而优势在于每个投资者亲自决策,从而不会投资于一个自己并不愿意投资的项目。与此相对,间接融资的不足在于,选出的经理人可能投资了一个委托人并不愿意投资的项目,而优势在于,由于只有经理人付出信息搜集成本,信息成本被摊薄。因而,融资成本越大,间接融资的成本分担优势越明显。虽然融资成本加大也使净收益为正的项目减少,本章证明,只要项目规模足够大,成本分担的力量就会占据主导,从而融资成本越大,间接融资的份额越大,直接融资的份额越小。因此,融资成本刻画了一国的金融结构,融资成本相对小的国家为市场主导国家。接下来,本章证明,融资成本越大,外部融资的份额越小,这是因为随着融资成本的上升,直接融资份额的下降幅度大于间接融资份额的上升幅度。从而,市场主导国家的企业面临更小的外部融资困难,更少地依赖于自身储蓄融资。进一步,本章说明,融资成本的增大使得一些企业从直接融资转为间接融资,但这些企业都是投资者对其观点的分歧性较小或期望回报较高的企业,从而金融结构对这些企业是否获得外部融资影响并不显著(这些企业只是外部融资的形式发生变化,但依然可以获得外部融资)。受融资成本影响最大的企业为投资者对其观点的分歧性较大或期望回报较低的企业。由于直接融资的优势在于避免观点的分歧性,投资者对其观点的分歧性较大的企业主要依赖于直接融资。融资成本的增大减少了直接融资,从而对这类企业产生了较明显的影响。由于有关小企业的信息非常缺乏,信息不对称问题十分严重,因此相对于大企业,投资者对于小企业项目的观点更加不一致。并且,小企业通常拥有更大的风险,投资者对它们能够获利的信心更为不足。因此,金融结构对于小企业的影响显著,而对于大企业的影响并不显著。银行主导国家的小企业面临更多的外部融资困难。换言之,市场融资可以更好地匹配小企业的融资需求,而经济体中大多数企业为中小企业,因此总体而言,市场主导国家中的企业面临的外部融资困难越小。

接下来,本章将上述静态模型嵌入宏观动态模型中。封闭经济中,资本供给由消费者消费与储蓄的动态最优化决定,而资本需求由上述静态模型确定。本章证明,平衡增长路径存在,并分别求解出资本供给和资本需求与总资本回报率的关系。在参数满足一定条件时,在平衡增长路径上,相对于市场主导国家,银行主导国家(由上述融资成本刻画,对应于更大的融资成本)的资本供给更小,而资本需求一致,从而拥有更高的总资本回报率。但净资本回报率需从总资本回报率中扣除融资成本,并且供给曲线向上倾斜,因此银行主导国家的净资本回报率更低。数值模拟分析结果表明,在更一般的条件下,相对于市场主导国家,银行主导国家的资本需求和资本供给更小,总资本回报率更高,净资本回报率更低。从而,当金融市场开放后,资本从银行主导国家流向市场主导国家(银行主导国家持有对市场主导国家的净债权),与此相应,银行主导国家经历经常账户顺差,而市场主导国家经历经常账户逆差。

本章的后续部分安排如下。第二部分系统回顾有关经常账户失衡和金融结构的文献,指出本章的贡献。第三部分具体介绍模型的设定并求解模型,给出几个重要命题。第四部分为本章结论。

2.2 文献综述

本小节系统回顾有关经常账户失衡和金融结构的文献,指出本章的研究贡献。先梳理经常账户失衡的相关文献,再讨论金融结构的相关文献。

2.2.1 关于经常账户失衡的文献

在对经常账户失衡成因的研究中,现有文献从影响家庭、企业、政府储蓄的因素入手,主要集中于以下视角:在影响家庭储蓄的因素中,人口年龄结构、文化差异、金融深化得到了较多的关注,有关企业储蓄的研究侧重于经济增长率差异与金融部门将储蓄转化为投资的能力,而关于政府部门对于经常账户的影响,现有文献多从财政赤字与经济发展战略和政策的视角切入。

具体而言,人口年龄结构的文献认为,不同年龄阶段的人口储蓄倾向不同,从而人口结构不同,储蓄率与经常账户状况存在较大差异。比如,Coale 和 Hoover(1958)指出,发展中国家不断攀升的储蓄率实际上是由少年抚养比下降造成的。Higgins 和 Williamson(1997)通过分析 1950 年以来亚洲国家的储蓄率再度证实了 Coale 和 Hoover(1958)的结论。Attanasio 和 Violante(2000)发现,人口抚养比的差异也是资本从北美和欧洲向拉丁美洲流动的重要原因。Brooks(2003)通过构建世代交叠模型,考察了少年抚养比和老年抚养比对于经常账户失衡的影响,有助于理解美国、欧洲、日本的经常账户失衡。杨继军(2010)通过求解世代交叠模型,发现劳动适龄人口数量多、人口抚养比例低的经济体倾向于高储蓄,拥有更大的顺差。田巍等(2011)通过理论模型分析了人口结构对出口和进口的影响。一方面,劳动人口比例越高,出口国产出越大,出口越多;另一方面,更高的劳动人口比例增加了进口国的收入,提高了进口。其实证分析通过在引力方程中加入劳动人口比,为理论分析提供了支持。Du 和 Wei(2010)、Wei 和 Zhang(2011)等也从人口结构角度(性别失衡导致婚姻市场竞争)解释了中国高储蓄的原因。人口结构引发的一系列社会问题也会导致储蓄率的上升。比如,何帆和张明(2007)以及 Chamon 和 Prasad(2008)指出,教育、购房和医疗支出的压力是中国储蓄率上升的原因。但这支文献面临的一个困难是,日本等国家都经历了老年人口比例上升和经常账户顺差共存的局面,这与模型的结论恰好相反。

文化因素的视角强调消费者偏好的不同,认为东亚国家的高储蓄和经常账户顺差源于其勤俭传统。这些国家的居民更加看重未来财富,主观贴现因子较大。Carroll 等(2000)侧重于文化因素中的"习惯形成"(habit formation),即人们在未来决策时对于过去事件的依赖程度。他们指出,"习惯形成"越弱,储蓄率越低。但这支文献面临的困难在于,文化因素可以包括太多内容,解释太多东西,也就相当于什么都没有解释(Cole et al.,1992)。另外,英国也较多地受到传统文化的影响,"习惯形成"应该较强,但其却面临低储蓄和经常账户的逆差。

金融深化视角侧重于金融市场的完备性对于居民储蓄的影响。但这支文献面临的困难在于,美国、英国、德国、日本的金融深化程度都很高,但前两者经历较大的经常账户逆差,而后两者面临较大的顺差,金融深化对于居民储蓄和经常账户的影响并不确定。一方面,金融深化提供了更多的金融工具,增强了居民的储蓄动机;另一方面,金融深化缓解了市场的不完备性,减少了预防性储蓄。比如,Willen(2004)通过构建一般均衡模型,讨论了金融市场完备性的两个方面。当跨国间市场存在不完全性时,一个国家很难通过持有风险资产规避国民收入波动的风险,因而消费者的消费增加,贸易逆差扩大;当一国内部市场存在不完全性时,市场的风险分担能力下降,该国的预防性储蓄增加,消费减少。

经济增长率差异的视角强调各国间经济增长率的差异对于资本流动的影响,认为经常账户逆差由较高的经济增长率所引发。比如,Glick和Rogoff(1995)的研究发现,美国经济增长率相对于其他国家每提高1%,经常账户余额占GDP比重下降0.15%。Engel和Rogers(2006)通过一个一般均衡模型,得出一国均衡的经常账户赤字率为该国预期未来在世界GDP中所占比重的贴现值与当前在世界GDP中所占比重的差值。该差值越大,逆差越大。但是,中国等国也有较高的经济增长率,却是经常账户顺差国。这支文献的困难在于无法解释中国等新兴市场国家的经常账户失衡。

金融市场与储蓄投资转化能力的文献强调金融市场将储蓄转化为本国企业投资的能力。Gertler和Rogoff(1990)较早从金融市场差异的视角研究了国际资本流动和失衡。其模型假定在借贷过程中,企业面临道德风险(moral hazard)问题。该研究指出在一个金融市场更发达的"富国",企业更容易获得资本,因此其受道德风险问题的影响更小,拥有更高的收益率,从而,金融市场欠发达的"穷国"的资本将流向"富国",从而产生贸易失衡。在Caballero等(2008)的理论模型中,世界被分为两个部分,一个是美国等国为代表的资本流入国家(U),另一个是新兴市场等为代表的资本输出国家(R)。U国提供金融资产的能力较强,而R国虽然增长较快,但缺乏提供金融资产的能力,因此需要持有U国的储蓄工具。模型证明,在R国金融市场一体化的过程中,资本从R国向U国净流动。Guo(2008)将金融发展定义为企业的融资成本,通过建立一个跨期效用最大化模型分析了国际资本流动的成本对发展中国家国际收支的影响,认为金融市场的低效率是发展中国家出现资本双向流动的原因。Mendoza等(2009)的理论模型刻画了发展中国家金融市场两个层次的不完备性:(1)金融机构不能提供状态依存的证券(state contingent asset);(2)借贷双方只能签订不完全合约。模型证明,金融市场欠发达的国家倾向于将金融财富转移至金融市场更发达的国家,以获得稳定的储蓄收益,因此经历资本流出和经常账户的顺差。Ju和Wei(2010)构建理论模型,证明了低效率的金融市场和落后的公司治理可以通过资本的流动而被绕过,即金融资本首先流向金融市场效率更高的国家,然后通过其高效的金融服务重新流回本国。但其模型并不一定在金融市场低效的国家产生经常账户顺差。Song等(2011)通过世代交叠模型考察了中国国有企业与私营企业的融资差异对于经常账户失衡的影响。国有企业更易得到银行贷款,但生产效率较低,而私营企业生产效率较高却受到银行融资约束。结果私营企业被迫增加储蓄,推高了中国的经常账户顺差。

实证研究方面,Loayza等(1998)利用150个国家近30年的面板数据对影响储蓄率的因素进行了实证研究,发现金融发展程度的提高(信贷能力和金融深化程度的提高)对储蓄率的下降具有显著影响。Ferrucci和Miralles(2007)运用48个国家1980—2005年的面板数据和动态面板方法对影响储蓄率的因素进行了分析。该研究也发现金融深化程度的提高会促使储蓄率下降。一些研究进一步指出,金融发展程度的影响因国家类型而异。Ogaki 等(1995)发现,金融自由化对储蓄率的影响因收入水平的不同而存在差异,收入水平越低的国家,金融自由化提高储蓄率的效果越差。Chinn 和 Ito(2007)的研究表明,拥有更开放金融市场和更发达法律体系的国家,金融发展水平越高,经常账户顺差越小(逆差越大),但对于东亚国家而言,金融发展提高了储蓄率。

国内研究中,余永定和覃东海(2006)认为,金融市场不发达使得中国过多的储蓄无法有效转化为国内投资,这导致本国储蓄先通过经常账户顺差转移到发达国家,进而又以 FDI 的形式"迂回"到国内,大量进入出口加工行业的 FDI 又进一步加剧了经常账户顺差的扩大。徐建炜和姚洋(2010)、茅锐等(2012)考察了金融业比较优势对于经常账户失衡的影响,指出金融业相对于制造业的比较优势而非绝对优势是经常账户失衡的重要原因,全球失衡的背后是两大产业之间形成的新型分工形态。李俊青和韩其恒(2011)、佟家栋等(2011)及肖立晟和王博(2011)等也从金融发展视角讨论了全球失衡问题,他们都证实,一个国家的金融业发展更容易带来经常账户逆差。

进一步,金融发展程度的差异会形成国际分工的不同,进而对失衡产生影响。换言之,国际分工的视角为金融发展对失衡的影响提供了微观基础。比如,Becker 和 Greenberg(2003)、Svaleryd 和 Vlachos(2004)、Zhang 等(2007)等实证研究为金融市场差异与国际分工之间的关系提供了经验支持,齐俊妍(2005)、朱彤等(2007)、包群和阳佳余(2008)等说明金融发展对中国的比较优势和出口结构产生重要影响。卢锋

(2006)、张少军和张少华(2008)、柳剑平和孙云华(2006)、高莉(2009)等实证检验了微观层面的国际分工与国际收支失衡之间存在显著的联系。Beck(2002)通过世代交叠模型说明了金融发展程度高的国家在生产工业品时具有比较优势,进而解释了金融发展对国际分工和贸易的影响。Antras 和 Caballero(2007)探讨了基于金融发展程度差异的国际分工模式,以及在该模式下资本流动和贸易之间的关系。

与上述强调金融市场绝对发展水平的文献不同,本章关注金融体系的结构问题,即一国的金融体系是以市场主导还是银行主导。从绝对规模来看,美国、英国、德国、日本都拥有发达的金融市场,但经常账户的失衡状况却截然相反。从金融结构来看,前两者为市场主导国家,面临经常账户赤字;而后两者为银行主导国家,经历经常账户盈余。因此,传统的金融发展观并不能完全刻画经常账户失衡的差异,金融结构是理解失衡状况的重要视角。本章的贡献在于通过构建理论模型,证明了金融结构对于经常账户失衡的影响及作用机制。

从财政赤字的视角研究经常账户的失衡也得到了较多的关注。理论上,Oudiz 和 Sachs(1984)、De Gregorio 和 Wolf(1994)、Obstfeld 和 Rogoff(1995)通过理论模型考察了财政支出对经常账户失衡的影响,发现暂时性的政府支出增加将会带来财政赤字的恶化和经常账户赤字的增加,但是永久性的政府支出增加不会对经常账户产生影响,或对其影响并不确定。Baxter(1995)和 Kollmann(1998)在模型中进一步引入个体的投资行为,此时财政政策对储蓄的影响仍为负,对投资的影响却变得不确定,因此其对经常账户的影响也不确定。Frankel(2006)指出,自2001年以来,小布什政府在国防和其他支出上的持续增加及其低税收政策是造成美国国民储蓄率下降的主要原因。实证研究方面，Chinn 和 Prasad(2003)利用 1971—1995 年跨国面板数据发现，财政盈余占 GDP 的比重每增加 1%，经常账户余额占 GDP 的比重将增加 0.1%—0.4%，而 Erceg 等(2006)得到了类似的结论。Hubbard(2006)也认为美国财政政策的过度扩张与其经常项目的逆差存在紧密联系。但 Gruber 和 Kamin(2008)等研究认为，政府过度支出只是挤出了私人投资，对经常账户的影响非常微弱，进而反对把美国政府支出过高作为其经常项目逆差的主要原因。国内研究中，徐忠等(2010)指出，中国经济发展的一个显著特征是公共支出的过快增加以及政府投资占比较高，这显然会对中国的经常账户失衡产生影响。杨盼盼和徐建炜(2012)系统地讨论了中国的财政盈余与经常账户盈余之间的关系，发现两者的走势高度一致，即便是在控制住其他因素之后，财政盈余也能够解释经常账户盈余的大约 16%。该支文献面临的困难在于，过去 30 年，无论美国的财政状况如何，经常账户的逆差在持续扩大。另外，政府的消费只占经济体中很小的一部分，并不一定对经常账户状况产生显著的影响。并且，财政支出的结构可能是更加重要的变量。比如，中国的财政支出重基础设施建设轻社会保障，这可能会增加预防性储蓄，引发经常账户顺差。但鲜有文献系统地探讨财政支出结构对失衡的影响。

从经济发展战略和政策的视角研究经常账户失衡也得到了较多的重视。这支文献关注什么原因导致美国政府能够长时间维持财政和经常账户的双赤字。Caballero 和 Krishnamurthy(2004)研究了不同国家承受外部债务的能力，指出金融发展程度越高的国家承受外部债务的能力越强，从而认为发达的金融市场是美国可以长期维持经常项目赤字的原因。Dooley 等(2003,2004,2009)提出了布雷顿森林体系 II,认为全球失衡是发展中国家经济战略的一部分。基于劳动力过剩的基本情况以及高增长的目标,东亚国家的发展战略使这些国家倾向于通过政府干预来维持对美元汇率的稳定,避免本币对美元的升值。这种对汇率的操控使当前货币体系接近于在布雷顿森林体系下以美元为核心的固定汇率制度。在这种货币体系下,美国可以通过发行货币来为外部借贷融资。Gourinchas 和 Rey(2007)进一步指出,美元依靠世界货币的地位不断地在世界其他国家扩张,通过经常账户的逆差,享受铸币税收入,通过借入短期资金进行长期投资,从世界性银行转变为世界上最大的风险投资家。王道平和范小云(2011)也指出,现行国际货币体系是全球失衡的重要原因,改革国际货币体系迫在眉睫。这支文献的不足在于,许多东亚国家经历了劳动人口的减少以及货币升值,金融市场的开放使得政策扭曲越来越小,但经常账户的顺差依旧。因此,许多结构性因素应该得到充分关注,而不是简单地将失衡归咎于政策扭曲。

2.2.2 关于金融结构的文献

有关金融结构的文献侧重于探讨金融结构与经济增长的关系,及其背后的微观基础。Demirguc-Kunt 和 Levine(2001)总结了相关研究。该支文献的观点可以归结为以下四派:

第一派观点认为银行主导的经济体更有利于经济增长,其微观基础在于以下几个方面。第一,有效市场减弱了收购的效力。如 Grossman and Hart(1980)所指出,股东们具有为了享受收购的好处而继续持股的激励,从而使得收购作为一种控制工具的有效性大为减弱。第二,Stiglitz

(1985)指出,有效市场减弱了每个投资者研究公司的激励,因为在投资者享受研究成果之前,任何新信息已经在公开可得的股价中得以反映。Bhide(1993)进一步指出,在流动性市场中,投资者可以轻松卖掉公司股票,因此有效监督经理人的激励非常小。基于此,Boot et al. (1993)认为银行主导的经济体可以减弱这一问题,因为银行在公共市场中披露更少的信息。另外,管理层与董事会易于形成小团体,它们可能会勾结起来损害其他投资者的利益(Allen and Gale,2000)。基于这些微观基础,该派观点认为,银行主导的经济体更有利于有效配置资本,利于新企业创立和经济增长。

第二派观点认为市场主导的经济体更有利于经济增长。它们认为,强大的银行会阻碍创新,通过掌握内部信息攫取信息租金保护现有企业(Hellwig,1991)。强有力的银行减弱了企业从事高利润项目的激励,因为大部分盈利被银行所攫取(Rajan,1992)。并且,银行具有偏向于保守项目的倾向(Weinstein and Yafeh,1998),会阻碍创新和增长。另外,强有力的银行或较少受到监管约束的银行可能会和企业经理串谋,损害外部投资者利益(Hellwig,1998)。最后,该派观点认为,国有银行对于克服市场缺陷兴趣索然而更在意政治目标。它们会将资金配置于劳动密集型产业,并不倾向于识别并为真正具有战略意义的行业融资(La Porta et al.,2002)。

第三派观点为金融服务观。该派观点认为,银行主导与市场主导的争论是次要的,重要的是金融体系降低信息与交易成本的功能,而由银行还是市场来提供这种服务并不重要(Levine,1997)。并且,银行和市场可能在提供金融服务时发挥互补的作用(Boyd and Smith,1998)。

第四派观点为金融法律观(La Porta et al.,1998,2000)。该派观点认为以法律体系的有效性来区分国家特征比从金融结构的角度更有意义。通过保障合约的实施,保护外部投资者,有效的法律体系可以促进外部融资,有利于新企业的诞生、资本的有效配置和经济增长。

但是,以上文献并没有探讨金融结构对于经常账户失衡的影响。本章在这一方面做出了新的尝试。

2.3 理论模型

2.3.1 静态模型

本小节构建一个静态模型,为不同的金融体系下企业的内源性融资行为存在差异提供微观基础。这也是金融结构影响企业储蓄,进而影响经常账户的主要传导渠道(后文的实证研究为此提供经验证据)。模型证明,市场主导国家的企业相对于银行主导国家的企业面临更小的外部融资困难,从而更少地进行储蓄。换言之,银行主导的国家拥有更高的企业储蓄。由于经常账户余额为国民储蓄与投资之差,而企业储蓄是国民储蓄的重要组成部分,对经常账户失衡有显著贡献(后文的实证研究为此提供经验证据),金融结构(资本市场相对于银行的发达程度)对于企业储蓄的影响有利于理解金融结构如何影响经常账户。

本小节的模型是 Allen 和 Gale(1999)的扩展。在该模型中,对于银行融资和市场融资的选择,主要的权衡取舍在于信息成本的节约和由于委托决策权而带来的观点不一致性。下面介绍模型的基本设定,在此基础上,提出并证明三个命题。

考虑这样一个经济体，它由一系列风险中性的投资者所构成。每个投资者拥有一单位资本进行投资。经济体中，有 K 种类型的企业/项目（每个企业拥有一个项目）。每个项目需要 k 单位投资，投资者的总数目为 Mk。投资者在事前相同。为了刻画融资成本在决定直接融资与间接融资中的作用，假定投资者可以付出一个统一的信息成本 c，而不是因项目而异的成本(Allen and Gale,1999)，去了解项目。在付出信息成本后，对于 i 类型的项目，投资者以 $0 \leq \alpha_i \leq 1$ 的概率对于项目保持乐观，认为对项目的每单位投资会获得 $H>0$ 的收益，以 $1-\alpha_i$ 的概率对项目保持悲观，预期对项目的每单位投资会获得 $-H<0$ 的收益。① 每单位资金的机会成本为 0，即如果投资者持有现金而不将其投资于项目，一单位资金的净回报为 0。

在直接融资模式下，每个投资者付出信息成本后，成为悲观者或乐观者。他们只有为乐观者时才会进行投资。在间接融资模式下，投资者们组成一个金融中介(银行)，将搜寻项目与投资决策的权利随机委托给一个经理人。经理人代表投资者付出信息成本，成为有信息的人。若有信息的经理人为一个乐观者，没有信息的投资者同意他的看法(对项目乐观，愿意投资项目)的概率为 $0 \leq \beta_i \leq 1$。如 Allen 和 Gale(1999)所指出，β_i 可被理解为投资者之间对于项目看法的一致性，而 $1-\beta_i$ 测度了投资者对于项目看法的分歧有多大。另外，若有信息的经理人为一个悲观者，没有信息的投资者不同意他的看法(对项目乐观，愿意投资项目)的

---

① Allen 和 Gale(1999)假定，悲观情况下的预期收益为 L 而不是 $-H$。为了运算的简单，假定悲观情况下的预期收益为 $-H$。这不会改变模型的结论，却会简化计算。

概率为 β_i。与 Allen 和 Gale(1999)的分析类似,本章将会说明,对于获得间接融资的项目而言,只有 β_i 是重要的。

因此,一个项目可以被两个参数 α_i 和 β_i 所刻画。前者反映了付出信息成本后,有信息的投资者为乐观者的概率,而后者刻画了没有信息的投资者与有信息的乐观者观点一致的概率。换言之,α_i 是投资者对于类型为 i 的项目的平均看法,而 $1-\beta_i$ 反映了投资者之间对于项目看法的分歧性。出于理论上易处理的考虑,假定任意 α_i 和 β_i 的组合从二元均匀分布中 $[0 \leq \alpha_i \leq 1, 0 \leq \beta_i \leq 1]$ 随机抽取。

本章对于 Allen 和 Gale(1999)模型的扩展在于假定 c 对于项目是一致的,在此基础上,讨论 c(后文证明,c 决定了一国对于直接和间接融资的依赖程度,从而刻画了一国金融体系的特征)对于不同类型项目获得外部融资状况的影响。Allen 和 Gale(1999)中,c 的含义较为狭窄,可以理解为投资者为收集必要信息,了解项目所花费的成本。本章将其含义进行拓展,c 不仅涵盖信息搜集成本,而且包括投资之前的法律费用、保险费用、为监管而付出的费用等,与一国的法制环境紧密相关。正如 La Porta 等(1997,1998)的实证结果所述,一个显著影响该成本的因素为一国的法律体系对于个人投资者所提供的保护。提供更少法律保护或法律实施程度较弱的国家拥有更高的融资成本。La Porta 等(1997,1998)的实证结果表明,拥有更高融资成本的国家(通常是大陆法系的国家)相对于融资成本更低的国家(常常为英美法系的国家),股票市场和债券市场的规模更小。换言之,融资成本是决定一国是否拥有更发达的直接融资市场的决定因素。就本模型而言,下文会证明,对于给定的 (α_i, β_i) 分布,成本 c(后文称其为融资成本)决定了直接融资和间接融资的相对比例。

假定有一系列时间点，$t=1,2,\cdots$，在每个时间点上，项目和投资者的个数都是恒定的。① 遵循 Allen 和 Gale(1999) 的设定，关键假设陈述如下。公司是被动的，它们允许投资者调查它们的项目直到有足够多的投资者愿意为项目融资。每个投资者每期调查一个项目，直到找到自己愿意融资的项目。跨期折现因子为 1，因此投资者们对于花费多少时间寻找合适的项目是无差异的。但他们也不会进行不必要的拖延。投资者与项目随机进行匹配。项目的数目大于资金总量，所以每个投资者只要愿意都会找到合适的项目。没有得到外部融资的企业只有依赖于自有资金(比如留存收益)为项目融资。一些类型的项目比其他类型的项目具有更强的盈利性，但由于每个类型的企业(项目)是有限的，拥有更强获利能力的企业可以得到一些溢价。投资者对类型为 i 的项目每单位单边支付 p_i 并提供其所需资金。Allen 和 Gale(1999) 提供了在均衡时 p_i 如何被刚好获得融资的边际类型的项目所确定的算法。

投资者可以选择直接融资(市场融资)或间接融资(金融中介融资)。对于直接融资，投资者对于是否投资亲自做出决策。因此，在付出成本 c 后，如果他们是乐观者，他们会投资类型为 i 的项目，获得 $H-p_i$ 的收益，如果他们是悲观者，他们会继续搜寻。本章使用 V^* 代表均衡时继续搜寻的价值。它也是一个代表性投资者均衡时的收益。每个投资者每次都需付出 c 去评估项目。因此，对于类型为 i 的项目，直接融资的收益为：

---

① 换言之，一旦一个项目得到了融资，它就被一个相同的项目所取代，当一个投资者投资了一个项目，他即被一个相同的投资者所取代。

$$V_i^D = \alpha_i(H - p_i) + (1 - \alpha_i)V^* - c$$

均衡时 $V^* = V_i^D$，所以可以得到：

$$V_i^D = H - p_i - \frac{c}{\alpha_i} \tag{2.1}$$

采用间接融资的优势在于节约融资成本 c。沿用 Allen 和 Gale (1999)的设定，间接融资下，一个投资者仅需要平摊他自己的份额。间接融资的不足在于投资者将决策权委托给经理人(金融中介)，经理人可能投资了一个如果让投资人亲自决策并不会投资的项目。只有当投资决策取决于所获得的信息，信息对于金融中介才是有价值的。因此，与 Allen 和 Gale(1999)的设定一致，本章关心的参数范围为 $\beta_i H + (1 - \beta_i)(-H) < 0 < \beta_i H + (1 - \beta_i)(-H)$。也就是说，以经理人是乐观者(悲观者)为条件的净回报为正(负)。决策规则为当且仅当经理人是乐观者时每个投资者同意投资。这实际上要求 $1 \geq \beta_i > 0.5 > \beta_i$。

间接融资下，类型为 i 的项目的收益为：

$$V_i^{ID} = \alpha_i[\beta_i H + (1 - \beta_i)(-H) - p_i] + (1 - \alpha_i)V^* - \frac{c}{k}$$

均衡时 $V^* = V_i^{ID}$。因此，在均衡中可以得到：

$$V_i^{ID} = (2\beta_i - 1)H - p_i - \frac{c}{\alpha_i k} \tag{2.2}$$

对于任何值得投资的项目，p_i 是非负的。通过比较式(2.1)和式(2.2)的大小关系，可以确定何种融资方式会被选择。下面的命题构建了融资成本与融资方式选择的关系。

命题 2.1：一个拥有更小融资成本 c 的经济体获得直接融资的项目更多，获得间接融资的项目更少。换言之，它是更加市场主导的经济体。

证明:对于类型为 i 的项目,将直接融资与间接融资下获得的收益取差分,可以得到:

$$V_i^D - V_i^{ID} = H - \frac{c}{\alpha_i} - \left[H(2\beta_i - 1) - \frac{c}{\alpha_i k}\right] = 2H(1 - \beta_i) - \frac{c}{\alpha_i}\left(1 - \frac{1}{k}\right) \tag{2.3}$$

如图 2.1 所示,对于给定的 c,区域 $[0 \leq \alpha_i \leq 1, 0 \leq \beta_i \leq 1]$ 被曲线 $\alpha_i = c(k-1)/[2Hk(1-\beta_i)]$ 划分为两个较小的区域。在区域 A,直接融资优于间接融资,而在区域 B,间接融资优于直接融资。然而,并不是区域 A 中的所有项目都能得到直接融资,因为区域 A 中有些项目的利润为负。同理,并不是区域 B 中的所有项目都能得到间接融资。为了获得利润,V_i^D 或 V_i^{ID} 需要为非负。值得注意的是,对于可以获得融资的最后一个项目(边际项目),单边支付 p_i 为 0。最终,可以得到如图 2.2 所示的决定直接融资与间接融资区域的边界条件。分界线 $\alpha_i = c/H$ 从式(2.1)中获得,界定了直接融资的边界,而分界线 $\alpha_i = c/[(2\beta_i - 1)(kH)]$ 从式(2.2)中获得,界定了间接融资的边界。因此,在区域 I,直接融资是可行的;在区域 II,间接融资是可行的;在区域 III,两种融资方式均是可行的;在区域 IV,两种融资方式均不可行。

下面可以分析融资成本 c 在决定直接融资与间接融资的相对份额中的作用。由于 (α_i, β_i) 是从区域 $[0 \leq \alpha_i \leq 1, 0 \leq \beta_i \leq 1]$ 中的随机抽取,可以通过计算各个区域的面积得到直接融资、间接融资的份额 S_D、S_{ID} 为:

$$S_D = \int_{\frac{c}{H}}^{1} \int_{\frac{1}{2}}^{1 - \frac{1}{2}\frac{c(k-1)}{Hk\alpha}} 1 \, d\beta d\alpha = \frac{1}{2} \frac{-ck + ck\ln(\frac{c}{H}) + Hk - c\ln(\frac{c}{H})}{Hk}$$

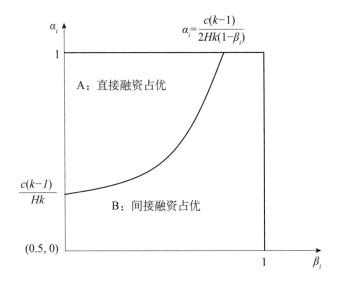

图 2.1 直接融资与间接融资的选择

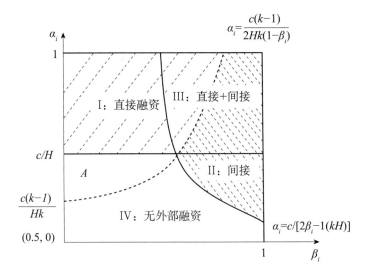

图 2.2 各种融资方式的边界

$$S_{ID} = \int_{\frac{k+1}{2k}}^{1}\int_{Hk(2\beta-1)}^{1} 1\,d\alpha d\beta - \int_{\frac{c}{H}}^{1}\int_{\frac{k+1}{2k}}^{1-\frac{1}{2}\frac{c(k-1)}{Hk\alpha}} 1\,d\beta d\alpha$$

$$= -\frac{1}{2}\frac{c\ln k - ck + ck\ln(\frac{c}{H}) + c - c\ln(\frac{c}{H})}{Hk}$$

进而,S_D、S_{ID}对c的比较静态为:

$$\frac{\partial S_D}{\partial c} = \frac{1}{2Hk}[(k-1)\ln(\frac{c}{H}) - 1] < 0$$

$$\frac{\partial S_{ID}}{\partial c} = \frac{1}{2Hk}[(1-k)\ln(\frac{c}{H}) - \ln k] > 0 \quad 当k足够大时$$

因此,融资成本c越小的经济体,获得直接融资的项目越多,获得间接融资的项目越少。

从图2.2中,可以对c的作用获得更直观的认识。当c下降时,可以获得直接融资或间接融资的区域(区域Ⅰ、区域Ⅱ和区域Ⅲ)扩大了,但它也同时扩大了直接融资优于间接融资的区域(区域A)。区域Ⅰ、区域Ⅲ和A的交集(浅阴影区域)是直接融资可行且优于间接融资的区域。由图2.2可见,当c下降时,该区域扩大。也就是说,拥有更小融资成本的经济体有更多的项目获得直接融资。同理,区域Ⅱ、区域Ⅲ和B的交集(深阴影区域)是间接融资可行并优于直接融资的区域。由图2.2可知,当c下降时,该区域缩小(如前所示,当k足够大时,使区域缩小的力量占据了上风)。换言之,拥有更小融资成本的经济体有更少的项目获得间接融资。

更低的融资成本导致直接融资的比重更高,其直觉在于间接融资的成本分担优势。由式(2.3)可知,当k等于1时,直接融资总是优于间接融资。换言之,当每个项目只需一单位投资,以至于不再需要分担成本时,直接融资总是优于间接融资。对于给定的 k,当 c 变小时,成本分担变得越来越不重要,间接融资的优势越来越小,直接融资的优势越来越大,从而更多的项目选择直接融资。

下面的命题建立了融资成本与获得外部融资的项目数目的关系。

命题 2.2:相对于银行主导的经济体,市场主导的经济体中,更多的企业获得外部融资。换言之,银行主导的经济体中更多的企业得不到外部融资,依赖于留存收益融资(内源融资)。

证明:运用命题 2.1 证明过程中的结论,可以获得外部融资的项目份额 S_F 为:

$$S_F = S_D + S_{ID} = \frac{1}{2} - \frac{c}{2kH}(1 + \ln K)$$

S_F 对于 c 的比较静态为:

$$\frac{\partial S_F}{\partial c} = \frac{1}{2kH}(1 + \ln k) < 0$$

更直观地,由图 2.2 可知,当 c 下降时,区域Ⅰ、区域Ⅱ和区域Ⅲ的面积之和扩大。因此,相对于银行主导的经济体,在市场主导的经济体中,有更多的项目获得外部融资。

命题 2.1 已证明,融资成本刻画了金融结构。而命题 2.2 给出了金融结构对企业内源融资的影响。后续的实证研究对这一命题进行检验。由于上述模型表明,融资方式的选择内生于一国的融资成本,实证研究使用一国的法律起源作为金融结构的工具变量,进行两阶段最小二乘估计。La Porta 等(1997,1998)表明,法律起源是融资成本进而是融资方式选择的显著决定因素。

对于图2.2的进一步分析可以得到另外两个重要并可以进行实证检验的结果。第一个结果为，拥有较大α_i和β_i的项目总可以获得直接融资或间接融资。当融资成本c上升时，一些α_i和β_i都较大的项目可能会从直接融资转为间接融资，但依然可以获得外部融资。第二个结果是，当融资成本c上升时，最受影响的为拥有较小α_i和β_i的项目，即那些落入区域Ⅳ中的项目。由图2.2可知，c的增大主要扩大了区域Ⅳ的面积，使得一些原本可以得到外部融资的项目得不到外部融资，而这些项目主要为α_i和β_i较小的项目。比如，对于项目A，当c/H从点A之下移至点A之上时，就不再能够获得外部融资。换言之，这一项目在银行主导国家不能获得外部融资，但在市场主导国家可以获得股权融资。在这里，α_i比β_i更为重要，因为一个β_i较大而α_i较小的项目不会得到外部融资。这是一个容易理解的结果，因为α_i描述了投资者对于一个项目的信心，所以它对于直接融资和间接融资都很重要，而β_i刻画了投资者之间观点的一致性，所以它仅对间接融资重要。

小企业通常拥有更大的风险，因此相对于大企业，投资者对它们能够获利的信心更为不足。与此同时，投资者对于小企业项目的观点更加不一致，因为有关小企业的信息非常缺乏，信息不对称问题十分严重。与此相对，大企业通常运作比较成熟的项目，投资者对它们有更强的信心。并且，大企业通常已在市场中经营多年，相对于小企业具有更好的信息披露，因此投资者对于它们的看法较为一致。综合上面的分析，可以将这两个结果总结为命题2.3，并在后面的实证研究中进行检验。

命题2.3：相对于市场主导国家相同类型的企业，银行主导国家的小企业面临更多的外部融资困难，从而更多地依赖于自身储蓄进行融资。

但在两种金融体系中,大企业的融资与储蓄行为并不存在显著差异。

2.3.2 动态模型

本小节将上一小节的静态模型嵌入一个动态模型中,以分析金融结构对于经常账户失衡的影响。

2.3.2.1 封闭经济

本小节先探讨封闭经济的情况。

考虑一个由家户和企业构成的经济体。家户作为资本的供给者,进行消费和储蓄,而企业作为资本的需求者,利用资本,进行生产。家户层面(资本的供给方)遵循新古典模型的设定,其面临的问题可以由下面的最优化问题来概括:

$$\text{Max} \sum \beta^t \ln C_t$$

$$\text{s.t.} \quad C_t + I_t = f(K_t), K_{t+1} - K_t = I_t$$

其中,C_t 和 I_t 分别为时期 t 的消费和投资,K_t 和 $f(K_t)$ 分别为时期 t 的资本存量和提供资本获得的收入。

令 λ_t 为拉格朗日乘子。以上最优化问题可构建如下拉格朗日函数求解:

$$L = \sum \beta^t \ln C_t + \sum \lambda_t \beta^t [f(K_t) - (K_{t+1} - K_t) - C_t]$$

对 C_t 和 K_{t+1} 求一阶条件可得:

$$C_t = \frac{1}{\lambda_t} - \lambda_t \beta^t + \lambda_{t+1} \beta^{t+1} [1 + f'(K_{t+1})] = 0$$

其中,$f'(K_{t+1})$ 为 $f(K_{t+1})$ 对 K_{t+1} 的导数。

消掉拉格朗日乘子,可得:

$$\beta[1 + f'(K_{t+1})] = \frac{C_{t+1}}{C_t} \quad (2.4)$$

接下来引入企业对于资本的需求。资本的需求方在每一时期 t 遵循上一小节的静态微观模型的设定。差别之处在于,在动态模型中,每个项目所需的资本规模不再是一个常数 k,而是每期随时间变化的 k_t。并且,每一期的实际产出为 $A_t k_t^\alpha$ ($0 < \alpha < 1$),其中 $A_{t+1} = A_t(1+g)$,g 为外生的技术进步率。

企业的利润最大化需要求解:

$\underset{k_t}{\text{Max}} A_t k_t^\alpha - R_t k_t$,其中,$R_t$ 为总资本回报率。

求解上述问题,可得 $\alpha A_t k_t^{\alpha-1} = R_t$。

从而,每单位资本的收益 $H_t = \alpha A_t k_t^{\alpha-1}/k_t$。

在每一期 t,遵循 Allen 和 Gale(1999)的假定,投资者进行搜寻,寻找合适的企业。按照上一小节静态微观模型的计算方法,在时期 t,可以获得直接融资(市场融资)的企业份额 D_t 为:

$$D_t = \frac{1}{2} \frac{-ck_t + ck_t \ln(\frac{c}{H_t}) + H_t k_t - c\ln(\frac{c}{H_t})}{H_t k_t}$$

可以获得间接融资(银行融资)的企业份额 N_t 为:

$$N_t = -\frac{1}{2} \frac{c\ln k_t - ck_t + ck_t \ln(\frac{c}{H_t}) + c - c\ln(\frac{c}{H_t})}{H_t k_t}$$

可以获得外部融资的企业份额 S_t 为:

$$S_t = \frac{1}{2} - \frac{c}{2k_t H_t}(1 + \ln k_t)$$

从而,资本的需求为:

$$K_t = \left[\frac{1}{2} - \frac{c}{2k_t H_t}(1 + \ln k_t)\right]k_t$$

投资者提供资本获得的收入为:

$$f(K_t) = (A_t k_t^\alpha - ck_t)D_t + \left(A_t k_t^\alpha - \frac{c}{k_t}k_t\right)N_t$$

$$= A_t k_t^{\alpha-1} K_t - c \frac{c\left[\ln(\frac{c}{H_t}) - 1\right](k_t + \frac{1}{k_t}) - 2c\ln(\frac{c}{H_t}) + H_t k_t - \frac{c}{k_t}\ln(k_t) + c}{2H_t}$$

假设每单位融资成本相对于项目的回报足够小①(此为有意义的参数范围,否则,融资成本过大,没有企业能够获得外部融资),资本需求和投资者提供资本获得的收入可以近似为:

$$K_t = \frac{1}{2}k_t$$

$$f(K_t) = (A_t k_t^{\alpha-1} - c)\frac{1}{2}k_t = [A_t(2K_t)^{\alpha-1} - c]K_t = 2^{\alpha-1}A_t K_t^\alpha - cK_t$$

从而:

$$f'(K_t) = 2^{\alpha-1}\alpha A_t K_t^{\alpha-1} - c = \alpha A_t k_t^{\alpha-1} - c = R_t - c = R_t'$$

在均衡时,资本的供给等于需求,这有助于验证平衡增长路径(Balanced Growth Path,BGP)②确实存在,并求解出关键变量的增长率。

---

① 这一假设有利于简化计算,探讨金融结构的影响机制,而不局限于技术细节。附录1不做这一假设,运用数值解法,给出了c与净资本回报率的关系。模拟结果表明,该假设下所得的关于金融结构与净资本回报的结论(命题2.4)依然成立。

② 本研究只关注经常账户结构性的长期趋势,而非其短期内的调整。因此,下文重点考察关键变量在BGP上的特征,而非其转移动态(transitional dynamics)。后者留待以后的研究。

在平衡增长路径上，R_t 为常数，由 $\alpha A_t k_t^{\alpha-1} = R_t$，可得 k_t 的增长率 $\hat{k}_t$ 为：

$$\hat{k}_t = \frac{g}{1-\alpha}$$

从而，K_t 的增长率 $\hat{K}_t$ 为：

$$\hat{K}_t = \hat{k}_t = \frac{g}{1-\alpha}$$

$y_t = f(K_t)$ 的增长率 $\hat{y}_t$ 为：

$$\hat{y}_t = [\hat{A}_t + (\alpha-1)\hat{k}_t] + \hat{k}_t = \hat{k}_t = \frac{g}{1-\alpha}$$

由式(2.4)和 $f'(K_t) = R_t - c = R'_t$ 可得，C_t 的增长率 $\hat{C}_t$ 亦为常数。

为了分析 c 与 R_t 的关系，需要得到资本的供求曲线，并探讨 c 的变动如何影响均衡时的 R_t。由 $\alpha A_t k_t^{\alpha-1} = R_t$ 可得，k_t 为 R_t 的减函数，从而，资本需求为 R_t 的减函数，即 R_t 越大，资本的需求越小。将预算约束式代入式(2.4)，消掉 C_t 和 C_{t+1}，滞后一期，并代入 $f'(K_t) = R_t - c$，可得：

$$\beta(1 + R_t - c) = \frac{f(K_t) - (K_{t+1} - K_t)}{f(K_{t-1}) - (K_t - K_{t-1})} \quad (2.5)$$

$$\frac{\partial K_t}{\partial R_t} = \frac{[f(K_{t-1}) - (K_t - K_{t-1})]^2 \beta}{[1 + f'(K_t)][f(K_{t-1}) - (K_t - K_{t-1})] + [f(K_t) - (K_{t+1} - K_t)]}$$

$$= \frac{C_{t-1}^2 \beta}{(R_t - c + 1)C_{t-1} + C_t} > 0$$

所以，资本供给为 R_t 的增函数，即 R_t 越大，资本的供给越大。①

---

① 如果效用函数取更为一般的常相对风险规避系数(CRRA)形式，并考虑资本的折旧，这一关系依然成立。为简化分析，效用函数取对数形式，也没有加入资本折旧。

综合上面的结果，可以得到如图 2.3 所示的供给和需求曲线，进而分析 c 的变动如何移动供给和需求曲线并如何影响均衡时的 R_t。

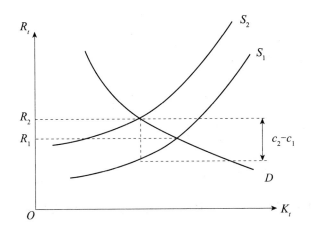

图 2.3 资本供给与资本需求

由 $\alpha A_t k_t^{\alpha-1} = R_t$ 可得，给定 R_t，k_t 并不受 c 的影响。因此 c 的变化并不移动资本需求曲线。① 而由式(2.5)可得，给定 R_t，c 的增加减少了资本供给，因此，在图 2.3 中，资本供给曲线左移。所以，当 c 增加时，资本需求不变而资本供给减少，从而 R_t 上升。

然而，R_t 并不是投资者获得的资本回报。$R'_t = R_t - c$ 才是投资者获得的资本回报率，或者可以理解为净资本回报率。下面说明，c 越大，R'_t 越小。

考虑两个经济体，它们唯一的差别在于融资成本 c 不同，分别以 c_1 和 c_2 表示。不失一般性，假定 $c_1 < c_2$。由上面的分析可知，$R_2 > R_1$。然而，由图 2.3 可得：

$$R_2 - (c_2 - c_1) < R_1$$

---

① 若不做注释 7 所说明的假设，c 越大，需求曲线向左下方移动，$R'_2 < R'_1$ 依然成立。

这是因为资本供给随 R_t 增加而增加。

因此,可以得到:$R_2 - c_2 < R_1 - c_1$,即 $R'_2 < R'_1$。

由命题 2.1 可知,c 刻画了金融结构,c 更小的国家为市场主导国家。因此,结合前面的分析,可以得到命题 2.4。

命题 2.4:在封闭经济条件下,相比于银行主导国家,市场主导国家的净资本回报率(R'_t)更高。

2.3.2.2 开放经济:两国模型

秉承上一小节的研究思路,本小节探讨当经济体开放后的情形。

考虑两个国家(经济体),它们唯一的差别在于 c 不同,分别以下标 1 和 2 指代两个国家。不失一般性,假定第一个国家的融资成本 c 更高,即 $c_1 > c_2$。换言之,由命题 2.1,国家 1 为银行主导国家,而国家 2 为市场主导国家。前一小节已经证明,封闭经济条件下,c 越大的国家,R'_t 越小,因此当两国经济开放后,国家 1 成为债权人,在 t 期末,向国家 2 的贷款数量(持有国家 2 的债券数量)为 $B_{t+1} > 0$。从而,国家 1 的优化问题可以表达为:

$$\text{Max} \sum \beta^t \ln C_{1t}$$

s.t. $C_{1t} + I_{1t} + B_{t+1} - B_t = f(K_{1t}) + R'_t B_t, K_{1t+1} - K_{1t} = I_{1t}$

国家 2 的优化问题与国家 1 类似,差别在于国家 2 是债务人,在 t 期末,向国家 1 借款 B_{t+1}。它的优化问题为:

$$\text{Max} \sum \beta^t \ln C_{2t}$$

s.t. $C_{2t} + I_{2t} = f(K_{2t}) + B_{t+1} - (1 + R'_t) B_t, K_{2t+1} - K_{2t} = I_{2t}$

在国家 1,对 B_{t+1} 和 K_{1t+1} 分别求一阶条件,可以得到:

$$\beta(1 + R'_{t+1}) = \frac{C_{1t+1}}{C_{1t}}$$

$$\beta[1 + f'(K_{1t+1})] = \frac{C_{1t+1}}{C_{1t}}$$

在国家 2,对 B_{t+1} 和 K_{2t+1} 分别求一阶条件,可以得到:

$$\beta(1 + R'_{t+1}) = \frac{C_{2t+1}}{C_{2t}}$$

$$\beta[1 + f'(K_{2t+1})] = \frac{C_{2t+1}}{C_{2t}}$$

从而,可以得到:

$$\frac{C_{1t+1}}{C_{1t}} = \frac{C_{2t+1}}{C_{2t}} = \beta(1 + R'_{t+1}) = \beta[1 + f'(K_{1t+1})] = \beta[1 + f'(K_{2t+1})]$$

在资本的需求方,如封闭经济模型中所证明,在国家 1 和国家 2,分别有:

$$f'(K_{1t+1}^{\alpha-1}) = R'_{t+1} = R_{1t+1} - c_1,\ \text{其中}, \alpha A_{1t} k_{1t} = R_{1t}$$

$$f'(K_{2t+1}^{\alpha-1}) = R'_{t+1} = R_{2t+1} - c_2,\ \text{其中}, \alpha A_{2t} k_{2t} = R_{2t}$$

在平衡增长路径上,R'_t、R_{1t}、R_{2t} 为常数,分别以 R'、R_1 和 R_2 表示。

由 $\alpha A_{1t}^{\alpha-1} k_{1t} = R_1$ 和 $\alpha A_{2t}^{\alpha-1} k_{2t} = R_2$ 可得:

当 $\dfrac{A_{1t+1} - A_{1t}}{A_{1t}} \equiv \hat{A}_{1t} = g$,$\dfrac{A_{2t+1} - A_{2t}}{A_{2t}} \equiv \hat{A}_{2t} = g$ 时,

$\hat{k}_{1t} = \dfrac{g}{1-\alpha} \equiv \tilde{g}$,$\hat{k}_{2t} = \dfrac{g}{1-\alpha} \equiv \tilde{g}$,其中,$\hat{k}_{1t}$,$\hat{k}_{2t}$ 为 k_{1t},k_{2t} 的增长率。

从而,由 $K_{1t} = \dfrac{1}{2} k_{1t}$,$K_{2t} = \dfrac{1}{2} k_{2t}$,可得:

$$\hat{K}_{1t} = \tilde{g},\ \hat{K}_{2t} = \tilde{g}$$

第 2 章 金融结构与经常账户失衡：理论模型

由 $f(K_{1t}) = 2^{\alpha-1}A_{1t}K_{1t}^{\alpha} - c_1 K_{1t}$，$f(K_{2t}) = 2^{\alpha-1}A_{2t}K_{2t}^{\alpha} - c_2 K_{2t}$，可得：

$$\hat{f}(K_{1t}) = \tilde{g}, \hat{f}(K_{2t}) = \tilde{g}$$

猜测在平衡增长路径上，$\hat{B}_t = \tilde{g} = \hat{C}\hat{C}_{1t} = \hat{C}_{2t}$。下面验证确实如此。

由国家 1 的预算约束式：

$$C_{1t} = f(K_{1t}) + (1 + R')B_t - B_{t+1} - (K_{1t+1} - K_{1t})$$
$$= f(K_{1t}) + (1 + R')B_t - (1 + \tilde{g})B_t - \tilde{g}K_{1t}$$

所以有：

$$\frac{C_{1t+1}}{C_{1t}} = \frac{f(K_{1t+1}) + (1 + R')B_{t+1} - (1 + \tilde{g})B_{t+1} - \tilde{g}K_{1t+1}}{f(K_{1t}) + (1 + R')B_t - (1 + \tilde{g})B_t - \tilde{g}K_{1t}} = 1 + \tilde{g}$$

同理，由国家 2 的预算约束式：

$$C_{2t} = f(K_{2t}) + B_{t+1} - (1 + R')B_t - (K_{2t+1} - K_{2t})$$
$$= f(K_{2t}) + (1 + \tilde{g})B_t - (1 + R')B_t - \tilde{g}K_{2t},$$

可得：

$$\frac{C_{2t+1}}{C_{2t}} = \frac{f(K_{2t+1}) + (1 + \tilde{g})B_{t+1} - (1 + R')B_{t+1} - \tilde{g}K_{2t+1}}{f(K_{2t}) + (1 + \tilde{g})B_t - (1 + R')B_t - \tilde{g}K_{2t}} = 1 + \tilde{g}$$

因此，在平衡增长路径上有：

$$\hat{C}_{1t} = \hat{C}_{2t} = \hat{K}_{1t} = \hat{K}_{2t} = \hat{B}_t = \hat{f}(K_{1t}) = \hat{f}(K_{2t}) = \tilde{g}$$

$$\beta(1 + R') = \frac{C_{1t+1}}{C_{1t}} = \frac{C_{2t+1}}{C_{2t}} = 1 + \tilde{g}，即 R' = \frac{1 + \tilde{g}}{\beta} - 1$$

两国的经常账户余额 CA_{1t}、CA_{2t} 占 $f(K_{1t})$、$f(K_{2t})$ 的比重分别为：

$$\frac{CA_{1t}}{f(K_{1t})} = \frac{B_{t+1} - B_t}{f(K_{1t})} = \frac{\tilde{g}B_t}{f(K_{1t})} > 0$$

$$\frac{CA_{2t}}{f(K_{2t})} = \frac{-B_{t+1} + B_t}{f(K_{2t})} = -\frac{\tilde{g}B_t}{f(K_{2t})} < 0$$

由于在平衡增长路径上，$\hat{B}_t = \hat{f}(K_{1t}) = \hat{f}(K_{2t}) = \tilde{g}$，所以 $\dfrac{CA_{1t}}{f(K_{1t})}$ 和 $\dfrac{CA_{2t}}{f(K_{2t})}$ 在平衡增长路径上为常数。因此可以得到命题2.5。①

命题2.5：当两国金融市场开放后，银行主导国家经历经常账户顺差，而市场主导国家经历经常账户逆差。

2.4 本章结论

Allen 和 Gale(1999)刻画了直接融资(市场融资)与间接融资(银行融资)的权衡取舍：直接融资虽然可以通过每个投资者亲自决策避免观点的不一致，但每个投资者都需付出信息搜集等融资成本；间接融资通过代理人决策分担了融资成本，但代理人可能投资了一个投资者并不愿意投资的项目。本章首先通过构建一个微观静态模型，将他们的模型扩展到两个国家，两个国家只有融资成本不同。本章证明，当融资成本较大时，通过间接融资获得外部融资的企业份额较大，通过直接融资获得外部融资的企业份额较小。因此，融资成本刻画了金融结构，融资成本较高的国家为银行主导国家。并且，银行主导国家的企业面临更大的外部融资困难，从而更多地依赖于自身储蓄融资。更重要的是，金融结构对企业融资和储蓄的影响存在异质性，大企业在何种金融体系下都较易得到外部融资，而小企业在银行主导国家受到较大的外部融资抑制，进行更多地储蓄。

---

① 关于经常账户失衡和债务可持续性的问题，附录2进行了更详细的讨论。

通过将上述模型扩展到宏观动态模型,即资本的需求面由上述微观模型刻画,而资本的供给面由家庭消费与储蓄的最优化行为确定,本章求解了资本的供给与需求方程,并证明,在封闭经济下,当参数满足一定条件时,两个国家的资本需求一致,而银行主导国家的资本供给更小,从而总资本回报率更高。但净资本回报率需要从总资本回报率中扣除融资成本,而且供给曲线向上倾斜,因此,银行主导国家的净资本回报率更低。数值模拟分析结果表明,在更一般的条件下,相对于市场主导国家,银行主导国家的资本需求和资本供给更小,净资本回报率更低。从而,当金融市场开放后,银行主导国家成为债权持有者,购买市场主导国家的金融资产(债券),经历资本外流和经常账户顺差。即在开放经济下的两国模型中,市场主导国家经历经常账户逆差而银行主导国家经历经常账户顺差。

本章从金融结构这一新角度入手,为有关经常账户失衡的文献做出了理论贡献。现有文献虽然开始关注金融市场的绝对发展水平对经常账户失衡的影响,但忽视了金融体系的结构问题。就绝对规模而言,美国、英国、德国、日本都拥有非常发达的金融市场,但经常账户失衡的情况迥异。金融结构的视角为经常账户失衡提出了新的解释。本章通过理论模型诠释了金融结构的作用机制,其政策含义在于,经常账户失衡问题的成因并不仅由于政策扭曲,外部失衡恰恰反映了各国金融结构的差异及这种差异对于企业融资和储蓄行为的影响,改善失衡问题需从结构性因素入手,着力解决中小企业的融资难问题。

第 3 章

金融结构、企业储蓄与经常账户失衡：实证研究

3.1 本章引言

在研究经常账户失衡的文献中，一些理论文章探讨了金融发展的作用。比如，Cabarrello 等(2008)构建了一国的金融体系和增长动力共同影响其经常账户状况的理论模型。具体而言，在他们的模型中，美国作为全球最主要的金融中心，拥有生产金融资产的比较优势，但它的经济增长率低于新兴市场经济体。因此，国际分工的结果是美国成为世界的银行，为其他国家提供金融资产，吸引资本流入，经历经常账户逆差。Ju 和 Wei(2010)从道德风险的角度刻画了金融摩擦，他们的理论模型证明，金融体系更完备的国家进口金融资本，出口 FDI，而金融体系相对不完备的国家恰好相反。然而，在他们的理论模型中，一国金融体系的完备程度对其经常账户状况的影响并不确定。

本章对上述文献进行了丰富和发展，在上一章理论模型的基础上，实证检验一国的金融结构是否影响其经常账户失衡状况，进而探讨背后的传导机制。实证分析结果表明，相对于金融市场而言，越依赖于银行融资的国家(银行主导国家)，中小企业面临的外部融资困难越大，只好

越依赖于自身储蓄,命题2.2和命题2.3得到了实证支持。由于一国的经常账户余额等于国民储蓄与国民投资之差,而企业储蓄是国民储蓄的重要构成部分,因而一国的金融结构成为影响其经常账户状况的重要因素。银行主导国家经历更大的经常账户顺差(更小的经常账户逆差),而市场主导国家经历更大的经常账户逆差(更小的经常账户顺差),命题2.5得到了实证支持。与Cabarrello等(2008)的理论预测类似,本章的结果指出,美国这一资本市场高度发达的经济体经历经常账户逆差,但与Cabarrello等(2008)强调金融业的绝对优势不同,本章指出,金融部门的相对发达程度是理解经常账户失衡的重要视角,金融结构在排除金融中心的影响后,依然发挥着显著作用。

一些典型化事实为金融结构及其影响经常账户的作用渠道——企业储蓄,提供了启发性证据。一方面,美国和英国等国家经历持续的经常账户逆差。自20世纪90年代中期以来,两国一直都是逆差国,美国经常账户赤字占GDP的比重最高时达到6%,而英国的相应比重为5%;另一方面,德国和日本等国家面临巨额的经常账户顺差,两国经常账户顺差占GDP的比重最高时分别达到7%和5%。从金融发展的绝对水平来看,四个国家都拥有发达的金融体系,但它们的金融结构却存在较大差异。相对于证券市场融资,德国和日本更依赖于银行融资,是银行主导国家。进一步考察它们的储蓄率和投资率,1990年—2008年期间,德国和日本的平均国民储蓄率(国民储蓄占GDP的比重)分别为21.38%和29.02%,平均投资率(资本形成总额占GDP的比重)分别为20.38%和26.53%,而美国和英国的储蓄率分别为15.09%和14.95%,投资率分别为18.61%和17.35%。① 因此,高储蓄而非低投资推动着四国经常账户的失衡。由于一国的储蓄可以由家庭部门、公司部门和政府部门来完成,本章进而考察国民储蓄在部门间的分配。对家庭储蓄而言,德国和美国的家庭储蓄率(家庭储蓄占可支配收入的比重)在这一阶段比较稳定,日本的家庭储蓄率反而出现了下降,在2008年甚至低于美国。②与此相对,德国和日本的企业储蓄③占GDP的比重分别从1998年的8.75%和13.33%上升至2007年的11.36%和17.84%,而美国和英国的相应比重却保持稳定,在1998年分别为7.52%和11.08%,而在2007年分别为6.53%和11.91%。另外,四国政府储蓄占GDP的比重基本遵循相同的趋势,在1996—2007年,在-4%—3%的范围内波动。因此,企业储蓄在四国储蓄率的差异方面扮演了重要角色。

上述启发性证据虽然只基于四个最主要国家,这些现象是否在更一般的层面成立有待于系统的实证分析。但其表明,企业部门的储蓄在经常账户的失衡中扮演了重要角色,启发本章从企业储蓄的视角探求经常账户失衡的微观基础。金融结构是否通过系统性地影响企业的融资和储蓄行为对经常账户失衡产生影响?本章对上述问题进行了实证检验。

本章的实证分析分两部分展开:一是在国家层面。运用56国

---

① 数据由世界银行发布的世界发展指数计算而得。
② OECD的数据表明,德国的家庭储蓄率在1996年为10.55%,在2009年为11.13%。美国的相应比率为5.12%和6.19%。日本的家庭储蓄率从1996年的11.4%跌至2008年的2.29%。
③ 根据OECD(2007)的测算方法,企业储蓄为:总附加值-付给职工的薪酬-生产税(扣除补贴)-支付的净利息-支付的股利-支付的直接税+净财产收入+净其他经常转移收入。

1990—2007①年的面板数据,本章发现,市场主导国家经历更大的经常账户逆差(更小的顺差)。另外,实证结果表明,企业部门储蓄对于经常账户失衡产生重要影响,金融结构影响企业部门的储蓄,而对于家庭和政府部门的影响不显著。二是在企业层面。运用世界银行1999年开展的世界商业环境调查(WBES)数据库和Compustat 2000—2007年全球工业和商业企业年度数据库(Global Compustat Industrial and Commercial Annual database,GCICAD),本章检验了企业储蓄是否受到一国金融结构的系统影响。实证结果表明,银行主导国家的企业尤其是中小企业,相对于市场主导国家的企业进行更多的储蓄。

本章的后续部分安排如下。第二部分系统综述相关文献并分析金融结构为何会影响企业的融资和储蓄行为。第三部分运用跨国面板数据检验金融结构对经常账户的影响。运用世行调查数据探讨金融结构和留存收益融资(企业内源融资)的工作在第四部分展开。第五部分基于GCICAD数据,提供金融结构影响企业净储蓄的证据。第六部分是本章结论。

3.2 文献综述

与本章紧密相连的一支文献探讨了国别层面金融部门特性的差异对于经常账户失衡和国际资本流动的影响。Dooley等(2004)认为,外商

---

① 全球金融危机后,许多国家的经常账户发生了较大的变化,本研究将样本限制在危机发生之前。数据起点的选取来自关键指标金融结构的可等性。

直接投资在新兴市场国家被征收的风险更高,为了吸引外资,这些国家需要在国外提供抵押品,一旦征收风险实现,外国投资者可以没收抵押品作为补偿。新兴市场国家提供抵押品的一种现实做法即为每年保持经常账户盈余,并持有美国国债等国外金融资产。Caballero等(2008)从各国金融部门的效率和增长潜力不同的视角,构建了解释各国经常账户差异的理论模型。他们的模型指出,增长潜力较大而金融体系比较落后的国家(比如中国),并不具备在本国生产足够多的金融资产的能力,它们只能通过经常账户的顺差积累金融体系发达的国家生产的金融资产。与此相对,金融体系发达但增长潜力较小的国家(比如美国),经历经常账户赤字,以使前者成为其金融资产的净持有者。Mendoza等(2009)关注金融体系的发展水平和分散风险的能力。金融体系更不发达的国家分散风险的能力更差,家庭进行更多的预防性储蓄。在封闭经济下,它们的利率水平更低。当经济开放后,它们成为资本的净出口者。在Ju和Wei(2010)的模型中,由于金融中介的效率低下和公司治理中产生的代理问题,资本的边际回报与金融市场利率并不相等。尽管新兴市场国家物质资本的回报较高,本国的储蓄回报却很低。这使得金融市场不发达国家的储蓄流向金融市场更发达的国家以获得更高的金融资本回报,而后者对前者进行直接投资以获得更高的物质资本回报。这就产生了双向资本流动:金融市场不发达国家进口FDI出口金融资本,而金融市场发达国家的资本流向相反。Wang等(2012)引入金融摩擦和家庭、企业的异质性,构建了资本双向流动的理论模型,指出中国信贷市场的不完备导致物质资本的高回报和金融资本的低回报,经历金融资本外流、FDI流入和贸易失衡。在资本双向流动时,贸易失衡即使在稳态上也是可持续的。

国内文献也逐渐关注金融因素对于全球失衡的影响。祝丹涛（2008）指出，金融体系效率的国别差异是全球经济失衡的结构性原因。金融体系效率高的国家向金融体系效率低的国家输出"金融中介"功能，前者经历经常项目的逆差，输入资本，而后者则相反。金融体系的低效率导致中国的储蓄转化为投资的能力差，经常项目盈余。雷达和赵勇（2009）以美国和中国在全球分工中的地位为基础，从中美两国金融发展的角度对中美经济失衡的性质及调整方式进行了分析。他们认为，中美经济失衡既反映了实体经济领域国际分工的格局，也反映了中美两国在虚拟经济领域利益分配和风险分散职能的较大差异。徐建炜和姚洋（2010）通过构建金融市场—制造业比较优势指标，运用1990—2005年45个国家的面板数据，发现以金融服务为比较优势的经济体更易经历经常账户的逆差，而以制造业为比较优势的经济体更易经历经常账户的顺差。陆建明和杨珍增（2011）指出，金融发展的差异会使得金融发展程度较高的国家在产品创新环节上具有比较优势，而金融发展程度较低的国家则在生产环节上具有比较优势。当国际商品流动或资本流动完全自由时，经常项目会保持平衡；但是，当国际资本的流动存在障碍时，这种国际分工就会引发经常账户的失衡。

本章是这支新兴文献的延伸和扩展，首次从金融结构的角度探讨经常账户的失衡。具体而言，本章依据一国对银行和资本市场的相对依赖程度，将国家划分为银行主导与市场主导型。公司金融方面的文献，尤其是Allen和Gale（1999）为本章的视角提供了微观基础。在Allen和Gale（1999）中，融资成本因项目而异，与此不同，本章的模型中融资成本在国家间存在差异,并以此来刻画国家间金融结构的差异。如前一章所证明,信息成本越高的国家倾向于更多地依赖银行融资以获得节约信息成本的规模经济优势。但不利之处在于,在这一金融体系下,由于投资者或预计项目成功的概率较低,或与委托的代理人对于项目成功的概率的观点差别较大,更多的项目尤其是风险较大的项目得不到融资。由于投资者更易了解大企业的信息,他们对于大企业的看法通常较为一致,而对于小企业风险分布的认识迥异。结果是在银行主导国家,相对于市场主导国家,小企业更难获得外部融资,更多地进行储蓄。由于无论在何种金融体系下,大企业都能获得外部融资,所以金融结构对于大企业的影响不显著。另外,金融结构并不对家庭和政府部门的储蓄行为产生重要的影响,所以金融结构通过企业储蓄的渠道影响经常账户的状况。

在金融结构对于经常账户影响的传导渠道的分析上,一些理论文献从企业储蓄的视角审视经常账户失衡,但它们并没有探讨金融结构的作用。比如 Bachetta 和 Benhima(2010)构建理论模型,证明对于流动性资产的需求与国内投资可以成为互补品,高增长与高投资的国家拥有更高的企业储蓄率和对外国资产的需求,经历资本流出和经常账户顺差。Sandri(2010)从预防性储蓄的角度构建了企业储蓄与失衡的关系。由于丧失已投资资本的风险无法被有效分散,使得企业家们依靠自有资金融资。当面临较多的商业机会时,储蓄比投资增长得更多,以积累预防性资产。其模拟结果表明,这会产生大量的资本外流。Song 等(2011)从企业储蓄的视角解释了中国的贸易失衡。其模型中有两类企业,拥有更高生产率的企业(私营企业)由于金融市场不完善,只有依靠内部储蓄来为投资融资。而另一类企业(国有企业)的生产率低,它们能够生存下来,原因在于其更易在信贷市场获得融资。模型证明,高生产率企业的储蓄足够高时,其比低生产率企业成长得更快。随着拥有融资优势的低生产率企业的萎缩,国内的储蓄需要被投资到国外,从而产生贸易盈余。

本章与上述文献的不同在于建立了金融结构与企业储蓄的关联,并考察企业的异质性,以防止金融结构对不同规模企业的影响正负相抵。

本章也借鉴了公司金融实证文献中有关金融结构与企业外部融资行为的探讨。比如,Schmukler 和 Vesperoni(2001)考察了7个新兴市场国家企业的融资行为(杠杆率、债务期限结构、融资来源)是否在银行主导国家和市场主导国家存在显著差异。文章发现,在银行主导国家,长期债务和债务股权比例随着企业规模变大而显著变大,而在市场主导国家,小企业的债务股权比例并不是显著得小。Demirguc-Kunt 和 Maksimovic(2002)研究了银行主导国家与市场主导国家企业的资金成长,并没有发现资本市场与银行体系的相对发达程度影响企业外部融资的可得性。他们的样本由公开上市的最大规模的制造业企业所构成。与他们的样本不同,本章的研究样本广泛覆盖中小企业。研究发现,小企业依赖留存收益融资的比重和净储蓄受到金融结构的显著影响。与 Demirguc-Kunt 和 Maksimovic(2002)的研究结果类似,无论使用调查数据还是上市公司数据,本章并没有发现金融结构对大企业产生显著影响。Beck 等(2008)运用跨国数据考察了企业的融资模式,发现小企业与身处较差制度环境中的企业更少地依赖外部融资,尤其是银行融资。虽然他们的侧重点并不在于金融结构,但其实证结果为本章的传导逻辑提供了实证支持。

3.3 金融结构与经常账户失衡

本部分进行国家层面的分析,建立金融结构与经常账户失衡的关系。接下来呈现企业储蓄是推动经常账户失衡的重要力量的证据,并说明金融结构主要通过影响企业储蓄,而不是家庭和政府储蓄,影响经常账户失衡。

3.3.1 数据和计量模型设定

实证研究搜集了66个国家1990—2007年的面板数据。样本区间起点的选择是因为比较可靠的金融结构跨国数据在1990年之后变得广泛可得,而终点的选择是为了避开金融危机的影响。之所以排除最近这次全球金融危机所在的时间段,因为许多国家的经常账户在这期间发生了结构性变化,而仔细探讨金融危机对经常账户余额的影响并不是本章关注的内容。数据的主要来源如下:世界银行金融发展与金融结构数据库[①]、Chinn和Ito(2008)、世界银行世界发展指数数据库WDI、国际货币基金组织IFS数据库、联合国统计司国民收入账户统计数据库。下文讨论到相关变量时会对数据来源进行更详细的说明。

为了探讨一国的金融结构如何影响其经常账户状况,基准回归采用如下动态面板模型:

---

① Beck等(2000)对这一数据库进行了详细的描述。

第3章 金融结构、企业储蓄与经常账户失衡:实证研究

$$CA_{it} = \gamma CA_{it-1} + \alpha FS_{it} + \beta X_{it} + v_i + \eta_t + \varepsilon_{it} \quad (3.1)$$

式(3.1)中,下标 i 和 t 分别代表国家和年份,CA 是经常账户余额占 GDP 的比重,FS 代表金融结构,而 X 代表控制变量,v 和 η 代表国家和年份固定效应,γ、α 和 β 是待估参数,ε 是误差项。式(3.1)右手边控制被解释变量的一阶滞后以刻画一国经常账户余额的持续性。

本章关注的变量是金融结构。参照 Beck 和 Levine(2002)的方法,本章将金融结构定义为一个连续变量,刻画市场融资和银行融资的相对规模。本章尝试了金融结构的三种衡量方法。第一种方法为股票市场市值总额与私人部门银行信贷总量之比的对数值,第二种方法将第一个指标的分子换为股票市场交易总量,第三种方法取前两个指标的首个主成分。这些变量越大,表明一国的金融体系相对于银行融资越依赖于市场融资。[①] 上述指标的数据来自世界银行金融发展与金融结构数据库。本章分别使用以上三个指标进行了实证分析,所得结果类似,篇幅所限,后文中只报告基于第一个指标的分析结果。

X 包括可能影响一国经常账户的其他因素:金融发展(股票市场市值总额与私人信贷之和占 GDP 的比重)[②]、金融深度(M2 占 GDP 的比重)、政府财政余额占 GDP 的比重、人均 GDP 的对数值及其平方项、人均

---

① 由于债券市场也是资本市场的重要组成部分,一个相关的问题是债券市场的作用如何。本章检查了债券市场发展水平(金融机构和公司部门发行的私人国内债券占 GDP 的比重)和股票市场发展水平(股票市场总市值占 GDP 的比重)在2006年的相关性。本章依据债券市场发展水平和股票市场发展水平分别对国家进行排序,各国位次的相关性为 0.52。这表明,如果一国拥有发达的股票市场,其债券市场也较为发达。由于股票市场的数据比债券市场的数据更广泛可得,后文的分析只使用股票市场指标。

② 金融发展与金融结构的相关系数为 0.33。将它们同时加到等式右边并不存在严重的多重共线性问题。

GDP 的增长率、老年抚养比(65 岁以上人口/15—65 岁人口)、青年抚养比(15 岁以下人口/15—65 岁人口)、实际有效汇率的对数值、进出口总额占 GDP 的比重、资本账户开放程度和对外净资产占 GDP 的比重。前两个变量用以控制如 Cabarrello 等(2008)和 Mendoza 等(2009)所探讨的金融发展的影响。前者的数据从世界银行金融发展与金融结构数据库获得,后者的数据从国际货币基金组织 IFS 数据库获得。接下来的六个变量用于控制一国内部的经济社会状况。政府财政余额占 GDP 的比重是为了分离政府赤字对经常账户的影响。人均 GDP,其平方项及增长率可以控制一国的发展阶段和发展前景对于经常账户的影响,这些影响在理论上被 Engel 和 Rogers(2006)所强调。抚养比用于控制如 Brooks(2003)所阐释的人口结构对于经常账户的影响。这六个变量的数据来自世界银行世界发展指数(WDI)。最后四个变量控制一国的外部经济金融状况和经济开放程度的作用。实际有效汇率、进出口总额占 GDP 比重和对外净资产占 GDP 比重的数据来自 WDI。实际有效汇率是名义有效汇率(衡量一国货币相对于几种外国货币的加权平均价值)与价格指数之比,该指标上升意味着本国货币升值。资本账户开放程度来自 Chinn 和 Ito 编纂的金融开放指数及后续更新(Chinn and Ito,2008),该指数基于国际货币基金组织外汇安排与外汇限制年报(IMF's Annual Report on Exchange Arrangements and Exchange Restrictions,AREAER),以一系列的虚拟变量刻画跨境金融交易的限制,用于衡量一国资本账户开放程度。该指数越大,表明资本账户越开放。表 3.1 给出了主要变量的描述性统计。

表 3.1　变量的描述性统计

	均值	标准差	最小值	最大值
经常账户余额占 GDP 百分比(%)	-0.53	7.26	-27.16	32.54
企业储蓄率占 GDP 百分比(%)	11.37	3.80	-3.47	26.60
家庭储蓄率占 GDP 百分比(%)	7.36	3.32	-1.28	16.97
政府储蓄率占 GDP 百分比(%)	2.32	3.60	-6.09	21.28
企业净储蓄率占 GDP 百分比(%)	-0.21	4.02	-11.82	20.07
家庭净储蓄率占 GDP 百分比(%)	1.10	4.11	-11.13	10.53
政府净储蓄率占 GDP 百分比(%)	-1.33	3.98	-10.67	18.48
金融结构	-0.41	0.96	-6.20	1.64
金融发展	1.35	0.96	0.06	4.71
金融深度 M2 占 GDP 百分比(%)	63.96	35.86	6.02	208.97
政府财政余额占 GDP 百分比(%)	-1.49	3.93	-21.65	19.32
人均 GDP 的对数	9.05	1.48	5.46	11.19
人均 GDP 增长率(%)	3.91	2.77	-9.03	14
老年抚养比(%)	17.52	7.12	3.73	30.30
青年抚养比(%)	36.65	17.76	19.39	103.49
进出口总额占 GDP 百分比(%)	49	124	0.02	102.1
对外净资产占 GDP 百分比(%)	-27.93	55.14	-268.26	190.48
实际有效汇率的对数	4.58	0.12	4.01	4.95
资本账户开放指数	1.35	1.41	-1.14	2.50

3.3.2　基准回归结果

在进行回归分析之前,本章先考察经常账户余额占 GDP 的比重与金融结构的散点图(见图 3.1),以对两者的关系获得一个直观的认识。图 3.1 按照下述方法生成。先将观测值(国家—年)按照横轴和纵轴上的变量从小到大排列,分成等距离的小组,以纵轴上每个小组的平均值对横轴上每个小组的中位值画图。运用 Frisch Waugh 定理排除金融发展、实际有效汇率和双向固定效应的影响。由图3.1可知,金融结构与经常账户余额存在负相关关系,即银行主导的国家拥有更大的经常账户盈余(更小的赤字)。由于纵轴和横轴分别取每个小组的平均值和中位值,这一关系对异常值的影响保持稳健,并不被几个国家或几个时间段所驱动。

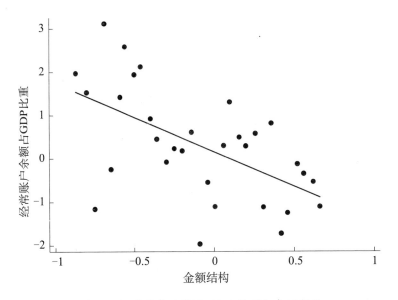

图3.1　经常账户余额占GDP比重与金融结构

注:本图的生成方法为:将观测值(国家—年)按照横轴和纵轴上的变量从小到大排序,分成等距离的小组,以纵轴上每个小组的平均值对横轴上每个小组的中位值画图。运用Frisch-Waugh定理排除金融发展、实际有效汇率和双向固定效应的影响。金融结构以股票市场总市值与私人信贷总额之比的对数值来衡量。金融发展为股票市场总市值占GDP比重与私人信贷总额占GDP比重之和。

接下来,本章以多种方法估计式(3.1)。第一种方法直接运用GMM估计,第二种方法估计固定效应的静态面板模型(剔除被解释变量的滞后项),第三种方法使用混合OLS估计,即Chinn和Prasad(2003)所建议的五年或三年平均。三种方法得到的定性结果类似,受篇幅所限,本章介绍基于GMM的估计结果。

系统GMM方法工具变量的合理性要求工具变量的变化与固定效应不相关。在本研究中,这需要经常账户在之前年份的变化与一国的固有特质(比如地理位置)不相关。由于一国的地理位置决定了石油等自然资源的丰裕程度,进而影响其经常账户的调整,这一假设较难得到满足。因此本章采用差分GMM方法估计式(3.1)。另外,样本中的一些国家在某些年份经历了较大的经常账户失衡,本章排除样本中经常账户上、下5%分位的观测值,以剔除异常值的影响。

基于式(3.1)的回归结果如表3.2所示。表3.2的第一列只加入金融结构、金融发展和国家、年份固定效应。在后续各列中,逐步增加控制变量。①

根据表3.2的最后两行,差分方程的误差项一阶序列相关而二阶序列不相关,这表明关于水平方程误差项的经典假设得以满足。表3.2说明了异方差序列相关稳健标准误,因此Sargan检验无法运行。本章也使用通常的标准误计算Sargan统计量,该检验并不拒绝没有过度识别的零假设。Hansen检验在上述设定下也不拒绝零假设。

由表3.2可知,无论如何选择控制变量,在所有回归中,金融结构对经常账户的影响显著为负。为了测算这一影响的经济效果有多大,下面比较中国和美国在1990—2007年的状况。1990—2007年,中国和美国金融结构的平均值为-0.75和0.77。根据表3.2最后一列的回归结

---

① 本章也在(8)列基础上加入劳动力薪酬成本占GDP的比重,以控制劳动力成本和劳动分工因素对经常账户失衡的影响。金融结构依然在1%的水平下显著。

表 3.2 金融结构与经常账户:GMM 动态面板回归结果

	被解释变量:经常账户占 GDP 的比重							
	(1)	(2)	(3)	(4)	(5)	(6)	(7)	(8)
经常账户占 GDP 比重的一阶滞后	0.348***	0.347***	0.345***	0.342***	0.349***	0.317***	0.308***	0.281***
	(0.06)	(0.07)	(0.07)	(0.07)	(0.07)	(0.07)	(0.08)	(0.09)
金融结构	−0.810***	−0.757**	−0.781**	−0.691**	−0.732**	−1.272**	−1.205**	−0.981**
	(0.28)	(0.34)	(0.34)	(0.35)	(0.34)	(0.55)	(0.52)	(0.48)
金融发展	−0.725	−0.148	−0.547	−0.960	−0.858	−1.227	−1.651*	−0.648
	(1.04)	(1.05)	(1.09)	(0.97)	(0.94)	(0.83)	(0.97)	(1.12)
金融深度		−0.055*	−0.047*	−0.058**	−0.060**	−0.024	−0.006	−0.017
		(0.03)	(0.03)	(0.03)	(0.03)	(0.02)	(0.03)	(0.03)
政府财政余额占 GDP 比重			0.293***	0.329***	0.332***	0.273***	0.296***	0.258**
			(0.09)	(0.09)	(0.09)	(0.11)	(0.11)	(0.11)
人均 GDP 对数值				6.280	7.614	10.580	12.270	4.140
				(6.55)	(6.92)	(8.33)	(8.94)	(7.98)
人均 GDP 对数值平方项				−0.559	−0.639	−0.435	−0.534	−0.049
				(0.39)	(0.41)	(0.51)	(0.54)	(0.49)
人均 GDP 增长率				−0.188**	−0.189**	−0.030	−0.031	−0.032
				(0.08)	(0.08)	(0.08)	(0.09)	(0.08)
老年人口抚养比					0.322	0.370	0.285	0.366
					(0.28)	(0.31)	(0.29)	(0.27)

第 3 章　金融结构、企业储蓄与经常账户失衡：实证研究

（续表）

被解释变量：经常账户占 GDP 的比重

	(1)	(2)	(3)	(4)	(5)	(6)	(7)	(8)
青年人口抚养比					0.104	0.186	0.198	0.059
					(0.12)	(0.20)	(0.20)	(0.15)
实际有效汇率的对数值						−10.80***	−10.10***	−10.85***
						(3.26)	(3.36)	(2.76)
进出口总额占 GDP 比重							0.278	0.482**
							(0.20)	(0.24)
资本账户开放指数							0.083	0.219
							(0.42)	(0.39)
对外净资产占 GDP 比重								0.044*
								(0.02)
观测值个数	1 165	1 017	951	947	947	632	616	616
一阶序列相关 z 统计量	−4.80***	−4.37***	−4.38***	−4.41***	−4.51***	−4.18***	−3.89***	−3.83***
二阶序列相关 z 统计量	−1.82*	−1.09	−1.10	−1.13	−1.11	−1.09	−1.29	−1.46

注：Hansen 过度识别检验在上述设定下不拒绝原假设；括号中报告的是稳健标准误；*、** 和 *** 表示在 10%、5% 和 1% 的显著性水平下显著。

果,保持其他因素不变,两国经常账户余额占 GDP 比重的差异在长期应为 2.07 个百分点①,而两国的实际差异为 6.4 个百分点。因此,保持其他因素不变,金融结构大约解释了两国经常账户余额的 32%。

金融发展和金融深化的影响如何呢?事实上,它们或者不显著,或者影响不稳定。金融发展(用私人信贷与股票市场市值总额之和占 GDP 的比重衡量)在多种设定下都不显著,而金融深化(用 M2 占 GDP 的比重衡量)只在一些回归中边际上显著。本章也尝试了分别控制私人信贷占 GDP 的比重和股票市场市值总额占 GDP 的比重,结果没有本质差异。因此,传统的金融发展指标并不能够完整地刻画一国金融体系对其经常账户的影响。

就其他控制变量而言,实际有效汇率和政府财政余额占 GDP 的比重显著并且符号也符合预期。实际汇率贬值和政府财政余额改善会提高经常账户盈余。经常账户余额随人均收入的对数值呈现倒 U 形变化,虽然非线性影响并不在统计上显著。人口统计变量并不显著。

3.3.3 金融结构对分部门储蓄率的影响

一国的国民储蓄是企业、家庭与政府储蓄之和。这一小节检验金融结构对于企业、家庭与政府总储蓄和净储蓄的影响。按照 OECD(2007) 的方法,企业总储蓄的计算为:总附加值 - 付给职工的薪酬 - 生产税(扣除补贴) - 支付的净利息 - 支付的股利 - 支付的直接税 + 净财产收入 + 净其他经常转移收入。从企业总储蓄中减去企业部门的资本形成,得到

---

① 这一效果的计算方法为[0.77 - (- 0.75)] × 0.981/(1 - 0.281) = 2.07。

企业部门的净储蓄。家庭与政府部门的总储蓄为每个部门的可支配收入与消费支出之差,净储蓄为总储蓄与资本折旧之差。各部门的储蓄率为储蓄额与GDP之比。储蓄的各个指标来自联合国统计司国民收入账户统计数据库。

本小节首先探讨哪个部门对经常账户的贡献更加显著。表3.3汇报了经常账户占GDP的比重与分部门储蓄率的相关系数。表3.3的左半部分呈现关于总储蓄率的结果,右半部分呈现关于净储蓄率的结果。由表3.3可知,无论政府总储蓄率还是净储蓄率,对于经常账户余额的影响并不显著。与此相对,企业与家庭部门的总储蓄率与净储蓄率都对经常账户失衡产生显著影响。然而,净储蓄率与经常账户的相关系数更大。另外,企业储蓄与经常账户的相关性大于家庭储蓄与经常账户的相关性。

表3.3 经常账户余额占GDP比重与分部门储蓄率的相关系数

	分部门总储蓄率			分部门净储蓄率		
	家庭	企业	政府	家庭	企业	政府
相关系数	0.176***	0.266***	0.033	0.249***	0.374***	-0.01
观测值个数	376	433	585	358	428	566

注:表格中汇报相关系数;*** 表示在1%的显著性水平下显著;关于各个储蓄率的计算如正文说明。

进一步考察经常账户余额占GDP比重与公司总储蓄率、经常账户余额占GDP比重与公司净储蓄率的散点图(见图3.2和图3.3),可以发现,企业储蓄与经常账户存在清晰的正相关关系。

接下来考察金融结构对于分部门储蓄率的影响。计量模型与式(3.1)相同,差别在于被解释变量为各部门的净储蓄率。回归结果如表

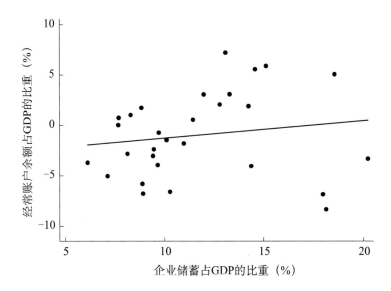

图 3.2　经常账户余额占 GDP 比重与企业储蓄率

注:图中取 1990—2007 年的平均值。该图没有包括经常账户顺差占 GDP 比重最大(超过 10%)的两个国家(瑞士和挪威),如果保留这两个国家,斜率更大。

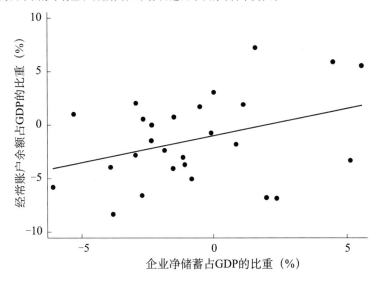

图 3.3　经常账户余额占 GDP 比重与企业净储蓄率

注:图中取 1990—2007 年的平均值。该图没有包括经常账户顺差占 GDP 比重最大(超过 10%)的两个国家(瑞士和挪威),如果保留这两个国家,斜率更大。

3.4所示。受篇幅所限,表3.4只汇报关于金融结构、金融发展和金融深度的结果。对于每个部门的净储蓄率,表3.4进行了基于全样本的回归和排除因变量上、下5%分位点的回归,以排除异常值的影响。由表3.4可知,金融结构对于企业净储蓄率的影响显著为负,而对于家庭与政府净储蓄率的影响并不显著。因此,金融结构主要通过企业储蓄对经常账户产生影响。

表 3.4 金融结构与各部门储蓄率

被解释变量	企业部门净储蓄率		家庭部门净储蓄率		政府部门净储蓄率	
	全样本	因变量 5%—95%	全样本	因变量 5%—95%	全样本	因变量 5%—95%
金融结构	−0.943*	−0.958**	−0.531	0.251	0.080	0.052
	(0.65)	(0.53)	(0.75)	(0.47)	(0.31)	(0.32)
金融发展	0.768	1.477	0.824	0.970***	0.361	0.561**
	(1.17)	(1.10)	(0.56)	(0.43)	(0.33)	(0.33)
金融深化	−0.006	−0.030	−0.004	0.005	0.012	0.010
	(0.05)	(0.04)	(0.02)	(0.01)	(0.01)	(0.01)
观测值个数	236	232	194	180	284	273

注:关于各个储蓄率的计算如正文说明;其他控制变量与表3.2最后一列的控制变量相同,篇幅所限,不再列出;括号中的数值是稳健标准误;*、**和***表示在10%、5%和1%的显著性水平下显著。

与金融结构相比,金融发展与金融深化对于三个部门储蓄率的影响并不稳健。在排除异常值的样本中,金融发展甚至推高了家庭与政府部门的净储蓄率。

3.3.4 稳健性检验

关于金融结构影响经常账户失衡的基准实证结果需要进一步的稳健性检验。本小节与下一小节开展一系列稳健性检验。本小节的稳健性检验结果如表3.5所示。受篇幅所限,表3.5只汇报基于表3.2第(8)列回归中关于金融结构、金融发展和金融深化的结果。

表 3.5 稳健性检验

被解释变量	经常账户					投资
	加入时间趋势与国别虚拟变量交互项	排除金融中心	排除产油国与非洲国家	考虑海外上市	考虑金融危机	投资渠道
金融结构	−0.759**	−0.989**	−1.068**	−0.954**	−1.044**	0.394
	(0.31)	(0.50)	(0.43)	(0.48)	(0.48)	(0.29)
金融发展	−0.843	−0.562	−0.98	−0.687	−0.737	1.275**
	(0.75)	(1.40)	(1.00)	(1.13)	(1.10)	(0.59)
金融深度	−0.123***	−0.022	−0.060**	−0.015	−0.014	−0.004
	(0.02)	(0.03)	(0.03)	(0.03)	(0.03)	(0.02)
其他控制变量	是	是	是	是	是	是
观测值个数	703	547	306	616	616	637

注:第1列在基准回归中加入国别虚拟变量与时间趋势的交互项以控制各国的时间趋势;第2列排除金融中心的结果,样本中美国、英国、日本、德国、新加坡、瑞士是拥有金融中心的国家;第3列排除产油国与非洲国家的实证结果,产油国的定义为石油产量超过世界产量的1%;第4列加入一国NASDAQ上市的公司数目占其人均GDP的比重;第5列加入金融危机虚拟变量;第6列的被解释变量为国民投资占GDP的比重;括号中的数值是稳健标准误;*、**和***表示在10%、5%和1%的显著性水平下显著。

第一组检验为了应对以下挑战:不同国家在样本期内关键变量的时间趋势不同,基准回归结果可能被时间趋势推动。为了排除这种可能性,加入国家虚拟变量和时间趋势的交互项并重新进行表3.2中的回归,以控制各国不同的时间趋势。所得回归结果列于表3.5的第1列。金融结构依然高度显著。

表3.5的第2列考察基本回归结果是否被金融中心所推动。Caballero等(2008)指出,拥有国际金融中心的国家(比如美国)更易经历经常账户逆差。与此同时,这些国家的金融体系通常以市场为主导。

这会产生金融结构与经常账户余额的伪相关。样本中,美国、英国、日本、德国、新加坡、瑞士是拥有金融中心的国家。排除以上国家重新进行回归,结果没有本质变化。比较表3.2的第(8)列和表3.5的第2列,可以发现,金融结构前的系数不仅显著,而且在影响幅度上也基本没有改变。

接下来从全样本中排除产油国和非洲国家,因为研究经常账户的现有文献(如 Chinn and Prasad,2003)发现,关于经常账户的研究对是否包含这些资源丰富的国家较为敏感。如果一国的石油产量超过世界总产量的1%,即将其定义为产油国。表3.5的第3列汇报了排除产油国和非洲国家的结果。金融结构的影响依然保持稳健。

第四组稳健性检验涉及企业海外上市。如果企业可以海外上市,它们可能并不受到本国金融体系的融资限制。换言之,如果一个国家越来越多的企业可以海外上市,金融结构的影响会大大减弱。但至少存在两点理由说明这一担心可能并不构成重要的挑战。第一,如果企业可以海外上市,它们通常已经是大企业。由理论模型和下一部分的实证结果可知,金融结构主要影响中小企业的储蓄,而对大企业的影响并不显著,因此,企业海外上市并不会减弱金融结构对经常账户的作用。第二,为了更加稳健地排除这一潜在因素的影响,本章搜集整理了各个国家企业在NASDAQ上市的状况,并将其与基准数据库匹配。NASDAQ是企业海外上市进行股票交易的主要市场,因此用它来代理企业海外上市的状况。本章用两种方法衡量一国对NASDAQ的依赖程度。第一种方法为虚拟变量方法,标示一国是否有企业在海外上市。第二种方法用一国在NASDAQ上市的企业总数量占人均GDP的比重衡量。两种方法的回归结果类似。表3.5的第4列介绍基于第二种方法的实证结果。金融结构的影响依然显著。

第五组稳健性检验考察基准回归结果是否对金融危机的影响保持稳健。基准回归中将样本期选择为1990—2007年,以排除最近这次全球金融危机的影响。为了进一步控制金融危机的影响,基准回归加入了衡量一国在特定年份是否发生金融危机的虚拟变量作为稳健性检验。如果某一国家在特定年份经历了金融危机,该虚拟变量取值为1,否则取值为0。对金融危机的定义采用Beck等(2006)的方法。表3.5的第5列汇报了这一回归结果。事实上,加入金融危机虚拟变量后,金融结构前系数的绝对值甚至有所增加。

最后一组稳健性检验涉及金融结构传导的投资渠道。关于市场主导国家倾向于经历更大的经常账户逆差的一种可能解释是这些国家的投资率较高。两种方法可以检测这一假说是否成立。一是考查公司净储蓄率,二是直接检验国民投资率。前者已在表3.4中进行,在那里,公司净储蓄率与金融结构显著负相关。表3.5最后一列是关于总体国民投资率的回归结果。金融结构的影响并不显著,表明储蓄而不是投资的渠道更有利于理解金融结构的影响机制。

还有一个问题值得进一步考虑。从一般均衡的角度讲,市场主导国家的企业储蓄更低是因为在直接融资中,公司需要直接面对投资者,因而将更多的利润分给投资者。这会导致家庭储蓄上升,从而金融结构对总储蓄的影响变得不确定。如果家庭储蓄上升得足够多,甚至存在市场主导的国家国民储蓄更高的可能。换言之,虽然市场主导国家的企业更易获得外部融资,进行更少的储蓄,但它们可能将利润分配给家庭部门,从而影响家庭部门的储蓄。然而,实证结果表明,这一可能并不构成重要威胁。第一,由3.2节的实证结果,金融结构对家庭部门的影响并不显著。第二,后面基于企业层面的实证分析结果表明,金融结构对企业储蓄行为的影响存在异质性。小企业受到金融结构的影响,而更多进行利润分配的大企业并不受金融结构的显著影响。这意味着利润分配并不与金融结构系统地关联。第三,后文的实证结果表明,即使考虑企业的股利分配行为,运用企业的净储蓄为被解释变量,金融结构的作用依然在统计上显著。

3.3.5 进一步的稳健性检验

目前为止的实证分析主要利用国家内部的变异性。本小节介绍利用跨国差异的实证结果,以更严格地排除由于时间趋势而带来的伪相关性。

首先,本小节将金融结构的主要衡量指标(股票市场市值总额与私人部门银行信贷总量之比的对数值)转换为一个虚拟变量,运用固定效应面板模型重新进行表3.2第(8)列的回归。如果主要金融结构指标在某一年大于样本中位数,该虚拟变量取值为1,否则取值为0。该回归结果见表3.6的第(1)列。受篇幅所限,表3.6只列示与金融部门相关的变量。

第二,本章也介绍基于静态面板模型的组间估计量。另外,本章也将各变量在时间维度取平均,进行横截面回归。前者排除了组内变异对于回归结果的贡献,却允许国家间时间层面的变异。而后者也排除了国家间时间层面的变异。这两组回归结果见表3.6的第(2)、第(3)列。

最后一个担心为,即使加入了许多控制变量,关于金融结构的基准回归结果仍然受到遗漏变量的挑战。并且,金融结构与经常账户之间也可能存在共生性问题。为了应对这些威胁,本章也进行了基于横截面数据的工具变量估计。回归结果见表3.6的第(4)列。遵循La Porta等(1997,1998)的方法,一国的法律起源作为金融结构的工具变量。La Porta等(1997,1998)指出,英美法系的国家拥有更发达的资本市场。因此,法律起源(英美法系虚拟变量)被选为金融结构的工具变量。与此同时,一个国家的法律起源通常在第二次世界大战前已被决定,因此相对于研究样本是前定(predetermined)的。考虑到这一因素,它可以被处理为外生变量。并且,没有理论和实证证据表明法律起源对于经常账户失衡产生直接影响。因此,法律起源符合金融结构工具变量的条件。

表3.6 进一步稳健性检验

	(1) 金融结构(虚拟变量度量)	(2) 组间估计量	(3) 横截面OLS	(4) 横截面2SLS
被解释变量:经常账户占GDP的比重				
金融结构	−0.744**	−0.532	−0.817+	−4.170*
	(0.33)	(0.69)	(0.52)	(2.32)
金融发展	−1.103	2.173*	1.107	4.952
	(0.75)	(1.21)	(0.88)	(4.05)
金融深度	−0.113***	−0.008	0.004	−0.058
	(0.02)	(0.02)	(0.02)	(0.11)
其他控制变量	是	是	是	是
观测值个数	703	703	28	28

注:如果金融结构的主要衡量指标(股票市场市值总额与私人部门信贷之比的对数)在某一年大于样本中位数,金融结构虚拟变量取值为1,否则取值为0;法律起源作为金融结构的工具变量;如果去掉金融发展,回归结果类似;*、**和***表示在10%、5%和1%的显著性水平下显著;+表示p值为0.12;括号中的数值是稳健标准误。

由表3.6可知,即使将金融结构转换为基本不随时间变化的虚拟变量,其作用依然显著。虽然金融结构的组间估计量并不显著,但其方向依然为负。基于OLS的横截面回归结果在边际上显著,而两阶段最小二乘(2SLS)估计量显著为负。与此相对,金融发展与金融深度对经常账户的影响并不稳定,在大多数情况下并不显著。总而言之,相比于金融体系的绝对规模与深度,一国的金融结构对于经常账户的影响更为稳健。

3.4 金融结构与企业内源融资：基于WBES的证据

3.3节的研究发现一国的金融结构显著影响其宏观层面的企业储蓄。这一部分运用企业数据,提供更丰富的微观证据。第二章的理论模型表明,无论金融结构如何,大企业都可以得到外部融资,而小企业的外部融资与储蓄行为受到金融结构的影响。在银行主导国家中,小企业更多受到外部融资抑制,因而更依赖于留存收益(内源融资)为项目融资。下文对此进行实证检验。这为一国的金融结构如何影响其宏观层面的企业储蓄与经常账户失衡提供了微观证据与传导渠道。

3.4.1 数据和变量说明

世界银行于1999年开展的世界商业环境调查(WBES)提供了公司层面的融资模式与其他基本信息,涉及43[①]个国家2 000多家企业,既包括发

---

① 这些国家包括阿根廷、孟加拉国、玻利维亚、巴西、保加利亚、加拿大、智利、中国、哥伦比亚、哥斯达黎加、克罗地亚、厄瓜多尔、萨尔瓦多、爱沙尼亚、法国、德国、危地马拉、匈牙利、印度、印度尼西亚、意大利、哈萨克斯坦、立陶宛、马来西亚、墨西哥、摩尔多瓦、巴基斯坦、巴拿马、秘鲁、菲律宾、波兰、葡萄牙、罗马尼亚、新加坡、斯洛文尼亚、西班牙、瑞典、泰国、特立尼达和多巴哥、土耳其、英国、美国、乌拉圭。

达国家,也包含发展中国家,并广泛覆盖中小企业。大、中、小型企业分别约占20%、40%、40%。调查询问企业经理在最近一次投资中,有多少资金来自留存收益融资(内源融资)。这允许本研究构建被解释变量——总融资中留存收益融资的比重。

WBES虽然是横截面数据,但这并不构成主要问题,因为本章的侧重点在于金融结构跨国层面的变异。本研究主要的解释变量仍为金融结构,构造方法与宏观层面的基准回归相同。为了避免年度数据带来的噪声,本研究取这一指标1995—1999年的平均值。Beck等(2008)采用了类似的方法。以上一部分金融结构的三种计算方法相似的方法可以得到三个平均值。即先取股票市场交易总量与私人部门银行信贷总量的平均值,然后将两者相除,对比例取对数。将股票市场交易总量换成股票市场总市值的指标可类似得到。最后取两个指标的第一个主成分。本章也尝试了其他衡量指标,结果基本类似。作为比较,回归中同时加入金融发展指标(股票市场市值总额与私人信贷之和占GDP的比重),该指标也取1995—1999年的平均值。[①]

参照Beck等(2008)的设定,控制变量分为国家层面的控制变量和企业层面的控制变量两类。国家层面变量包括人均GDP和人均GDP增长率。另外,回归中加入企业对于法律质量和腐败程度的看法,以反映一国总体的制度环境。两个变量都来自WBES。调查中,每个企业对法律制度和政府腐败制造的障碍进行打分(1—4分),1分代表没有障碍,4

---

① 金融深度并没有加入回归分析,因为它并不显著,并且文献中主要关注金融发展对企业融资的作用。

分代表障碍很大。La Porta等(1997,1998)强调了法律因素在影响企业获得外部融资中的作用。企业层面的控制变量包括上期销售额的对数值,企业的年龄及其平方项,投资增长率以及反映企业类型的虚拟变量(制造类企业、外国所有企业、政府所有企业以及出口企业)。回归也控制了地区虚拟变量。[1] 最后,所有回归采取国家层面的聚类标准误(cluster standard errors at the country level),以允许同一国家内部企业的相关性。

3.4.2 基准回归结果

基准回归采用OLS估计。[2] 表3.7是基于全样本、中小企业样本与大企业样本的回归结果。[3] 对于每个样本,进行两组回归,一组控制金融发展而另一组不控制金融发展。与理论预期一致,金融结构在全样本与中小企业样本中显著影响企业对于留存收益融资(内源融资)的依赖程度,而在大企业样本中并不显著。

表3.7 金融结构与留存收益融资

	被解释变量:留存收益融资比重					
	全样本		中小企业样本		大企业样本	
	(1)	(2)	(3)	(4)	(5)	(6)
金融结构	−1.554**	−1.579**	−2.154**	−2.188**	0.597	0.571
	(0.75)	(0.74)	(0.93)	(0.92)	(0.85)	(0.84)

---

[1] 样本中包括以下区域:中东欧、东亚、南亚、拉丁美洲与OECD成员。
[2] 由于留存收益融资的百分比为0—100,本研究也采用了Tobit模型进行估计。金融结构的影响依然显著为负。
[3] WBES对于小企业、中型企业与大企业的定义分别为5—50个雇员、51—500个雇员、超过500个雇员。

(续表)

	被解释变量:留存收益融资比重					
	全样本		中小企业样本		大企业样本	
	(1)	(2)	(3)	(4)	(5)	(6)
金融发展	-1.545		-1.719		-4.063	
	(4.69)		(4.94)		(3.95)	
上期收入	-5.233	-5.094	-6.311*	-6.161	-3.406	-3.117
对数值	(3.48)	(3.52)	(3.62)	(3.68)	(4.45)	(4.32)
投资增长率	0.009	0.009	0.019	0.019	0.003	0.002
	(0.02)	(0.02)	(0.02)	(0.02)	(0.03)	(0.03)
年龄	0.056	0.056	-0.057	-0.054	0.095	0.094
	(0.05)	(0.05)	(0.11)	(0.10)	(0.08)	(0.07)
年龄平方	-0.0002*	-0.0002*	0.0010	0.0010	-0.0003**	-0.0003**
	(0.00)	(0.00)	(0.00)	(0.00)	(0.00)	(0.00)
腐败约束	0.849	0.886	0.355	0.394	2.864	2.962
	(0.74)	(0.75)	(0.93)	(0.93)	(2.00)	(1.99)
法制约束	-0.228	-0.174	0.552	0.619	-3.932	-3.841
	(1.07)	(1.06)	(1.08)	(1.09)	(2.53)	(2.52)
人均GDP	0.001**	0.001**	0.001*	0.001*	0.001**	0.001**
	(0.00)	(0.00)	(0.00)	(0.00)	(0.00)	(0.00)
GDP增长率	-0.010	-0.002	-0.069	-0.061	0.167	0.193
	(0.15)	(0.15)	(0.16)	(0.16)	(0.16)	(0.15)
制造业企业	0.220	0.194	-0.204	-0.280	2.736	2.800
(虚拟变量)	(2.81)	(2.81)	(3.56)	(3.59)	(4.21)	(4.22)
政府所有	-4.815*	-4.780*	-2.364	-2.313	-6.981	-6.922
(虚拟变量)	(2.77)	(2.75)	(2.66)	(2.67)	(6.44)	(6.43)
外资所有	1.276	1.290	1.620	1.621	2.245	2.340
(虚拟变量)	(1.97)	(1.98)	(2.56)	(2.57)	(3.79)	(3.78)
出口企业	-3.856**	-3.898**	-3.356*	-3.430*	-2.178	-2.205
(虚拟变量)	(1.64)	(1.64)	(1.98)	(2.00)	(4.36)	(4.37)
常数项	44.88***	44.42***	43.82***	43.25***	45.34***	44.22***
	(6.07)	(6.15)	(6.98)	(7.00)	(8.37)	(8.29)
观测值个数	1 927	1 927	1 477	1 477	447	447

注:这里是OLS回归结果,Tobit模型的回归结果类似;金融发展的衡量方法为私人信贷与股票市场市值总额占GDP的比重之和;如果分别控制,关于金融结构的回归结果没有本质改变;回归中也控制了地区虚拟变量,限于篇幅,它们前面的系数没有报出;全样本中有三家企业没有提供雇员数目信息,所以无法将它们划入子样本中;括号中的数值是在国家层面集聚的稳健标准误;*、** 和*** 表示在10%、5%和1%的显著性水平下显著。

为了计算金融结构在经济意义上的显著性,同样以中美两国为例,评估金融结构的作用。中、美两国的金融结构分别为 -1.07 和 0.95,如果使用表 3.7 第(2)列的估计结果,保持其他因素不变,两国以留存收益融资的份额的差异为 3.19 个百分点。两国企业以留存收益融资的实际份额分别为 57.79% 和 34.94%,相差 22.85 个百分点。因此,金融结构大约解释了两国内源融资差异的 14.0%。①

金融发展的影响如何呢?在三个样本中,金融发展对于企业留存收益融资份额的影响并不显著。Beck 等(2008)研究了私人信贷占 GDP 的比重和股票市场市值总额占 GDP 的比重对企业外部融资的影响,只发现私人信贷占比发挥着显著作用。但他们并没有考察金融结构的影响。事实上,在考虑了金融结构这一金融市场相对发达指标后,金融市场的绝对发达指标不再显著。

3.4.3 金融结构的内生性

企业层面的研究可能会受到与国家层面的研究一样的内生性问题的挑战。具体而言,WBES 并没有提供完整的企业层面控制变量。调查中并没有问及一些在公司金融文献中通常使用的指标,例如公司资产的有形性(tangibility)、财务健康状况等。与在国家层面展开的分析类似,企业层面的回归依然使用法律起源(英美法系虚拟变量)做金融结构的工具变量。工具变量回归去掉了金融发展,因为它在表 3.7 的回归中并不显著。另外,金融发展也可能是内生的,而工具变量只有一个。工具

---

① 如果运用 Tobit 模型,金融结构大约解释了两国内源融资差异的 26.79%(6.12/22.85)。

变量回归结果如表 3.8 所示。

表 3.8 金融结构与留存收益融资:工具变量回归结果

	被解释变量:留存收益融资比重					
	全样本		中小企业样本		大企业样本	
	第一阶段	第二阶段	第一阶段	第二阶段	第一阶段	第二阶段
金融结构		-12.730**		-14.550*		-9.349
		(6.38)		(7.52)		(5.96)
法律起源	0.840***		0.811***		0.908***	
	(0.23)		(0.24)		(0.21)	
上期收入对数值	-0.106	-9.281*	-0.171	-10.23**	0.080	-7.354
	(0.14)	(4.95)	(0.15)	(5.06)	(0.15)	(5.85)
投资增长率	-0.0004	0.0130	-0.0003	0.0170	-0.001	0.0080
	(0.0004)	(0.020)	(0.0004)	(0.020)	(0.0010)	(0.030)
年龄	0.001	0.020	0.004	-0.102	0.001	0.100
	(0.000)	(0.070)	(0.010)	(0.150)	(0.002)	(0.080)
年龄平方	-0.00001	-0.01000	-0.00300	0.09000	0.00100	-0.03000**
	(0.001)	(0.010)	(0.004)	(0.100)	(0.004)	(0.020)
腐败约束	-0.006	0.492	0.004	0.189	-0.055	2.048
	(0.05)	(1.03)	(0.05)	(1.07)	(0.07)	(2.26)
法制约束	-0.059	-1.025	-0.063*	-0.411	-0.037	-3.875
	(0.04)	(1.41)	(0.04)	(1.50)	(0.06)	(2.45)
人均 GDP	0.0020	0.0006*	0.0020	0.0010	0.0020	0.0010
	(0.0010)	(0.0004)	(0.0020)	(0.0004)	(0.0010)	(0.0004)
GDP 增长率	0.003	0.076	0.003	0.070	0.003	0.124
	(0.01)	(0.16)	(0.01)	(0.21)	(0.01)	(0.17)
制造业企业(虚拟变量)	-0.156	-4.036	-0.086	-3.361	-0.341	-0.937
	(0.15)	(3.56)	(0.12)	(4.19)	(0.24)	(5.14)
政府所有(虚拟变量)	-0.028	-1.103	-0.136	-0.284	0.143	-2.182
	(0.15)	(3.12)	(0.17)	(4.06)	(0.16)	(4.52)
外资所有	0.072	0.833	0.091	1.578	0.018	2.043

(续表)

	被解释变量:留存收益融资比重					
	全样本		中小企业样本		大企业样本	
	第一阶段	第二阶段	第一阶段	第二阶段	第一阶段	第二阶段
(虚拟变量)	(0.07)	(2.17)	(0.08)	(2.71)	(0.07)	(3.63)
出口企业	−0.078	−3.536*	−0.077	−3.012	−0.072	−2.418
(虚拟变量)	(0.07)	(1.98)	(0.08)	(2.31)	(0.08)	(4.25)
常数项	−0.704***	37.060***	−0.752***	37.180***	−0.566**	34.720***
	(0.24)	(5.40)	(0.25)	(6.52)	(0.24)	(7.12)
内生性检验	3.93*		3.68*		3.36*	
第一阶段 F 值	12.72***		11.54***		18.31***	
观测值个数	1 927	1 927	1 477	1 477	447	447

注:本表以法律起源(英美法系虚拟变量)做金融结构的工具变量的两阶段最小二乘回归结果;全样本中有三家企业没有提供雇员数目信息,所以无法将它们划入子样本中;括号中的数值是稳健标准误;*、**和***表示在10%、5%和1%的显著性水平下显著;第一阶段 F 统计量检验工具变量是否为弱工具;内生性检验的原假设为变量是外生的。

内生性检验拒绝了金融结构是外生的零假设。因此,工具变量方法可能是更好的备选。表3.8是第一阶段与第二阶段回归结果。在第一阶段回归中,法律起源与金融结构高度相关,并且 F 统计量都大于10,在1%的显著性水平下显著,满足 Stock 等(2002)所提供的经验准则。因此,工具变量不是弱工具。第二阶段回归中,关于金融结构的回归结果与表3.7中的结果在定性意义上基本类似,在定量意义上产生更大的影响,这也是两阶段回归中普遍存在的现象。因此,市场主导国家的企业尤其是中小企业更少地依赖于留存收益融资(内源融资)。

3.4.4 进一步的稳健性检验

与国家层面的分析类似,企业层面的分析也会受到金融中心效应和企业海外上市的影响。因此,作为稳健性检验,本章也排除了样本中拥有金融中心的国家(美国、英国、德国、新加坡)或控制海外上市因素重新进行相应回归。与表3.7和表3.8的回归结果类似,金融结构依然显著影响中小企业内源融资的份额,而对大企业的影响不显著。回归结果如表3.9所示。

表3.9 金融结构与留存收益融资:稳健性检验

	被解释变量:留存收益融资比重					
	排除金融中心			控制海外上市		
	所有企业	中小企业	大企业	所有企业	中小企业	大企业
金融结构	-2.927**	-3.940**	0.553	-3.124**	-3.918**	-0.091
	(1.449)	(1.714)	(1.572)	(1.442)	(1.796)	(1.459)
金融发展	-7.643	-6.256	-8.832	-0.476	-0.654	-5.692
	(7.899)	(10.033)	(6.843)	(8.488)	(9.215)	(6.660)
其他控制变量	是	是	是	是	是	是
观测值个数	1 795	1 373	422	1 927	1 477	447

注:样本中,美国、英国、德国、新加坡是拥有金融中心的国家;回归中以虚拟变量控制海外上市(即一国如果拥有在NASDAQ上市的公司,该变量取1,否则为0),如果控制NASDAQ上市的公司数与人均GDP或总人口之比,关于金融结构的结果没有本质变化,其他控制变量与表3.7中的相同,限于篇幅,有关它们的结果不再报出;括号中的数值是在国家层面集聚的稳健标准误;*、**和***表示在10%、5%和1%的显著性水平下显著。

WBES 也问及企业对于所面临的金融约束的总体评价。企业对于金融约束给出1—4分的评分,分值越大,面临的约束越严重。由于本章的传导渠道主要涉及企业获得外部融资的难易程度,进一步检验企业对于金融约束的自我评价有利于验证本章的理论基础。本部分检验主要比较各个组别的得分而不再进行回归分析。首先,本章检验了金融结构与企业对于总体金融约束评价的相关系数。该系数为-0.08,在1%的水平下显著,即市场主导的国家企业面临的外部融资约束越小。其次,本章比较了中小企业与大型企业总体金融约束的平均得分。中小企业的确面临更大的金融约束（t 统计量为 5.18）。最后，本章分别检验了金融结构与中小企业融资约束的相关系数、金融结构与大企业融资约束的相关系数。前者为 -0.09，在 1% 的显著性水平下显著，而后者仅为 -0.04，并不显著。因此，金融结构主要影响中小企业，而不是大企业。所有这些结果与本章的理论相一致，为企业层面的回归分析提供了补充性证据。

3.5　金融结构与企业储蓄：基于 GCICAD 的证据

3.4 节的研究表明，市场主导国家的中小企业相比于银行主导国家的中小企业更少地依赖于留存收益融资（内源融资）。本小节使用全球工业和商业企业年度数据库（Global COMPUSTAT Industrial and Commercial Annual database, GCICAD）探讨金融结构与企业储蓄的关系。GCICAD 不仅允许直接计算企业的净储蓄率，而且提供了面板数据和更丰富的财务指标，可以更好地控制其他因素的影响。该部分研究的样本期为2000—2007 年。选择以上样本期出于现实性考虑。首先，这一期间具有较为完整的面板数据。并且，相比于跨时差异，本章主要关注金融结构的跨国差异，更长期的面板数据并不会帮助太多，反而会产生平稳性、趋势性、引入更多噪声等技术性问题。其次，该数据库中的财务指标以本国货币计价，而欧元区国家采用欧元的进程不同，在 1999 年或 2000 年经历了从本国货币到欧元的转化。如果在更长期的时间区间内取平均，会引入不可比因素。最后，本研究将时间终点限于 2008 年之前，以避免最近这次全球金融危机的影响。

GCICAD 提供了 30 个国家 10 000 多家上市公司的财务数据。[①] 本研究以净储蓄占比总资产衡量公司的净储蓄率。采用 Bayoumi 等（2010）的方法，净储蓄的算法为：净收入＋折旧－股利－资本支出。所有财务指标按照国际货币基金组织 IFS 数据库提供的名义汇率折算为美元。按照公司金融文献中的惯例，金融类上市公司（SIC 编码位于 6000 与 6999 之间）被从样本中排除，因为它们受到的监管、融资和储蓄行为与其他类型的公司存在本质不同。样本也排除了美国的上市公司，因为数据库中美国的上市公司数目远远超过其他国家的上市公司数目。更重要的是，美国为最大与最强的金融中心，排除美国的影响有助于分离前文所述的金融中心效应，集中关注金融结构的影响。

本章运用 GCICAD 数据进行了两组分析。第一组分析运用面板数据，控制公司和年度双向固定效应；第二组分析探讨横截面层面的公司净储蓄。具体而言，本研究将面板数据在时间维度上取平均，得到跨国横截面数据，在此基础上进行 OLS 与 2SLS 分析。为了避免反向因果问题，宏观层面的控制变量（金融结构、金融发展、人均 GDP 的对数、人均 GDP 的增长率）取 1999 年的值，因此它们是前定（predetermined）的。与基于 WBES 数据的分析类似，本研究依然进行了 2SLS 回归，使用法律起源（英美法系虚拟变量）作为金融结构的工具变量。

除了上述宏观层面控制变量，本研究也加入了一系列公司层面控制

[①] 这些国家为澳大利亚、巴西、智利、中国、丹麦、芬兰、德国、希腊、印度、印度尼西亚、以色列、意大利、日本、韩国、马来西亚、墨西哥、新西兰、挪威、巴基斯坦、菲律宾、波兰、新加坡、南非、西班牙、斯里兰卡、瑞典、瑞士、泰国、土耳其、英国。

变量。GCICAD 提供了更多财务指标,可以控制其他变量的影响。遵循 Bates 等(2009)和 Baum 等(2011)对控制变量的选取,回归中加入总资产的对数、杠杆率(负债占总资产的比重)、运营资本占总资产的比重、现金占总资产的比重、销售收入占总资本的比重、净收入增长率,以分别控制企业规模、外部融资状况、流动性、盈利性和成长性的影响。由于市价对账面价值比率可能受到测量误差的影响(Erickson and Whited,2000),本研究使用销售收入增长率的一阶或二阶滞后控制企业的投资机会,作为稳健性检验。

表 3.10 是双向固定效应回归结果。表 3.10 的左半部分展示基于全样本的回归结果,而右半部分呈现排除金融中心的回归结果。每一组回归分别是基于全样本、小企业与大企业的回归结果。小企业(总资产小于中位值)与大企业(总资产大于中位值)的划分依据样本中总资产的中位值。虽然上市公司通常已是规模较大的企业,但其仍存在规模上的相对差异,即相对较大的上市公司和相对较小的上市公司。回归中所有控制变量滞后一期,以减弱反向因果问题和共生性问题的影响。

由表 3.10 可知,无论是否排除金融中心,金融结构都显著减少了公司的净储蓄率。虽然在全样本中,金融结构对于小企业与大企业的影响都显著(但对小企业的影响更大),但是在排除金融中心后,金融结构只对小企业产生显著为负的影响。与此相对,金融发展的影响并不稳健。例如,金融发展的影响在包含金融中心的样本中对小企业和全部企业显著,但在排除金融中心后,只对全部企业显著。换言之,与金融结构相比,金融发展的作用更加依赖于金融中心的影响。

表 3.10　金融结构与公司净储蓄率:基于 GCICAD 的面板回归结果

被解释变量:净储蓄占总资产的比重

	全样本			排除金融中心样本		
	所有企业	小企业	大企业	所有企业	小企业	大企业
金融结构	-0.055***	-0.078***	-0.024***	-0.026***	-0.053***	0.004
	(0.006)	(0.009)	(0.009)	(0.009)	(0.015)	(0.013)
金融发展	-0.058***	-0.072***	-0.007	-0.048**	-0.013	-0.001
	(0.013)	(0.021)	(0.018)	(0.023)	(0.032)	(0.031)
人均 GDP 对数	0.014***	0.007	0.018**	-0.040***	-0.048***	-0.033**
	(0.005)	(0.008)	(0.008)	(0.012)	(0.018)	(0.017)
GDP 增长率	-0.003***	-0.001	-0.004***	-0.007***	-0.006***	-0.42***
	(0.001)	(0.001)	(0.001)	(0.001)	(0.001)	(0.001)
负债占总资产比重	-0.012	-0.026	0.087***	-0.019	-0.032**	0.083***
	(0.020)	(0.017)	(0.023)	(0.015)	(0.013)	(0.028)
营运资本占总资产比重	-0.051**	-0.085***	-0.036*	-0.048**	-0.076**	-0.052*
	(0.023)	(0.032)	(0.021)	(0.020)	(0.031)	(0.027)
总资产对数	-0.017***	-0.042***	-0.006	-0.010**	-0.048***	-0.002
	(0.005)	(0.011)	(0.005)	(0.004)	(0.010)	(0.004)
销售收入与资本之比	-0.0001	0.0100**	-0.0003***	-0.0001*	0.0100***	-0.0002***
	(0.000)	(0.000)	(0.000)	(0.000)	(0.000)	(0.000)
现金占总资产比重	-0.042**	-0.031	-0.023	-0.042*	-0.035	-0.034
	(0.019)	(0.028)	(0.025)	(0.023)	(0.033)	(0.035)
净收入增长率	0.072***	0.105***	0.040***	0.081***	0.097***	0.051***
	(0.007)	(0.010)	(0.009)	(0.013)	(0.018)	(0.019)
观测值个数	29 323	13 938	15 385	14 647	7 311	7 336

注:所有回归都控制了公司、年度固定效应;所有控制变量都滞后一期;括号中的数值是稳健标准误;*、** 和 *** 表示在 10%、5% 和 1% 的显著性水平下显著。

本章也对上述基准结果进行了一系列稳健性检验,所得结果基本类似。比如,如果只滞后宏观层面控制变量,只滞后公司层面控制变量,所有控制变量都不滞后,关于金融结构的定性结果没有本质变化。本章也尝试了以企业存货或固定资产占总资产的比重衡量资产的有形性,以资本总额替换总资产衡量企业规模,排除受规制或公共企业,排除总资产或销售收入增长率超过100%的企业,以总资产的上30%分位点和下30%分位点作为划分大小企业的标准。另外,本章也以"净收入+折旧－股利"衡量企业的总储蓄,以总储蓄率为被解释变量进行回归,金融结构的负向影响依然显著存在。限于篇幅,不再单独介绍上述结果。

接下来,表3.11显示了横截面回归结果。表3.11的第1列是基于全样本的回归结果,而在后续各列中,是基于子样本的回归结果。子样本1排除了净储蓄率、现金占总资产比重、净收入增长率的上、下5%分位;子样本2在此基础上排除其他公司层面控制变量的上、下5%分位,并只保留销售收入和总资产增长率小于100%的公司,以进一步控制异常值的影响;子样本3在子样本1基础上排除拥有金融中心的国家,以控制金融中心的影响。

由表3.11可知,基准回归结果对于潜在异常值和金融中心的影响保持稳健。并且,考虑到前文所述的内生性问题,工具变量回归产生了相似的结果:市场主导国家的企业储蓄率更低。

作为稳健性检验,本章也在横截面回归中控制行业虚拟变量,进一步分离行业特质的影响。金融结构的作用依然显著为负。另外,基于前文的讨论,本章也采用同样的两分法定义金融结构(虚拟变量),重新进行表3.11的回归,所得结果如表3.12所示。由表3.12可知,即使采用两分法,金融结构前面的系数依然显著为负。市场主导国家企业的净储蓄率显著低于银行主导国家企业的净储蓄率。

表 3.11　金融结构与公司净储蓄率：基于GCICAD的横截面回归（基准结果）

被解释变量：净储蓄占总资产的比重

	全样本	子样本1			子样本2			子样本3
	最小二乘	最小二乘	两阶段最小二乘法		最小二乘	两阶段最小二乘法		最小二乘
			第一阶段	第二阶段		第一阶段	第二阶段	
金融结构	-0.099*** (0.037)	-0.037*** (0.013)		-0.180*** (0.024)	-0.019* (0.011)		-0.112*** (0.029)	-0.028* (0.016)
法律起源（英美法系）			0.314*** (0.021)			0.264*** (0.024)		
金融发展	0.059* (0.031)	0.011 (0.011)	-0.135*** (0.012)	-0.001 (0.004)	-0.001 (0.009)	-0.125*** (0.014)	-0.009** (0.004)	-0.007 (0.007)
人均GDP对数	-0.038 (0.027)	-0.012* (0.007)	0.076*** (0.007)	-0.008*** (0.003)	0.002 (0.006)	0.061*** (0.009)	0.004* (0.003)	-0.011 (0.007)
GDP增长率	-0.0140 (0.010)	-0.0150*** (0.002)	0.0860*** (0.003)	0.0005 (0.003)	-0.0150*** (0.002)	0.0920*** (0.004)	-0.0050 (0.003)	-0.0130*** (0.002)
负债占总资产比重	0.079*** (0.024)	0.019*** (0.003)	0.021*** (0.004)	0.020*** (0.002)	0.010*** (0.002)	0.029*** (0.005)	0.012*** (0.002)	0.016*** (0.003)
营运资本占总资产比重	0.685* (0.348)	-0.221*** (0.066)	0.133*** (0.041)	-0.216*** (0.018)	-0.113*** (0.033)	0.046 (0.052)	-0.120*** (0.019)	-0.193*** (0.052)
总资产对数	2.4010*** (0.365)	-0.1540** (0.064)	0.3030*** (0.048)	-0.1260*** (0.021)	-0.02707 (0.031)	0.3570*** (0.058)	-0.0030 (0.022)	-0.1240** (0.058)

第 3 章 金融结构、企业储蓄与经常账户失衡：实证研究

（续表）

被解释变量：净储蓄占总资产的比重

	全样本		子样本 1			子样本 2			子样本 3
			两阶段最小二乘法			两阶段最小二乘法			
	最小二乘	第一阶段	第二阶段	最小二乘	第一阶段	第二阶段	最小二乘	最小二乘
销售收入与资本之比	-0.00010***	-0.00004*	-0.00002	-0.0170***	0.0070***	-0.0160***	0.00001
	(0.00003)	(0.00002)	(0.00002)	(0.00200)	(0.00200)	(0.00100)	(0.00100)
现金占总资产比重	-2.545***	-0.053	-0.478***	-0.230*	-0.185**	-0.243***	-0.280***
	(0.347)	(0.086)	(0.033)	(0.135)	(0.093)	(0.032)	(0.089)
净收入增长率	0.00003	0.02100***	0.00100	0.00200	0.02100***	0.00300	-0.00900***
	(0.00003)	(0.00500)	(0.00200)	(0.00500)	(0.00600)	(0.00200)	(0.00300)
内生性检验		39.90***			11.07***		
第一阶段 F 值		224.57***			116.66***		
观测值个数	8030	7743	7743	6618	6388	6388	4381
R^2	0.164	0.329	0.046	0.259	0.361	0.206	0.111

注：所有公司面板指标取 2000—2007 年的平均值。宏观层面指标为其 1999 年的取值，因此是前定的。采用 Bayoumi 等（2010）的方法，净储蓄的算法为净收入＋折旧－股利－资本支出。两阶段最小二乘回归中，法律起源（英美法系虚拟变量）作为金融结构变量的工具变量。为了避免异常值的影响，子样本 1 排除了净储蓄率、现金占总资产比率、净收入增长率、下 5% 分位上排除的公司；子样本 2 在此基础上排除其他公司层面控制变量的上、下 5% 分位，并只保留销售收入和总资产增长率小于 100% 的公司；子样本 3 在子样本 1 基础上排除拥有金融中心的国家（德国、日本、新加坡、瑞士、英国），以控制金融中心的影响。括号中的数值是稳健标准误差。*、** 和 *** 表示在 10%、5% 和 1% 的显著性水平下显著。

表 3.12 金融结构与公司净储蓄率:基于 GCICAD 的横截面回归(稳健性检验)

被解释变量:净储蓄占总资产的比重

	全样本		子样本 1			子样本 2			子样本 3	
	最小二乘	最小二乘	两阶段最小二乘法		最小二乘	两阶段最小二乘法		最小二乘	两阶段最小二乘法	
			第一阶段	第二阶段		第一阶段	第二阶段		第一阶段	第二阶段
金融结构(两分法)	-0.159***	-0.056***		-0.106***	-0.030**		-0.058***			-0.046**
	(0.04)	(0.02)		(0.01)	(0.01)		(0.01)			(0.02)
法律起源(英美法系)			0.534***			0.514***				
			(0.02)			(0.02)				
金融发展	0.087***	0.021*	0.01	0.025***	0.004	0.022***	0.007			0.001
	(0.03)	(0.01)	(0.01)	(0.00)	(0.01)	(0.01)	(0.00)			(0.01)
内生性检验			14.84***			3.98**				
第一阶段 F 值			1158.90***			776.97***				
观测值个数	10106	8030	7743	7743	6618	6388	6388			4381
R^2	0.52	0.17	0.44	0.16	0.26	0.47	0.26			0.12

注:其他控制变量同表 3.11,限于篇幅,不再报出;如果金融结构(连续变量)大于样本中位数,金融结构(两分法)取值为 1,否则取值为 0;其他注释与表 3.11 相同。

接下来,本研究使用横截面数据探讨金融结构对于不同规模企业影响的异质性,在每个样本中重新进行了 OLS 和 2SLS 回归,所得结果如表 3.13 所示。由于金融发展也可能是内生的,而工具变量只有一个,并且,它在前面的回归中基本不显著,2SLS 回归中去掉了金融发展变量。由表 3.13 可知,金融结构依然对公司净储蓄率施加显著为负的影响,并且该影响对小企业显著,对大企业并不显著。更重要的是,以上结果对回归方法的选择保持稳健,内生性问题并没有对基准结果构成威胁。

表 3.13　金融结构与公司净储蓄率:基于 GCICAD 的横截面回归(企业异质性)

	被解释变量:净储蓄占总资产的比重					
	最小二乘			两阶段最小二乘		
	所有企业	小企业	大企业	所有企业	小企业	大企业
金融结构 (两分法)	-0.208**	-0.278**	-0.011	-0.311***	-0.466***	-0.027
	(0.08)	(0.13)	(0.04)	(0.10)	(0.17)	(0.03)
人均GDP对数	-0.028	-0.009	0.007	-0.029	-0.002	0.006
	(0.03)	(0.03)	(0.01)	(0.02)	(0.03)	(0.01)
GDP 增长率	-0.007	0.006	-0.021***	-0.001	0.022	-0.021***
	(0.01)	(0.02)	(0.00)	(0.01)	(0.02)	(0.00)
负债占总 资产比重	0.067***	0.110	0.019***	0.071***	0.094	0.024***
	(0.02)	(0.10)	(0.01)	(0.02)	(0.11)	(0.00)
营运资本占 总资产比重	0.899**	1.172***	-0.233***	1.025**	1.306***	-0.295***
	(0.40)	(0.34)	(0.08)	(0.43)	(0.38)	(0.03)
总资产对数	2.941***	3.231***	-0.168	3.224***	3.524***	-0.211***
	(0.63)	(0.63)	(0.12)	(0.72)	(0.73)	(0.07)
销售收入与 资本之比	-0.00010**	-0.00010***	-0.00001	-0.00010***	-0.00010***	-0.00001
	(0.00)	(0.00)	(0.00)	(0.00)	(0.00)	(0.00)
现金占总 资产比重	-2.687***	-2.870***	-0.527***	-2.684***	-2.827***	-0.474***
	(0.25)	(0.26)	(0.14)	(0.48)	(0.56)	(0.07)
净收入增长率	-0.00010	-0.00010	0.00100	0.00003	0.00001	0.00110
	(0.00)	(0.00)	(0.00)	(0.00)	(0.00)	(0.00)

(续表)

	被解释变量:净储蓄占总资产的比重					
	最小二乘			两阶段最小二乘		
	所有企业	小企业	大企业	所有企业	小企业	大企业
内生性检验				4.37**	4.18**	1.48
第一阶段 F 值				7376.5***	2512.2***	3543.6***
观测值个数	12393	6164	6229	11850	5905	5945
R^2	0.61	0.62	0.04	0.66	0.66	0.05

注:如果金融结构(连续变量)大于样本中位数,金融结构(两分法)取值为1,否则取值为0;企业按其资产规模被划分为大小企业,如果一个企业的资产大于样本中位数,则为大企业,否则为小企业;两阶段最小二乘回归中,法律起源(英美法系虚拟变量)作为金融结构(两分法)的工具变量。

总而言之,基于GCICAD上市公司数据的研究表明,市场主导国家的企业储蓄显著低于银行主导国家的企业储蓄。上述结果为基于世行调查数据WBES的回归结果提供了互补性证据。

3.6 本章结论

本章从金融结构与企业储蓄的角度,对经常账户的失衡进行了实证检验。实证结果表明,一国资本市场相对于银行部门的相对发达程度对其企业储蓄与经常账户失衡产生重要影响。具体而言,市场主导国家相对于银行主导国家经历更大的经常账户逆差(更小的顺差)。本章也提供了有关传导机制的经验证据:银行主导国家的中小企业更多地依赖于内源融资,进行更多的储蓄。由于中小企业数量众多,它们共同推高了银行主导国家的企业储蓄。从这个意义上说,经常账户顺差并不是经济力量的体现,而是反映了金融体系的缺陷。

本章丰富和扩展了从金融视角研究经常账户失衡的文献。与现有文献强调金融部门的绝对发展水平不同,本研究指出,金融部门的结构因素发挥着更加重要的作用。关于金融体系的结构性视角有利于更全面地理解经常账户失衡。

第 4 章

企业规模与银行、股权融资：微观证据

4.1 本章引言

前两章的理论模型和实证分析表明，金融结构的差异是解释经常账户失衡的重要视角，而其传导渠道在于，银行主导国家的企业储蓄率显著高于市场主导国家的企业储蓄率，并且小企业推高了银行主导国家的储蓄率。换言之，金融结构显著地影响小企业的储蓄率，而对大企业储蓄行为的影响并不显著。虽然前文已经系统地分析了企业储蓄行为，并通过静态微观模型揭示了直接融资（市场融资）与间接融资（银行融资）的差别在于对小企业的抑制程度不同，一个可以在市场主导的经济体中得到融资的小企业，在银行主导的经济体中却可能得不到融资，但本章还没有提供银行融资与股权融资对小企业融资抑制差异的微观经验证据。

实际上，解释不同金融体系下企业储蓄行为的差异需要比较在两种金融体系下，小企业受到的外部融资[①]抑制的差异。如果企业受到更多

[①] 企业融资方式按照来源可以分为内部融资和外部融资。内部融资指企业用自身留存收益为项目进行融资。外部融资包括银行融资和股权融资等。外部融资的其他形式，如债券融资、融资租赁、风险投资等，由于其所占比例较小，且数据可得性大受限制，不是本章的重点，不再详细讨论。本章主要关注银行融资（间接融资）和股权融资（直接融资）这两类融资方式。

的外部融资抑制,就只好依赖于留存收益融资,提高自身储蓄率。由于在银行主导国家,企业外部融资的主要途径是银行贷款,而在市场主导国家,股权融资①占据更大的企业外部融资相对份额,所以需要比较银行融资与股权融资对于小企业的抑制程度是否存在显著差异,以更深入地理解金融结构对于企业融资、储蓄行为的影响。换言之,储蓄与融资作为同一硬币的两面,对于企业融资行为的研究有助于为之前关于企业储蓄行为的研究提供进一步的微观基础和互补性证据。

本研究的另一个动机来自中小企业融资难问题。中小企业融资难问题一直受到政策层面的广泛关注,也是学术界较为关心的问题。在中国,中小企业已经成长为国民经济最有活力的增长点。② 虽然中小企业对经济的贡献巨大,但中小企业融资难问题一直困扰着它们的发展。并且,这一问题已经突破国界,成为一个全球性难题。根据 Beck 等(2006)基于跨国企业调查的分析结果,认为融资是企业发展的最大障碍的企业中,小企业的比例比大企业高7%;同时,更大的融资障碍使小企业的增长放缓:在企业增长对融资障碍的回归中,小企业的弹性是大企业的两倍。由此可见,中小企业的融资难题已成为困扰其发展的主要因素。因此,探求中小企业融资瓶颈产生的原因,进而为中小企业融资难问题寻求解决办法,具有重要的理论与政策含义。

对这一问题,现有文献关注的焦点要么集中在银行融资本身,探求

---

① 股权融资对于上市公司主要指股票市场融资,它还包括非上市企业的权益性融资(equity finance)。

② 根据国家工商总局提供的数据,截至2010年年底,中国的中小企业提供了80%以上的就业人数,70%以上的进出口额,对GDP的贡献超过了60%,对税收的贡献超过了50%。

不同规模的银行对于中小企业的融资抑制程度是否相同,即大(小)银行是否更愿意为大(小)企业贷款(Stein,2002;Berger et al.,1998;Peek and Rosengren,1998;Strahan and Weston,1998),要么探求不同企业资本结构的影响因素(Rajan and Zingales,1995;Booth et al.,2001),而鲜有实证文献严谨规范地研究企业规模和融资来源的关系,讨论银行融资和股权融资对于中小企业抑制程度的差异。事实上,这一问题在解决中小企业融资难题中具有重要的现实意义与政策含义,如果不同的融资渠道对于中小企业的融资抑制作用不同,中小企业的融资问题就不仅与企业自身因素相关,也与一国的宏观金融环境有关。在一个银行主导的国家,银行融资是企业外部融资的主要方式。如果银行融资对于中小企业更加抑制(中小企业从银行融资的份额比大企业显著少,而在股权融资方面两者却不存在显著差异),中小企业在这样的金融环境下就会受到更多的融资抑制。若想缓解中小企业融资难问题,就需要从宏观金融环境入手进行改革。

中小企业面临融资瓶颈主要指其外部融资受到了抑制。那么,不同类别的外部融资和企业规模之间是否存在某种相关性?Beck等(2006)基于世界上不同国家中小企业融资状况调查的分析结果(见图4.1)表明,在企业不同的融资来源中,小企业通过银行贷款为项目融资的比例比大企业低13%,而小企业通过股权融资为项目融资的比例只比大企业低2%。而Berger和Udell(1998)基于美国企业调查的分析结果(见图4.2)表明,小企业银行贷款占其融资规模的比例比大企业显著低,但其股权融资所占比例比大企业更高。

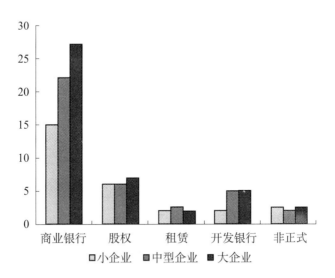

图 4.1 不同规模企业的融资来源对比

注:根据 Beck 等(2006)基于世界商业环境调查数据的分析结果整理。该图刻画了不同规模的企业在为投资进行的融资中,各个类型的融资方式所占百分比。

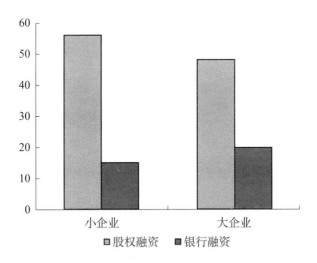

图 4.2 不同规模企业的权益性融资和银行融资对比

注:根据 Berger 和 Udell(1998)基于美国企业调查数据的分析结果整理。该图刻画了不同规模的企业股权融资与银行融资占总股权与债务之和的百分比。

这些研究不禁引发思考：中小企业的融资瓶颈是否主要来自其银行融资受到抑制？换言之，在企业的不同融资来源中，银行融资是否比股权融资对小企业施加了更大的限制？进一步，一国宏观金融结构会对中小企业融资产生什么影响？在一个银行主导的国家，小企业是否会受到更多的融资抑制？

为了深入地探求不同融资方式对于中小企业抑制程度的差异，本章运用中国上市公司1991—2009年的数据和世界银行1999年的跨国企业调查数据，系统地检验了企业规模与融资来源之间的关系。本章的实证结果表明，企业的规模越小，银行融资占总资产的比重越小，同时银行融资相对于股权融资的比例越小。在不同的融资渠道中，银行融资比股权融资对小企业施加了更多的抑制。在中国这个银行体系占主导、直接融资相对不发达的国家，中小企业可能会受到更多的信贷约束。因此，要想真正解决中小企业融资难问题，不应把目光仅局限于小企业自身，更应考虑到国家宏观金融结构对于小企业融资困境的影响，从宏观层面上构建与中小企业融资相配套的金融体系，进一步拓宽直接融资渠道。

本研究的实证结果也从金融结构和企业储蓄的视角为解释经常账户失衡提供了进一步的微观基础。由于小企业获得的银行融资显著低于大企业的银行融资，而在股权融资方面，小企业与大企业并没有显著差异，所以，在银行主导国家（主要的融资方式是银行），小企业受到的融资抑制更大，需要提高自身储蓄来应对投资需求，使得该国企业储蓄上升，给定其他因素不变，该国经历更大的经常账户顺差（更小的逆差）。

值得注意的是，本章并不是说明相对于大企业，小企业更易从证券市场融资，而是比较相对于银行融资，股权融资对于企业的抑制程度是否因企业规模而不同。小企业由于信息不对称,相对于大企业,银行与股权融资都受到抑制,但相对抑制程度会有所不同。股权融资由于投资者直接决策,避免了委托代理人的观点不一致问题,相对于银行融资,可以更好地与小企业的特征(风险大,投资者难以对其形成一致观点)匹配。另外,本章所指的股权融资也不仅指证券市场融资,还包括非上市企业向外部投资者直接发行股份的融资方式。在基于世界银行数据的分析中,大部分企业都是中小企业,并没有上市,其股权融资方式主要指第二种形式,在这一部分,本研究比较非上市企业两种融资方式的相对规模在不同规模企业中的差异。而基于上市公司的横截面分析中,被解释变量是银行融资与证券市场融资的相对大小,旨在比较企业可以上市获得证券市场融资后,两种融资方式对于小企业的相对抑制程度。如果直接比较上市企业与非上市企业,两者的特征可能本质不同,并不具有比较的意义。比如,由于发展阶段的不同,许多小企业无法从证券市场融资,将他们与获得证券市场融资的大企业相比,可能会得到误导的结论。基于两套数据的分析均表明,相对于大企业,小企业银行融资显著少,但股权融资差距并不如此显著,股权融资相对于银行融资的比重更高。

本章的其他部分安排如下:第二部分系统回顾相关领域的文献,指出本章的研究意义和贡献。第三部分在理论分析的基础上提出研究假说。第四部分详细介绍所用的数据、样本处理方法和回归分析中所用变量的构建。第五和第六部分分别呈现基本回归结果和稳健性检验结果,并对回归结果加以分析讨论。第七部分是结论。

4.2 文献回顾

本研究与三支文献相关。第一支文献从银行结构的视角探讨不同规模企业的融资难度问题,最具代表性的研究就是考察大银行是否更愿意为大企业贷款,而小银行更倾向为小企业贷款[①];第二支文献探求企业资本结构[②]的决定因素,企业规模只是其中一个考量因素;第三支文献研究企业融资来源的生命周期理论和企业规模之间的关系,但其所用数据多为调查数据,样本量较小,通常是做一些描述性分析,难以对融资来源与企业规模的关系进行严谨的大样本实证检验。下面即对相关文献进行一个简要梳理,在此基础上提出本章的研究意义和贡献。

研究企业规模与资本结构关系的文献主要检验企业的资产负债比率是否受到企业规模的影响。最具代表性的是 Rajan 和 Zingales(1995)的跨国研究。他们在控制企业成长性、资产的有形性、盈利性等因素的基础上,运用横截面 Tobit 模型研究了西方七国企业规模对资产负债比率的影响。结果表明,企业规模与负债比率呈正向关系。Booth 等

---

① 这支文献中,Stein(2002)、Berger 等(1998)、Peek 和 Rosengren(1998)的研究支持银行合并(规模扩大)使得小企业融资减少的观点,Strahan 和 Weston(1998)则发现银行合并会增加为小企业发放的贷款。Shen 等(2009)也研究了银行规模与小企业融资的关系,并对之前的文献做了系统总结。由于这支文献的视角集中在银行自身规模对中小企业融资的影响,与本研究关注的银行融资与股权融资对中小企业的相对抑制有较大区别,故此处不做详细展开。

② 需要注意的是,本研究关心银行融资是否比股权融资对小企业更加抑制,重点关注企业的融资来源问题,而企业资本结构并不能严谨地衡量企业的融资来源,关于这一点后文有更详细的讨论。

(2001)通过对十个发展中国家资本结构决定因素的研究发现,对发达国家适用的资本结构影响因素对于发展中国家依然成立,企业规模与负债比率正相关。Michaelas 等(1999)运用面板数据研究了英国企业资本结构的决定因素。文章发现企业规模对负债比例的正向作用在英国同样适用。Chenhe 和 Strange(2005)运用中国 972 家上市公司 2003 年的数据研究了中国上市公司资本结构的决定因素,检验了静态权衡理论与优先顺序理论。他们的实证结果也支持了企业规模和负债的正向关系。另一些研究不同国家企业资本结构决定因素的实证文章也得出了相似的结论,肖泽忠和邹宏(2008)对这些文献进行了总结。国内对于资本结构的实证研究也有不少,肖泽忠和邹宏(2008)对中国上市公司股权融资偏好和资本结构影响因素的研究得出了公司规模越小,股权融资偏好越强,负债比例越低的结论。肖作平(2004)运用双向效应动态面板模型对中国上市公司的研究也表明,公司规模显著地影响资本结构。

虽然资本结构的度量与企业通过股权融资还是银行贷款融资有一定关联性,但是资本结构并不能严谨地衡量企业的银行融资与股权融资的相对比例。因为资本结构所采用的衡量指标是总负债(或流动负债)与总资产(或所有者权益)的比重。而对上市公司来说,所有者权益并不能较好地衡量企业从证券市场的融资量。除了企业从证券市场的融资被计入所有者权益,所有者权益还包含企业开办之初投入的资本,企业经营所带来的未分配利润的累积等其他指标。另外,企业股票市场融资和自有资金融资都会体现在所有者权益中。由于本研究关注企业的融资来源是银行还是股权,用企业从银行融资与股权融资的相对比例而不是资本结构做被解释变量,可以更清晰地反映出银行融资和股权融资对不同类型企业的抑制程度。但是，资本结构的实证文献对于本研究选取控制变量很有帮助，因为融资来源与资本结构的影响因素有许多相通之处。因此，本研究借鉴了资本结构实证文献的思路，也对它们的研究进行了扩展。

另一支与本章相关的文献涉及企业融资来源的生命周期理论和企业规模的关系。Berger和Udell(1998)对中小企业的融资来源问题做了系统的综述，他们认为，伴随着企业成长周期而发生的信息约束条件、企业规模和资金需求的变化是影响企业融资来源变化的基本因素。随着企业的不断成长和企业规模的扩大，内部融资的比例不断下降，而银行融资呈现出一个倒U形关系。张捷和王霄(2002)通过调查数据分析比较了中美两国中小企业融资来源，验证了生命周期规律对中国中小企业的适用性。他们的调查数据表明，与美国企业类似，中国的中小企业银行贷款占融资额的比例与企业的成立年限也呈现倒U形关系，但与美国小企业相比，中国的小企业在成立初期更受到银行的歧视。与他们的研究结论不同，张杰和尚长风(2006)利用中国江苏的样本数据进行实证研究，发现样本中小企业对银行借贷的动态需求呈现正U形关系，且样本中小企业的所有者权益偏高，高于西方国家的平均水平。罗丹阳和宋建江(2004)也通过实地调查数据，发现中国中小企业的融资行为随着中小企业生命成长周期而表现出不同特征。

不过，这些研究中小企业融资来源的文献都是采用中小企业的调查数据进行分析，样本量较小，分析方法上多是描述性统计，难以控制其他相关因素的影响，即使采用回归分析，遗漏变量问题也较严重。本章的研究采用中国上市公司和世界银行的调查数据，样本量较大，数据质量相对较高。基于前者的研究在上市企业中开展,而基于后者的分析在非上市企业中进行,避免了将上市与非上市这两类本质不同的企业进行比较。由于发展阶段的不同,许多小企业无法从证券市场融资,将它们与获得证券市场融资的上市大企业相比,可能会得到误导的结论。本章运用严谨的计量经济学方法控制了相关因素的影响,并做了大量的稳健性检验,不仅提供了中国证据,也提供了跨国证据,对以往的文献进行了丰富和补充。

4.3 理论分析

由于银行融资和股权融资是两种不同的金融制度安排,资金提供方对于企业的要求存在差异,因此,从理论上讲,不同融资渠道对于中小企业融资的抑制程度不尽相同。首先,银行债务融资的性质(债权人面临凹形的收益曲线,具有风险规避的性质)使得银行具有天生的谨慎倾向性,不愿为风险高的项目提供融资(Weinstein and Yafeh,1998)。由于小企业的产品、项目较单一,面临更大的市场风险和不确定性,银行在为中小企业融资时会采取更加谨慎的态度,使得小企业面临较大的融资抑制。另外,为了规避风险,银行常常要求企业提供足额的抵押品进行担保。相对于大企业,小企业往往缺乏可以用于抵押的资产,因而更难得到银行贷款。同时,中小企业自身拥有的诸如企业家的经营能力、个人品质、项目的市场环境等"软"信息[①],在结构复杂的银行中难以进行验

---

① 关于软信息和硬信息更为详尽的讨论,参见 Stein(2002)。

证和传递。相对于具有一定成长历史和信用记录的大企业,中小企业常常缺乏完整的、经过审计的财务报表,信用记录较短,信息相对不透明,从而使得银企间的信息不对称问题更加严重,也使得小企业面临更大的银行融资抑制。

其次,小企业由于资金需求规模较小,分摊到单位资本的交易成本很高,银行为中小企业贷款难以利用规模效应来节约成本,因此中小企业会受到更多的银行融资抑制。

基于以上分析,本章提出第一个命题,以待后文实证检验。

命题 4.1:企业规模越小,银行融资占总资产的比重越小。

进一步,股权融资具有和银行融资不同的特点,这些特性导致了两种融资方式对于小企业的抑制程度有所差异。

首先,第二章的微观静态模型作为 Allen 和 Gale(1999)的扩展,刻画了两者在成本分担和匹配异质观点方面的差异。股权融资中,每个投资者亲历亲为,都需为获取信息付出成本,而银行作为"代理监督者"(delegated monitor),可以发挥规模优势进行集中决策,从而具有成本摊薄优势。但是,当投资者对项目收益看法差异很大时,银行这一统一的决策者并不能很好地代表投资者的看法,此时只有依靠股权投资者的分散决策才能更好地解决这一问题。现实中,小企业信息不对称的问题较严重,具有更高的项目风险,投资者对于小企业的看法差异较大。因此,相对于分散决策的股权融资,银行更愿意为投资者看法比较一致的大企业进行融资,而对小企业的融资抑制更加严重。

其次,从合约形式来看,银行债务合约的性质使得银行收益上限锁定。风险大的项目即使成功,银行所获得的收益也仅限于利率部分,而一旦项目失败企业违约,银行会遭受很大损失。相比之下,股权融资使得投资者成为企业股东,风险大收益高的项目一旦成功,股东也可以获得很大收益。换言之,当企业风险较高时,股权融资者和企业"一荣俱荣,一损俱损",而作为债权人的银行则存在损益不对等问题。由于小企业的风险较高,不确定性较大(Acs and Audretsch,1988),银行对于中小企业的抑制比股权融资更为严重。

另外,股权融资的投资者可以通过选取适当的投资组合来分散和降低投资风险,这也是股权融资相对于银行融资的一个重要优势(Allen and Gale,2000)。因此,风险较高的项目更难从银行取得贷款,将更多地依赖于直接融资(Bolton and Freixas,2000)。换言之,银行融资比股权融资对风险的容忍程度更低。相对于大企业而言,项目较单一的中小企业具有更大的风险和不确定性。因此银行融资比股权融资对于小企业的抑制程度更强。

基于上述分析,本章提出第二个命题,以待后文实证检验:

命题 4.2:企业规模越小,银行融资相对于股权融资的比例越小。

4.4 数据和方法

4.4.1 数据来源和样本筛选

本研究所采用的数据包括中国上市公司数据和世界银行调查数据。中国上市公司数据来自北京大学中国经济研究中心色诺芬(SinoFin)中国上市公司财务指标数据库、上市公司 IPO 和增发数据库。初始所选样本为沪深两市所有上市公司 1991—2009 年的财务数据。文中数据按以下指标进行筛选:(1)去掉金融类上市公司,因为金融类上市公司与其他企业采用的会计和报告制度不一致,常常具有很高的债务融资比例;(2)为了排除异常值对回归结果的影响,去掉特别处理、特别转让、停止上市的公司;(3)去掉总资产为负、实收资本为负、营业收入为负的观测值。以上筛选最终可以得到分属于53个行业①的1 582家公司。回归所需数据均从公司的财务报表中获得。

上市公司数据的优点是数据质量相对可靠,观测值多,而且可以获得较长时期的面板数据,从而控制不随个体或时间变化的固定因素,减弱内生性问题。但是从上市公司的财务报表中很难得到它们的银行贷款的精确衡量,只能通过一些指标近似计算。另外,上市公司数据中的小企业特指能够从证券市场上融资的规模较小的企业,未上市企业不在考虑范围之内。根据国家统计局、国家经济贸易委员会等部委联合出台的企业划分标准,总资产在4亿元以下或销售额在3亿元以下的企业都划为中小企业。本章的上市公司样本中,这样的企业共有623家,占全部企业的39.3%。

为了得到企业融资来源的直接衡量,并增加样本中小企业的覆盖量,本章也采用了世界商业环境调查数据。② 该项调查直接问及企业的投资中有多大比例从银行贷款而得,多大比例从股权融资而得,这是对企业融资方式的一个直接刻画。并且,这项调查广泛涉及只有5—50个雇员的小企业,是为数不多的广泛覆盖小企业的调查。世界银行的横截

---

① 行业分类标准采用标准普尔公司的GICS全球行业分类标准。
② 对该数据的介绍见3.4.1节。

面调查数据,不仅可以作为基于中国上市公司财务报表数据分析的补充,也提供了企业规模与融资来源的跨国证据。

4.4.2 变量说明

在对中国上市公司1991—2009年的面板数据进行分析时,用企业短期借款占总资产的比重(STLOAN)做因变量,反映企业从银行所获短期贷款规模。由于长期借款在企业总的借款中占有相当大的比例,本研究也用短期借款与长期借款之和占总资产的比重(STLTLOAN)来衡量企业从银行所得的贷款。两组结果相互对照与印证。下文将这种衡量方法称为间接法。在对世界银行数据的分析中以企业投资中银行贷款融资的比例作为被解释变量,这是对银行融资方式最直接的衡量,下文将其称为直接法。

在对中国上市公司的横截面数据进行分析时,被解释变量是企业从银行融资规模与从证券市场融资规模的相对比例。从上市公司IPO和增发数据库可以发现,大部分企业在首次公开发行(IPO)之后,进行增发股份的年份并不多,因此本研究采用截至2009年企业从证券市场融资总和的数据进行横截面回归,即加总企业每次增发所得的资金规模[①],将增发规模与IPO的规模相加,得到企业从证券市场的总融资规模。由于企业IPO规模有两个衡量指标:总共募集资金和实际募集资金,因此可以得到两个证券市场融资规模的变量以备稳健性检验。在衡量企业从银行的融资规模时,如果假设企业不会提前还款,那么截至2009年,企

---

① 若企业没有增发,该企业增发变量取为0。

业从银行贷款的总量可以从财务报表上的短期借款、一年内到期的长期借款的历年数据相加而得。用银行贷款总规模与衡量证券市场融资规模的两个变量相除,可以得到横截面回归中所用的因变量——相对融资1(RFS1)与相对融资2(RFS2)。自1998年后,上市公司提供了现金流量表,因而可以从现金流量表中的"筹资活动所产生的现金净流量"减去股权融资的现金流量获取比较准确的银行融资规模。用股权融资的现金流量除以银行融资规模可以得到横截面回归的因变量相对融资3(RFS3)。在对世界银行数据的分析中,以企业投资中银行贷款融资的比例和股权融资的比例分别作为被解释变量,以考察企业规模对它们的不同影响;也以股权融资比例/银行融资比例作为被解释变量,比较它们对不同规模企业的相对抑制程度。

结合Rajan和Zingales(1995)和Booth等(2001)的研究,并结合中国特殊的政策因素,本研究所采用的控制变量如表4.1所示。

表4.1 解释变量的变量符号、变量名及其定义

变量符号	变量名	变量定义
SIZE1	企业规模1	企业总资产的对数值
SIZE2	企业规模2	企业营业收入的对数值
POLICY1	政策1	该公司上市当年的融资比重[1]
POLICY2	政策2	上市当年所在省份的融资比重
GROWTH	企业成长性	托宾q[2]
TANGI1	有形性1	固定资产占总资产的比重
TANGI2	有形性2	应收账款和存货之和占总资产的比重
TANGI3	有形性3	应收账款占总资产的比重

[1] 此变量具体定义见正文。
[2] 企业的市场价值与资本重置成本之比。该项指标直接由色诺芬数据库提供。

(续表)

变量符号	变量名	变量定义
PROFIT1	盈利性1	营业利润占净资产的比重
PROFIT2	盈利性2	净资产收益率
PROFIT3	盈利性3	总资产回报率
PROFIT4	盈利性4	总资产的增长率
PROFIT5	盈利性5	净利润的增长率
PROFIT6	盈利性6	营业利润占总资产的比重
SHIELD1	税盾1	营业费用与管理费用之和占营业收入的比重
SHIELD2	税盾2	财务费用占三项费用的比重
INVEST1	投资规模1	净投资占总资产的比重
INVEST2	投资规模2	净投资的对数
CASHFL	现金流量	（息税前利润－利息支出－股利支付）占总资产的比重
RISK1	风险1	未分配利润（资产负债表）样本期内的标准差[1]
RISK2	风险2	未分配利润（利润表）样本期内的标准差
AGE	年龄	企业上市年限[2]
DIVIDENT	股利	如果支付股利，则为1的虚拟变量
LOSS	损失	如果发生亏损，则为1的虚拟变量

注：变量后面的数字代表同一种指标的不同衡量方法，以供后文的稳健性检验。

其中值得重点说明的是，早期政府为了控制证券市场的发展，同时也需要在各地方之间进行平衡，在融资额度上有严格的管制，甚至还在不同地区、行业进行分配。而地方政府为了平衡利益关系，同时为了让更多的公司得以上市，也不太可能把大量的融资额度分配给某一个大公司。如果这一逻辑成立，规模较大公司的相对融资规模会在很大程度上受到限制。为了排除政府政策的影响，面板数据回归中控制变量"政

---

[1] 由于该指标不随时间变化，因此在固定效应面板回归中不加入回归方程式。对 RISK2 的处理相同。

[2] 参考企业融资来源的生命周期理论，回归时也加入了年龄的二次项（SQRAGE）。

策",用该公司所在省份当年的融资额度占当年全国总融资额度的比例来衡量,横截面数据回归中分别控制变量"政策1"①(该公司上市当年证券市场的融资总额占样本期内历年证券市场融资总额的比重)与"政策2"②(该公司上市当年所在省份的融资额度占当年全国总融资额度的比例)。前者控制了融资配额的时间差异对于企业融资来源的影响,后者反映了融资配额的空间差异和时间差异对企业融资方式的影响。这一指标越大,表明该公司受到的融资配额的限制越小,可以使用更多的证券市场融资。

对中国上市公司的面板回归运用固定效应估计,控制公司个体效应和时间效应。以 α_i 和 γ_t 分别代表个体和时间固定效应,回归模型为:

$$STLOAN_{it}/STLTLOAN_{it} = \beta_1 + \beta_2 SIZE_{it} + \beta_3 POLICY_{it} + \beta_4 GROWTH_{it} + \beta_5 TANGI_{it} + \beta_6 PROFIT_{it} + \beta_7 SHIELD_{it} + \beta_8 INVEST_{it} + \beta_9 CASHFL_{it} + \beta_{10} DIVIDENT_{it} + \beta_{11} AGE_{it} + \beta_{12} SQRAGE_{it} + \beta_{13} LOSS_{it} + \alpha_i + \gamma_t + \varepsilon_{it} \quad (4.1)$$

稳健性检验运用动态面板模型,控制个体与时间固定效应,回归模型为:

$$STLOAN_{it}/STLTLOAN_{it} = \beta_1 + \delta STLOAN_{it-1}/STLTLOAN_{it-1} + \beta_2 SIZE_{it} + \beta_3 POLICY_{it} + \beta_4 GROWTH_{it} + \beta_5 TANGI_{it} + \beta_6 PROFIT_{it} + \beta_7 SHIELD_{it} + \beta_8 INVEST_{it} + \beta_9 CASHFL_{it} + \beta_{10} DIVIDENT_{it} +$$

---

① 此处用不同年份的融资配额作为大公司受到限制的代理变量。若公司上市当年全国证券市场的融资份额越大,大公司受到的限制就越小。

② 如果证券市场对于大公司的融资限制是由政府融资额度的分配导致的,那么不同地区的融资配额就可以作为大公司受到融资配额限制的一个代理变量。一个省的总融资额度越大,大公司受到的限制就越小。

$$\beta_{11}\text{AGE}_{it} + \beta_{12}\text{SQRAGE}_{it} + \beta_{13}\text{LOSS}_{it} + \alpha_i + \gamma_t + \varepsilon_{it} \quad (4.2)$$

对于中国上市公司的横截面回归中,控制变量取每个上市公司1991—2009年的平均值,同时为了控制上市公司所有者类型(国有、民营、外资、集体、社会团体、职工持股会、不能识别)和不同行业类型对于企业融资来源的影响,回归中引入了所有者类型虚拟变量和行业虚拟变量。基本回归部分采用 OLS 回归,在稳健性检验部分运用 Tobit 回归。回归模型如下:

$$\begin{aligned}\text{RFS}_i &= \beta_1 + \beta_2\text{SIZE}_i + \beta_3\text{POLICY}_i + \beta_4\text{GROWTH}_i + \beta_5\text{TANGI}_i \\&+ \beta_6\text{PROFIT}_i + \beta_7\text{SHIELD}_i + \beta_8\text{INVEST}_i + \beta_9\text{CASHFL}_i + \beta_{10}\text{RISK}_i \\&+ \beta_{11}\text{AGE}_i + \beta_{12}\text{SQRAGE}_i + \beta_{13}\text{LOSS}_i + \beta_{14}D_{1i} + \beta_{15}D_{2i} + \varepsilon_i\end{aligned} \quad (4.3)$$

其中 D_1 和 D_2 分别代表所有者类型的虚拟变量和行业虚拟变量。各个变量的描述性统计如表 4.2 所示。

表 4.2 变量的描述性统计①

变量名	观测个数	均值	标准差	最小值	最大值
RFS1	1 578	17.46	102.13	0②	2 042.58
RFS2	1 422	10.30	76.05	0	2 042.58
RFS3	1 006	0.68	1.82	0.002	15.13
STLOAN	1 535	0.17	0.09	0.001	0.69
STLTLOAN	1 340	0.25	0.11	0.005	0.74
SIZE1	1 582	2.74	1.02	0.08	9.39
POLICY1	1 347	6.22	8.04	0.15	33.17

① 此处的描述性统计是对中国上市公司横截面数据的分析结果。面板数据的描述性统计与此类似,篇幅所限,不再报出。

② RFS1 和 RFS2 的最小值之所以为 0,是因为本研究的初始做法是,若一个企业一年内到期的长期借款在样本期间内所有值都缺失,就将企业从银行的贷款计为 0。后文的回归分析和稳健性检验表明,即使采用另外的计算方法,结果保持稳健。

(续表)

变量名	观测个数	均值	标准差	最小值	最大值
TANGI1	1 581	0.11	0.08	0.000 2	0.48
PROFIT1	1 581	0.04	0.23	−3.34	0.40
GROWTH	1 521	1.57	0.47	0.81	6.77
AGE	1 347	9.04	5.02	0	17
INVEST1	1 266	0.06	0.07	−0.01	0.53
CASHFL	1 200	0.02	0.03	−0.15	0.16
SHIELD1	1 539	0.26	2.82	0	110.36
RISK1	1 437	8.12	74.77	0.04	2 424.81

注:篇幅所限,对于同一控制变量的不同衡量指标,本表只报告第一个衡量指标的描述性统计量,同时省略了虚拟变量的描述性统计量。

为了剔除异常值对于回归结果的影响,回归中只保留了企业规模处于5%—95%分位的观测值。对于短期借款占比、短期与长期借款之和占比和相对融资1、相对融资2、相对融资3也做了同样处理。

在世界银行数据的横截面回归中,考虑经典文献和问卷中涉及的变量,回归模型设定为:

$$\text{bank}_i / \text{equity}_i / \frac{\text{equity}_i}{\text{bank}_i} = \beta_1 + \beta_2 \text{size}_i + \beta_3 \text{constraint}_i + \beta_4 \text{chinv}_i + \beta_5 \text{age}_i + \beta_6 \text{sqrage}_i + \beta_7 \text{characteristics} + \varepsilon_i$$

其中,被解释变量分别为企业的投资由银行贷款融资的比例,由股权融资的比例,或者两者的比值;size 用企业营业收入的对数值或者标示小企业的虚拟变量来衡量;β_2 的符号和显著性是本研究关注的内容;constraint 是一组向量,表示企业受到的法律约束与腐败约束,它们是1—4的指数,由企业自己评价所处经营环境的法律因素、腐败约束对于自身的限制,1代表没有约束,4代表约束很大;chinv 表示企业投资规模的增长率;age 和 sqrage 分别是企业年龄和年龄的平方项;Characteristics 为标示企业是否属于制造业、是否出口、是否政府所有、是否外资控股的虚拟变量。

4.5 基本回归结果

4.5.1 间接法估算融资方式:中国上市公司数据的分析结果

4.5.1.1 基于面板模型的基本回归结果

基于面板模型(4.1)的基本回归结果如表 4.3 所示。由表 4.3 可见,无论采用短期借款占总资产的比重做因变量,还是运用短期借款与长期借款之和占总资产的比重做因变量,企业规模对其从银行所获贷款的影响都显著为正。换言之,在控制了其他变量(如成长性、有形性、投资规模等因素)的基础上,企业规模越小,银行贷款占其总资产的比重越少。命题 4.1 得到了初步验证。对这一结果的稳健性检验和进一步诠释将在 4.6 节说明。

表 4.3 企业规模与银行融资:面板模型基本回归结果

	短期借款占比		短期与长期借款之和占比	
	(1)	(2)	(3)	(4)
企业规模1	0.042***	0.041***	0.093***	0.093***
	(0.01)	(0.01)	(0.01)	(0.01)
政策		−0.023		0.002
		(0.02)		(0.02)
有形性1	0.041	0.040	−0.195**	−0.195**
	(0.05)	(0.05)	(0.08)	(0.08)
成长性	−0.021***	−0.021***	−0.022**	−0.022**
	(0.01)	(0.01)	(0.01)	(0.01)

(续表)

	短期借款占比		短期与长期借款之和占比	
	(1)	(2)	(3)	(4)
盈利性1	−0.055	−0.054	−0.075***	−0.075***
	(0.05)	(0.05)	(0.03)	(0.03)
年龄	0.014***	0.014***	0.021***	0.020***
	(0.00)	(0.00)	(0.01)	(0.01)
年龄平方	−0.001***	−0.001***	−0.001***	−0.001***
	(0.00)	(0.00)	(0.00)	(0.00)
投资规模1	0.061***	0.061***	0.015	0.0151
	(0.02)	(0.02)	(0.02)	(0.02)
现金流量	−0.062	−0.065	−0.323***	−0.323***
	(0.11)	(0.11)	(0.12)	(0.12)
观测值个数	2 632	2 632	2 382	2 382

注：括号中报告的是稳健标准误。*，**和***表示在10%、5%和1%的显著性水平下显著。税盾、股利、损失前面的系数均不显著，为节约篇幅，没有报出。

表4.3的第(2)和(4)列在第(1)和(3)列的基础上增加了政策变量，以控制政府配额政策的中间影响。由表4.3可知，在考虑了融资额度的跨地区与跨时间差异后，企业规模对融资方式的影响依然显著存在，政府对于证券市场的配额政策并没有显著改变这种影响。

其他控制变量前的符号也比较符合预期。企业成长性前面的系数显著为负，表明控制其他因素不变，企业的成长性越强，从银行融资越少。这符合Myers(1977)静态权衡模型的推论，即大规模银行融资增加了企业的破产成本，这一成本对高成长企业尤为巨大。因此这类企业通常更倾向于使用股权融资，以缓解用风险性债务融资所造成的投资不足问题。盈利性前面的系数均为负，表明盈利性越强的企业更有能力进行内部融资，从而减少从银行贷款的依赖，这符合Myers和Majlauf(1984)

融资顺序模型的推论。企业年龄的系数一次项为正,二次项显著为负,表明银行贷款随企业发展呈现倒U形关系,这与Berger和Udell(1998)、张捷和王霄(2002)、罗丹阳和宋建江(2004)的研究结论类似,说明企业融资来源的生命周期理论在中国上市公司中也有体现。投资规模前面的系数为正,表明给定其他因素不变,企业投资规模越大,对资金的需求越大,因此从银行的贷款越多。现金流量前的系数为负,说明现金越充裕的公司,从银行的贷款越少。损失前面的系数为负但不显著,表明发生亏损的企业由于受经营状况的影响从银行融资减少。税盾、股利前面的系数始终不显著,为节约篇幅,没有报出。

4.5.1.2 基于横截面模型的基本回归结果

基于横截面数据模型(4.3)的基本回归结果如表4.4所示。

表4.4 企业规模与相对融资:横截面模型基本回归结果

	相对融资1		相对融资3	
	(1)	(2)	(3)	(4)
企业规模1	1.507***	1.717***	−0.072**①	−0.070**
	(0.56)	(0.57)	(0.03)	(0.03)
政策1	−0.247		0.006	
	(0.20)		(0.01)	
政策2		−0.1030**		0.0002
		(0.05)		(0.00)
有形性1	−0.469	0.576	−0.383	−0.372
	(6.29)	(6.24)	(0.25)	(0.26)
成长性	−1.302	−1.449	−0.008	−0.004
	(0.94)	(0.92)	(0.04)	(0.04)

① 为检验结果是否对银行融资规模做分母敏感,相对融资3的衡量方式与相对融资1相反,用银行融资规模做分母,所以企业规模前的系数为负。

（续表）

	相对融资1		相对融资3	
	（1）	（2）	（3）	（4）
盈利性1	1.136	1.162	0.531*	0.530*
	(1.54)	(1.56)	(0.30)	(0.30)
年龄	-0.186	-0.842	-0.011	-0.008
	(0.50)	(0.53)	(0.03)	(0.03)
年龄平方	0.0430	0.0840***	0.0001	-0.0001
	(0.03)	(0.03)	(0.00)	(0.00)
投资规模1	-0.516	0.049	-0.272	-0.258
	(6.22)	(6.19)	(0.21)	(0.22)
现金流量1	-29.350**	-28.900**	1.214*	1.244*
	(13.77)	(13.61)	(0.69)	(0.68)
损失	-1.799**	-2.068***	0.107	0.111
	(0.77)	(0.78)	(0.08)	(0.08)
税盾1	-0.522	-0.510	0.281**	0.282**
	(0.81)	(0.78)	(0.12)	(0.12)
风险	-0.0140**	-0.0150***	0.0010	0.0004
	(0.01)	(0.01)	(0.00)	(0.00)
观测值个数	688	688	686	686

注：本表为以相对融资为正的观测值为样本的 OLS 回归结果，其他稳健性检验结果见后文；用相对融资2做因变量的回归结果类似，为节约篇幅，不再报出；所有回归中都控制了所有者类型和行业，限于篇幅，关于它们的系数没有报出；括号中的数值是稳健标准误，*、** 和 *** 表示在 10%、5% 和 1% 的显著性水平下显著。

由表 4.4 可知，无论采用哪个指标衡量银行融资和股票市场融资的相对规模，企业规模变量都高度显著，即企业规模越小，银行融资相对于股权融资的比例越小。换言之，与股权融资相比，小企业更加受到银行融资的抑制。命题 4.2 得到了初步验证。对这一结果的稳健性检验和进一步诠释将在 4.6 节进行。

表4.4分别用政策1和政策2控制政府政策的影响。无论采用哪种衡量指标，在考虑了融资额度的跨地区与跨时间差异后，企业规模对于融资方式的影响依然显著存在，政府对于证券市场的配额政策并没有显著改变这种影响。

其他控制变量的系数与面板数据的回归结果比较类似。企业年龄平方项的系数不再显著，一个可能的原因是，随着企业的成长，企业从银行融资和从证券市场融资的规模同时增加，它们的相对比例与企业年龄并没有明显的正负关系，这表明企业相对融资来源的生命周期理论并没有在中国上市公司中体现，也间接说明关系型借款在中国上市公司中表现得并不明显，这与张杰和尚长风（2006）的研究结论比较一致。用相对融资1作为被解释变量时，损失和风险前面的系数显著为负，表明发生亏损或风险较高的公司从银行获得的贷款相对于从证券市场的融资显著偏少，银行在给有可能发生亏损和高风险的企业发放贷款时采取了比证券市场更为谨慎的态度。这一结果为4.3节的理论分析提供了实证支持。篇幅所限，表4.4没有报告所有者类型和行业虚拟变量前的系数。

4.5.2 直接法衡量融资方式：世界银行数据的分析结果

4.5.2.1 基于中国企业数据的分析结果

在世界银行的企业调查中，有101家中国企业，它们由世界银行按照代表性抽样的方法选取出来。这些企业的营业收入分布很广，小到100 000元，大到100亿元，从企业规模的角度看，较好地刻画了中国的大、小企业。

考虑到融资方式与企业规模之间可能存在反向因果关系,回归中将企业的营业收入滞后一期,以减弱内生性问题。幸运的是,问卷中不仅问及企业当年的营业收入,也调查了企业过去一年的营业收入增长率,因此可以计算出企业上年的营业收入,在回归中加以控制。

问卷中还问及企业投资规模的增长率,回归中加入这个变量可以控制成长性对于企业融资方式的影响。但由于这个变量有较多的缺失值,本研究也尝试从回归中将它剔除,以提高观测值个数,同时可以检验模型的稳健性。问卷中还可以得到企业的成立年限,也在回归中加以控制,以反映企业的生命周期对其融资方式的影响。问卷对于企业面临的法律、腐败约束也都有涉及,这些变量反映了制度因素对于企业融资方式的影响,也在回归中加以控制。

由于企业从银行融资的比例被截取在 0 和 100 之间,本研究也采用 Tobit 模型进行分析。

以银行融资的比例为因变量的回归结果如表 4.5 所示。

表 4.5　企业规模与银行融资:基于世界银行调查数据的结果

	因变量:企业投资由银行贷款融资的比例			
	OLS 回归结果		Tobit 回归结果	
营业收入对数值	6.281***	3.720**	7.606**	8.144**
	(1.53)	(1.50)	(2.68)	(3.15)
投资规模增长率		−0.149		−1.372*
		(0.09)		(0.66)
法律约束	2.504	−0.230	21.460**	2.725
	(6.41)	(3.44)	(8.64)	(10.64)
腐败约束	2.187	3.487	−0.194	7.492
	(4.40)	(2.96)	(8.70)	(7.28)

(续表)

	因变量:企业投资由银行贷款融资的比例			
	OLS 回归结果		Tobit 回归结果	
年龄	0.342	1.179	3.265	3.928*
	(1.19)	(0.87)	(2.23)	(2.18)
年龄平方	−0.010	−0.026	−0.076	−0.083*
	(0.02)	(0.02)	(0.05)	(0.05)
观测值个数	101	101	101	101

注:变量法律约束是一个 1—4 的指数,企业评价所处经营环境的法律因素对于自身的限制,1 代表没有约束,4 代表约束很大;腐败约束的含义与法律约束类似;每个回归都控制了企业是否属于制造业、是否出口、是否政府所有、是否外资控股的虚拟变量;限于篇幅,它们前面的系数没有报出。

由表 4.5 可知,无论采用 OLS 回归还是 Tobit 回归,是否控制企业投资规模的增长率,在考虑了潜在内生性问题和其他因素的影响后,企业规模对于融资方式的影响依然显著为正。即企业规模越大,从银行融资的比例越高;小企业的投资由银行融资的比例要比大企业的相应比例显著得小。

本研究也以同样的方法分析了中国企业股权融资的比例与企业规模的关系,企业规模前面的系数并不显著,即不同规模企业股权融资方面并没有显著差别。限于篇幅,这部分结果不再列表报出。

4.5.2.2 基于跨国企业数据的分析结果

基于中国企业的分析表明,大企业相对于小企业而言,从银行融资的比重显著高,而两者在股权融资方面的差异并不显著。那么这一结果是否在世界范围内具有普适性呢?本部分继续运用世界银行的企业调查数据,对全球的公司进行分析,以探求上述结果的普适性。

参照 Beck 等(2008)对于全球企业融资模式的研究方法,跨国分析也考虑了国家层面的经济因素对于企业融资方式的影响。在控制表4.5所列变量的基础上加入三个宏观因素:金融市场的相对发达程度,以一国股票市场市值总额与私人部门银行信贷总量之比的对数值来衡量;经济发展水平,以一国的人均GDP来衡量;经济增长速度,以GDP的增长率来衡量。这些宏观数据来源于世界银行的世界发展指数数据库。

基于全球企业数据的回归结果如表4.6所示。

表4.6 企业规模与融资方式:全球证据

	银行融资比例		股权融资比例		股权/银行
	OLS	Tobit	OLS	Tobit	OLS
小型企业	−5.262***	−13.700***	0.609	−5.502	0.505**
	(1.79)	(3.59)	(1.08)	(5.75)	(0.20)
中型企业	−0.812	−3.466	0.603	−6.061	0.236
	(1.54)	(2.95)	(0.93)	(4.95)	(0.18)
观测值个数	2 189	2 189	2 189	2 189	2 189

注:小型企业指雇员为5—50人的企业,中型企业指雇员为51—500人的企业,大型企业指500人以上的企业;表中所列为小型企业虚拟变量和中型企业虚拟变量前面的系数,其他控制变量与表4.5中的变量相同(除去第一个变量),还包括文中所列的三个宏观变量和地区虚拟变量;受篇幅所限,这些变量前面的系数不再列出。

表4.6的前两列给出了企业投资中由银行贷款融资的比例为被解释变量的回归结果。无论采用OLS回归还是Tobit回归,小企业前面的系数都显著为负,即小企业从银行融资的比例要显著低于大企业的相应比例。与此相对照,表4.6的第三、四列给出了股权融资比例为被解释变量的回归结果。小型企业与中型企业前面的系数都不显著,这表明,小企业的投资中从股权融资的比例并不比大企业的相应比例显著低。事实上,如果考虑股权融资和银行融资的相对比例,从表4.6的最后一列可见,小企业的这一比例要显著高于大企业。因此,命题4.2得到了进

一步验证,即企业规模越小,股权融资相对于银行融资的比例越大。

综上所述,企业规模越小,银行融资占总资产的比重越小,股权融资相对于银行融资的比例越大。这一结论不仅在中国企业数据中得到了支持,也被跨国企业数据所验证。由于全球样本中包括美国、英国、法国、德国等发达市场经济国家,小企业股权融资相对于银行融资的比例更大这一现象并非由中国政府的特殊行政政策导致。企业规模对于融资方式的影响在全球范围内具有一定普适性。

4.6 稳健性检验及进一步讨论

4.6.1 面板数据模型的稳健性检验

由于本研究构建了多个可以反映同一经济变量的指标,首先在回归中更换这些指标,以检验结果的稳健性。回归结果如表4.7所示,企业规模前的系数始终显著为正,表明基准回归结果保持稳健。

表4.7 面板数据模型稳健性检验:更换衡量指标

	控制有形性2	控制盈利性2	控制盈利性3	控制盈利性6
因变量:短期借款占比				
企业规模1	0.0402***	0.0405***	0.0385***	0.0347***
	(0.01)	(0.01)	(0.01)	(0.01)
因变量:短期与长期借款之和占比				
企业规模1	0.0972***	0.0913***	0.0872***	0.0802***
	(0.01)	(0.01)	(0.01)	(0.01)

注:其他控制变量与基本回归相同,限于篇幅,不再列出。

考虑到企业规模、盈利能力、投资机会等解释变量可能与从银行获得的贷款有反向因果关系,本研究取基本回归中所有解释变量的滞后一期作为解释变量,以检验上述结果对于反向因果问题是否稳健。回归结果如表4.8所示。由表4.8可见,企业规模前面系数的大小与显著性和基本回归中的结果基本一致,基准结果依然稳健。

表4.8 面板数据模型稳健性检验:滞后解释变量

	因变量:短期借款占比				
	控制盈利性2	控制盈利性3	控制盈利性4	控制盈利性5	控制投资规模2
企业规模1	0.0263***	0.0272***	0.0272**	0.0250**	0.0274***
	(0.01)	(0.01)	(0.01)	(0.01)	(0.01)
	因变量:短期借款与长期借款之和占比				
	控制盈利性2	控制盈利性3	控制盈利性4	控制盈利性5	控制投资规模2
企业规模1	0.0998***	0.104***	0.0984***	0.0994***	0.1000***
	(0.01)	(0.01)	(0.02)	(0.01)	(0.01)

注:其他控制变量与基本回归相同,限于篇幅,不再列出。

由于企业融资很可能是一个动态过程,当期的银行贷款规模可能受到上期贷款规模的影响,本研究也采用了动态面板模型(4.2),回归结果如表4.9所示。Sargan检验的结果表明模型没有过度识别。序列相关的检验表明,水平方程的误差性质良好,符合经典假设。表4.9表明,企业规模前面的系数依然显著为正,基本结果依然成立。

为了进一步检验动态面板回归结果的稳健性,本研究还分别采用了稳健标准误和非稳健标准误进行回归,分别控制了单向固定效应(个体)和双向固定效应(个体和年份),回归结果中企业规模前的系数也都显著为正。篇幅所限,不再列表列出这些回归结果。

综上,命题4.1得到了数据的实证支持。

表 4.9 面板数据模型稳健性检验:动态面板回归结果

	短期借款占比		短期借款与长期借款之和占比	
	(1)	(2)	(3)	(4)
因变量滞后一期	0.302***	0.301***	0.266***	0.257***
	(0.04)	(0.04)	(0.04)	(0.04)
企业规模1	0.062***		0.132***	
	(0.01)		(0.01)	
企业规模2		0.022***		0.023**
		(0.01)		(0.01)
Sargan 统计量	81.62	83.15	83.31	82.10
Sargan 检验 p 值	0.31	0.27	0.26	0.30
一阶序列相关 p 值	0.0000	0.0000	0.0000	0.0000
二阶序列相关 p 值	0.7311	0.8808	0.7631	0.6470

注:其他控制变量与基本回归相同,限于篇幅,不再列出。

4.6.2 横截面模型的稳健性检验

与面板数据模型的稳健性检验类似,该小节分析中首先更换衡量同一经济变量的指标,回归结果如表 4.10 所示,企业规模前面的系数显著为正,基准结果依然稳健。

表 4.10 横截面回归的稳健性检验:更换衡量指标

	因变量:相对融资 3			
	控制有形性3	控制盈利性2	控制盈利性3	控制盈利性6
企业规模1	-0.0714**	-0.0678**	-0.0985**	-0.0937***
	(0.03)	(0.03)	(0.04)	(0.03)

注:本表是以相对融资为正的观测值为样本的 OLS 回归结果;其他控制变量与基本回归相同,所有回归中都控制了所有者类型和行业;限于篇幅,关于它们的系数没有列出,用相对融资1、相对融资2做因变量的回归结果类似。

另外,如果企业内生选择是否从银行借款,并决定借多少,一个更稳健的做法是采用 Tobit 模型,将截取值的下限设为 0。这样可以利用因变量为 0 的样本,扩大样本量,只是需要对模型进行非线性化处理。同时,为了控制相对融资规模的异常值的影响(相对规模最大的四个值都远大于其 95% 分位值),本研究将因变量的上限截取到 95% 分位点处。回归结果如表 4.11 所示。

表 4.11　横截面回归的稳健性检验:Tobit 回归结果

	相对融资 1	相对融资 1	相对融资 2	相对融资 2
企业规模 1	2.144***		1.424***	
	(0.51)		(0.42)	
企业规模 2		3.538***		2.685***
		(0.68)		(0.56)

注:本表是因变量的 95% 分位点为上界,0 为下界的 Tobit 回归结果;其他控制变量与基本回归相同,所有回归中都控制了所有者类型和行业;限于篇幅,关于它们的系数没有列出。

为了检验结论的稳健性,本研究也在 Tobit 模型中用相对融资 3 做因变量,并更换同一经济变量的衡量指标,回归结果如表 4.12 所示。表 4.11、表 4.12 表明,企业规模前面的系数依然显著。

表 4.12　横截面回归的稳健性检验:更换衡量指标的 Tobit 回归

	因变量:相对融资 3(股权融资/银行融资)			
	控制有形性 3	控制盈利性 2	控制盈利性 3	控制盈利性 6
企业规模 1	-0.0981***	-0.0997***	-0.152***	-0.141***
	(0.03)	(0.03)	(0.03)	(0.03)

注:本表是因变量的 95% 分位点为上界,0 为下界的 Tobit 回归结果,其他控制变量与基本回归相同;所有回归中都控制了所有者类型和行业。限于篇幅,关于它们的系数没有列出,用相对融资 1 和相对融资 2 做因变量的回归结果类似。

最后一组稳健性检验涉及缺失值的处理。一年内到期的长期借款有大量缺失值,本研究初始的做法是若一个企业该指标在样本期间内所有年份都缺失,就将它从 OLS 估计的样本中剔除。本研究也尝试将一年内到期的长期借款的缺失值设为 0,依然进行有上、下限的 Tobit 回归和 OLS 回归,并更换同一经济变量的测量指标来进行稳健性检验。① 基准回归结果保持稳健。受篇幅所限,这些结果不再列表列出。

综上,命题 4.2 得到了数据的实证支持。

4.6.3 其他可能解释的排除

基本回归和稳健性检验均表明,小企业从银行融资的规模占其总资产的比重更小。同时,相对于股权融资,小企业从银行融资的比例更小。面板数据与横截面数据的回归结果相互印证,中国证据与跨国证据相互补充,两个命题得到了实证结果的有力支持。

为了进一步验证结论的稳健性,本章对其他可能解释进行了考量。首先,本章排除了小企业银行融资相对股权融资的比例更小是小企业自身不愿选择银行融资的结果。理由如下。第一,如果小企业担心银行贷款增加了企业负债从而增大了企业破产概率,因而不愿选择银行贷款,换言之,如果破产概率通过企业规模影响了融资方式,那么控制破产概率后,企业规模对于融资方式的影响就应该变得不显著。因此,回归中加入了文献中通常使用的 Altman Z-score②,以控制企业破产概率的影响。

---

① 数据中,长期负债大于 0 的观测值所占比例并不高,为 63%,有长期负债但是当期的一年内到期的长期借款存在缺失值的企业所占比例为 24%,一年内到期的长期借款在所有年份均缺失的企业所占比例更低。由于并不能确定企业当期有长期负债就一定有或没有一年内到期的长期借款,也不能从财务报表中得出长期负债的具体年限,从而对一年内到期的长期借款的缺失值进行人为调整。因此,此处的稳健性检验是在现有信息下的一种次优解决方案。

② Z Score 的算法为:$Z = 0.717T_1 + 0.847T_2 + 3.107T_3 + 0.420T_4 + 0.998T_5$。其中 $T_1 =$(流动资产 − 流动负债)/总资产,$T_2 =$ 留存收益/总资产,$T_3 =$ 息税前利润/总资产,$T_4 =$ 所有者权益的市场价值/总负债,$T_5 =$ 销售收入/总资产。

第二，如果企业的治理结构存在较大差异，导致其对发股和选择银行贷款的偏好不同，而不是企业规模在发生作用，那么控制企业治理结构因素后，企业规模的影响会变得不显著。因此可以构建最大股东持股比例的赫芬达尔指数①，在回归中加以控制。控制了上述两个因素后的回归结果如表4.13所示。

表4.13 横截面回归的稳健性检验：控制破产概率和股权结构

	因变量：相对融资3（股权融资/银行融资）			
	控制有形性3	控制盈利性2	控制盈利性3	控制盈利性6
企业规模1	-0.070***	-0.077***	-0.130***	-0.115***
	(0.03)	(0.02)	(0.03)	(0.02)

注：本表是因变量的95%分位点为上界，0为下界的Tobit回归结果。其他控制变量与基本回归相同。用相对融资1和相对融资2做因变量的回归结果类似。OLS的回归结果依然显著。本研究还用总负债与总资产的比例、短期借款与现金的比例、短期借款与现金和应收账款之和的比例、短期借款与流动资产的比例、长短期借款之和与总资产的比例等指标来控制企业破产概率（企业的负债比例越大，破产概率越高）的影响；前三大股东持股比例的赫芬达尔指数衡量股东集中度。如上文方式更换其他控制变量的指标，回归结果依然稳健。受篇幅所限，这些结果不再单独报出。

由表4.13可见，企业规模前面的系数依然显著为负，上述因素并没有改变基准回归结果。同时，由于回归方程中控制了成长性、有形性、盈利性、企业年龄，所以可以排除小企业由于这些因素而不愿从银行融资的可能性。第三，从事实上看，在小企业与银行的博弈中，小企业明显处于被动地位，根据Beck等(2006)的调查，多数小企业认为融资难是企业发展的最大障碍。因此，小企业从银行融资相对比例偏小更有可能是银行融资本身对于小企业的抑制造成的。

---

① 计算方法为 $a_1/\sum a_i^2$。其中 a_1 是最大股东的持股比例，a_i 是第一到第十大股东的持股比例。

其次,IPO 对于所有公司来说只有一次,SEO 也并不像银行借款一样可以根据公司的融资需求及时融资,每次股票市场融资之间有一定的时间间隔限制。这意味着上市年限越长的公司,股票融资占公司上市以来的各类融资总额的比重会越低。从这个意义上说,上市年限会对融资比重产生系统性影响,而不是企业规模在发生作用。本研究在所有回归中控制上市年限及其平方项,另外,在面板数据回归中控制时间哑变量,企业规模前面的系数依然显著且方向不变。这表明,在考虑了上市年限的作用后,企业规模对于融资方式的影响依然显著。

最后,中国政府在不同时期,对不同类型公司的 IPO、SEO 的定价、融资额度、发行市盈率等方面的管制差异很大。如果不同类型、不同时期的公司在规模上存在一定差异,公司的类型和不同的时期就会对融资方式产生系统性影响,而不是企业规模在发挥作用。由于政府的政策多集中在对不同所有制类型的企业进行不同的管制,政府管制也多集中在行业层面(对特殊行业或重要行业进行管制),本研究在回归中控制行业虚拟变量,也控制企业是否属于国企、集体企业、外资企业的虚拟变量,在面板回归中控制时间哑变量,以剔除类型因素和时间因素的影响。关于企业规模的回归结果依然没有本质变化。

综上,实证结果表明,在控制企业自身的特定因素、国家政策、时期差异后,小企业的银行贷款占其总资产的比重更小。相比于股权融资,银行融资对小企业更加抑制。

4.7 本章结论

通过基本回归分析和稳健性检验,本研究发现:企业的规模越小,银行融资占总资产的比重越小,银行融资相对于股权融资的比例越小。换言之,相对于股权融资,银行融资对于小企业的抑制更加严重。以上实证研究结果为中小企业融资困难提供了一个新的解释,即中小企业受到的融资抑制与它们所处环境的金融体系相关。在中国这个银行体系占主导,直接融资相对不发达的国家,中小企业可能会受到更多的金融抑制。

因此,本研究的政策含义是,单纯地发展银行业,或仅仅从银行体系的内部发展金融体系,对于解决中小企业融资难题的作用也许并不显著。拓宽直接融资渠道,进一步发展中小板市场,为中小企业的融资提供更多的便利渠道,具有重要的意义。

本章也为从金融结构的视角诠释经常账户失衡和企业储蓄问题提供了互补性的微观证据。由于小企业在银行融资这一主要的外部融资形式方面受到更显著的抑制,在一个银行主导的国家,小企业面临更大的外部融资困难,从而更多地依赖于留存收益,提高自身储蓄率,进而推动了银行主导国家的高储蓄和经常账户的巨额顺差。

第 5 章

银行集中度、企业储蓄与经常账户失衡

5.1 本章引言

经常账户失衡问题一直是学界关心的热点。一方面,美国和英国等国家经历持续的经常账户逆差,自 20 世纪 90 年代中期以来,两国一直都是逆差国,美国的经常账户赤字占 GDP 的比重最高时达到 6%,而英国的相应比重为 5%;另一方面,德国、日本和中国等国家面临巨额的经常账户顺差,三国经常账户顺差占 GDP 的比重最高时分别达到 7%、5% 和 10%。为什么一些国家经历持续的经常账户顺差,而另一些国家持续逆差?许多学者给出了解释,比如财政赤字导致的双赤字(Backus et al.,2005;Chinn et al.,2005)、人口结构(Henricksen,2005)、汇率扭曲(Mckinnon and Schnabl,2009)等。近年来,从金融的视角理解失衡(Caballero et al.,2008;Mendoza et al.,2009;Ju and Wei,2010)成为一个蓬勃发展的领域。

本章也从金融的视角为经常账户失衡提供一个解释。但与 Caballero 等(2008)、Mendoza 等(2009)、Ju 和 Wei(2010)侧重于金融资产的供给能力、金融发展程度、金融体系的复杂性不同,本章重点关注金融体系的内部结构因素对于经常账户失衡的影响。具体的,本章考察银行业的市

场结构,即银行集中度对经常账户的影响和背后的传导渠道。

一些经验事实启发本章从银行集中度与企业融资和储蓄的角度审视经常账户的失衡问题。由于经常账户等于储蓄与投资的差额,而一国的储蓄与投资可以由家庭部分、企业部门和政府部门来完成,所以本章首先分部门考察各部门的储蓄和投资与经常账户的相关性。如表5.1所示,企业部门的总储蓄与净储蓄都与经常账户差额在1%的显著性水平上正相关。这说明企业部门的储蓄在经常账户的失衡中扮演了重要的角色,促使本章从企业储蓄的视角探求经常账户失衡的微观基础。

表5.1　经常账户余额占GDP的比重与各部门储蓄率的相关系数

	经常账户余额占GDP的比重与下列变量的两两相关系数					
	各部门储蓄率			各部门净储蓄率		
	家庭	企业	政府	家庭	企业	政府
相关系数	0.036	0.232***	0.035	0.035	0.348***	0.360***
观测值个数	605	573	838	575	569	445

注:*** 表示在1%的显著性水平下显著;数据来自联合国国民收入统计数据库所提供的跨国面板数据(1991—2007);企业储蓄的算法为总附加值－员工报酬－生产税和补贴的净值－净利息支付－股利支付－直接税＋净财产收入＋净其他经常转移收入,从上述指标中减去公司部门的资本形成得到公司部门的净储蓄,用公司总储蓄与净储蓄除以GDP得到公司部门的总储蓄率和净储蓄率;家庭储蓄与政府储蓄的算法为从可支配收入中减去消费性支出,净储蓄的算法为从总储蓄中减去固定资本(折旧)的消费;用上述指标除以GDP得到家庭和政府部门的总储蓄率和净储蓄率。

而研究企业的储蓄行为,离不开考察它的融资行为。企业储蓄的动机之一就是在拥有好的项目需要投资但外部融资却受到抑制时,运用自身的储蓄进行融资,以防止丧失优良的投资机会。而企业受到的外部融资抑制程度,与其所处环境的银行业结构有关。银行作为企业资金的重要供给者,它的市场结构,即集中与分散程度,关系到企业的资金可得性和受到的融资抑制的大小(Beck et al.,2004;Agostino and Trivieri,

2010),进而影响企业的储蓄行为。事实上,如果绘出银行集中度①和企业用自身储蓄融资②的比重的散点图(见图5.1),可以看出两者呈明显的正相关关系,即银行集中度越高,企业储蓄越大。

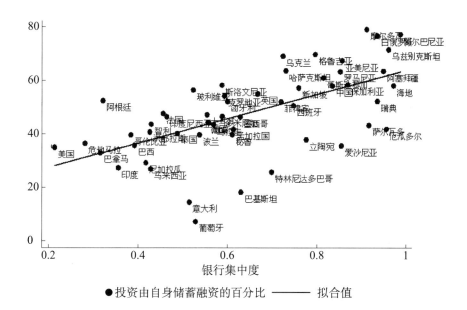

图5.1 银行集中度与企业储蓄

那么,上述分析逻辑是否得到了数据的实证支持?银行集中度是否通过系统性地影响企业的融资和储蓄行为对经常账户的失衡产生影响?本章对上述问题进行了回答。

本章的实证研究分三步展开。首先,运用56个国家1990—2007年

---

① 用前三大银行的总资产占所有商业银行总资产的比重来衡量。由于银行集中度是个慢变量,所以取调查进行年份(1999年)的前五年(即1995—1999年)的平均值来反映银行集中度的平均影响。只用1999年的银行集中度的散点图类似,不再列出。

② 由于本章将企业的融资和储蓄行为放在一个框架下加以考察,并且关注大小企业的异质性,所以主要采用企业调查数据进行考察,而不再使用国民储蓄分解中的宏观的企业储蓄率。

的非平衡面板数据,本章的实证研究发现,一国的银行集中度越高,经常账户的顺差越大(或逆差越小)。其次,运用世界银行的企业调查数据,本章发现,银行集中度越高,企业投资由留存收益融资的比重越大。如果将留存收益理解成企业储蓄的代理变量,高银行集中度的国家,企业储蓄越大。最后,本章探索了银行集中度与企业银行融资的关系,发现银行集中度越高的国家,企业银行融资所占的比重越小,也即在这样的国家中,企业受到更大的外部融资抑制,从而为企业提高自身储蓄,进而推动经常账户的顺差提供了微观基础。

本章的结构安排如下。第二部分在系统梳理相关文献的基础上,指明本章的意义和贡献。第三部分介绍数据来源、关键变量的构建方法和实证策略。第四部分展现基本实证结果。第五部分进行稳健性检验,并对结果进行讨论。第六部分是结论及启示。

5.2 文献综述

传统上,对于经常账户失衡成因的研究主要集中在以下几个角度。"双赤字说"(Backus et al.,2005;Chinn et al.,2005)认为,政府巨额的财政赤字导致了一国经常账户的赤字。但是政府的消费只占经济体中很小的一部分,并不一定对经常账户状况产生显著的影响。人口年龄结构派(Henriksen,2005)的侧重点在于人们的消费和储蓄的一生规划对于经常账户失衡的影响。该派观点认为,若一个经济体的抚养比很高,则更易经历经常账户的逆差,这是因为人在年少和年老阶段以消费为主,储蓄很少。但是,德国和日本的抚养比高于美国,却经历着持续的经常账户顺差,而美国经历着持久的经常账户逆差。汇率操纵说(Mckinnon and Schnabl,2009)强调汇率的人为扭曲对于经常账户的影响。该观点认为,汇率的人为低估带来了经常账户的顺差。但是,德国和日本都曾经历实际有效汇率的快速升值,可是顺差依旧。

近年来,从金融发展的视角解释经常账户的失衡成为蓬勃发展的领域。① Caballero 等(2008)指出,世界上不同国家产生金融资产的能力不同,资本的不同流向可由这种资产供给能力的差异加以解释。Mendoza 等(2009)的理论模型表明,各国经常账户的失衡可以由各国金融发展水平的差异所引发,金融发展水平越高的国家,越会积累大量的债务,经历经常账户的逆差。Ju 和 Wei(2010)在一个两国模型中分析了金融发展对资本流动和经常账户失衡的影响,得到金融发展水平较高的国家进口金融资本,出口 FDI,而金融发展落后的国家的资本流向相反的结论。但在他们的模型中,一国的金融体系的复杂程度并不一定产生经常账户的逆差。

国内文献也逐渐关注金融因素对于全球失衡的影响。祝丹涛(2008)指出,金融体系效率的国别差异是全球经济失衡的结构性原因。金融体系效率高的国家向金融体系效率低的国家输出"金融中介"功能,前者经历经常项目的逆差,输入资本,而后者则相反。金融体系的低效率导致中国的储蓄转化为投资的能力差,经常项目盈余。雷达和赵勇(2009)以美国和中国在全球分工中的地位为基础,从中美两国金融发展

---

① 从国际产业分工的视角理解经常账户失衡也是一个新兴的热点领域,由于本章主要关注金融因素对于失衡的影响,对于这支文献不再展开综述。

的角度对中美经济失衡的性质及调整方式进行了分析。他们认为,中美经济失衡既反映了实体经济领域国际分工的格局,也反映了中美两国在虚拟经济领域利益分配和风险分散职能的较大差异。徐建炜和姚洋(2010)通过构建金融市场—制造业比较优势指标,运用1990—2005年45个国家的面板数据,发现以金融服务为比较优势的经济体更易经历经常账户的逆差,而以制造业为比较优势的经济体更易经历经常账户的顺差。陆建明和杨珍增(2011)指出,金融发展的差异会使得金融发展程度较高的国家在产品创新环节上具有比较优势,而金融发展程度较低的国家则在生产环节上具有比较优势。当国际商品流动或资本流动完全自由时,经常项目会保持平衡;但是,当国际资本的流动存在障碍时,这种国际分工就会引发经常账户的失衡。

上述文献的视角都集中在金融发展对于经常账户失衡的影响,关注的是总量因素,而忽视了金融体系内部的结构性因素。本章在控制金融发展因素的基础上,重点关注银行集中度这一结构性因素对于经常账户失衡的影响,是对上述文献的丰富和发展。

另一支与本章相关的文献从企业储蓄的视角解释全球失衡。比如Bachetta和Benhima(2010)构建理论模型,证明高增长与高投资的国家拥有更高的企业储蓄率和对外国资产的需求,经历资本流出和经常账户的顺差。Sandri(2010)从预防性储蓄的角度构建了企业储蓄与失衡的关系。丧失已投资资本的风险无法被有效分散,使得企业家们依靠自有融资。当面临较多的商业机会时,储蓄比投资增长得更多,以积累预防性资产。Song等(2011)从企业储蓄的视角解释了中国的贸易失衡。拥有更高生产率的企业由于金融市场不完善,只有依靠内部储蓄来为投资融资,国有企业的生产率低,它们能够生存下来在于其更易在信贷市场获得融资。高生产率企业的储蓄足够高时,其比低生产率企业成长得更快。随着拥有融资优势的低生产率企业的萎缩,国内的储蓄需要被投资到国外,从而产生贸易盈余。以上文献并没有涉及银行业的内部结构问题,也没有提供经验证据,本章在上述方面进行了扩展。

在对银行集中度对于经常账户影响的传导渠道的分析上,本章借鉴了 Beck 等(2004)与 Agostino 和 Trivieri(2010)的研究。Beck 等(2004)检验了银行集中度对企业融资障碍和信贷可及性的影响,发现高银行集中度增加了企业获得融资的难度。Agostino 和 Trivieri(2010)提供了银行竞争程度越高,中小企业信贷状况越好的证据。但与上述文献不同,本章的侧重点在于研究银行市场结构对于企业留存收益融资(代理企业储蓄)和外部银行融资的影响,进而为经常账户失衡这一宏观现象提供微观基础和企业层面的证据。

本章对于企业层面的留存收益融资和银行融资行为的研究,主要借鉴了融资方式选择的实证文献(Rajan and Zingales,1995;Booth et al.,2001)。上述文献的样本是上市公司,难以覆盖广大的中小企业。而中小企业与大企业相比,受到的融资抑制更加严重,研究企业的储蓄和融资行为,不能不关注数量众多的中小企业。所以与上述文献不同,本章主要采用世界银行的调查数据来研究企业的融资行为。另外,由于各国会计准则的不同,从财务报表上得到的指标难以进行大范围的跨国比较,也并不是对融资方式最直接的衡量,所以这些文献关注的国家数目较少。而调查问卷中直接问及企业的投资中各个融资来源占据了多大的比重,是对融资方式最直接的衡量,而且不受会计准则不同难以跨国比较的限制,因此,从样本覆盖国家的广泛性和指标的准确性上,本章的研究是对上述文献的丰富。本章对上述文献的另一个补充是区分了企业的异质性。在全样本回归中,银行集中度对于大小企业的作用方向可能正负相抵,得不到显著的结果,而区分企业的异质性,可以更加清晰地了解背后的传导渠道。

5.3 数据与方法

在对经常账户余额的回归分析中,本研究的时间跨度为1990—2007年。起始点的选择是因为可以得到1990年之后的比较可靠的银行集中度的跨国数据,而终点的选择是为了避开金融危机的影响。金融危机后,各国的经常账户余额发生了一些结构性的变化,而仔细探讨金融危机对经常账户余额的影响并不是本章关注的内容,所以将时间区间限制在危机发生前的2007年。回归分析中,被解释变量是经常账户余额占GDP的比重CA。由于经常账户的演变是一个动态过程,而且考虑到一些政策因素的影响难以被全面控制,本章采用动态面板模型和GMM估计方法以应对可能存在的遗漏变量问题。计量模型设定为:

$$CA_{it} = \gamma CA_{it-1} + \alpha BC_{it} + \beta X_{it} + \alpha_i + \eta_t + \varepsilon_{it} \tag{5.1}$$

式(5.1)中,核心变量是银行集中度BC。沿用Beck等(2004)对于银行集中度的衡量方法,采用一国最大的三家银行的资产之和占全部商业银行资产之和的比重度量银行集中度,数据来自BankScope数据库。X是控制变量。

结合文献综述部分所回顾的经常账户的可能影响因素及Chinn和

Prasad(2003)的研究,在有关经常账户的回归中,本章所采用的控制变量如下。

本章控制政府财政赤字占 GDP 的比重、实际有效汇率、老年人的人口抚养比(65 岁以上人口与 15—65 岁人口之比)、年轻人的人口抚养比(15 岁以下人口与 15—65 岁人口之比)以剔除双赤字说等传统因素对于经常账户的影响。控制金融发展(私人信贷总量占 GDP 的比重与证券市场总市值占 GDP 的比重之和)和金融深化(M2 占 GDP 的比重),以分离金融体系的规模因素对于经常账户的影响。另外,加入人均收入及其平方项以反映经常账户随经济发展水平的非线性变化,用进出口总额占 GDP 的比重分离经济开放程度对于经常账户的影响。考虑到各国资本管制程度的不同,采用 Chinn 和 Ito(2008)的金融开放指数控制资本管制的影响。另外,本章控制外国净资产占 GDP 的比重,来反映存量因素对于经常账户余额的影响。所有回归控制个体和时间的双向固定效应。金融发展指标的数据来自 Beck 等(1999),而其他变量的原始数据来自世界银行的世界发展指数(WDI)。

在对企业融资方式的回归分析中,本章采用的数据是世界银行的跨国企业调查数据 WBES。世界银行在 1999 年进行过一次全球范围[①]的

---

① 这些国家包括亚美尼亚、阿塞拜疆、白俄罗斯、保加利亚、克罗地亚、捷克、爱沙尼亚、格鲁吉亚、匈牙利、哈萨克斯坦、塔吉克斯坦、立陶宛、摩尔多瓦、波兰、罗马尼亚、俄罗斯、斯洛伐克、斯洛文尼亚、乌克兰、乌兹别克斯坦、阿尔巴尼亚、土耳其、玻利维亚、哥伦比亚、哥斯达黎加、多米尼加、厄瓜多尔、萨尔瓦多、危地马拉、海地、洪都拉斯、墨西哥、尼加拉瓜、巴拿马、秘鲁、特林尼达多巴哥、乌拉圭、委内瑞拉、中国、巴基斯坦、马来西亚、印尼、新加坡、菲律宾、博茨瓦纳、喀麦隆、科特迪瓦、埃塞俄比亚、加纳、肯尼亚、马达加斯加、马拉维、纳米比亚、尼日利亚、塞内加尔、南非、坦桑尼亚、乌干达、赞比亚、津巴布韦、英国、法国、德国、西班牙、葡萄牙、意大利、瑞典、阿根廷、巴西、加拿大、智利、美国、伯利兹、孟加拉国、波斯尼亚、印度、泰国、柬埔寨、埃及、突尼斯。

企业调查，该项调查直接问及企业的投资中有多大比例从银行贷款而得，多大比例从留存收益而得，这是对企业融资方式的一个直接刻画。并且，这项调查广泛涉及只有5—50个雇员的小企业[①]，是为数不多的广泛覆盖小企业的调查。

由于从各种来源融资的比例被限制在0—100，所以，企业层面的分析采用Tobit模型。作为稳健性检验，本章也尝试了OLS回归，结论没有本质变化。由于银行集中度的变化比较缓慢，参照Beck等(2004)的做法，企业层面的回归主要用各国银行集中度在1995—1999年的平均值来刻画它。作为稳健性检验，本章也将银行集中度1999年的水平值放入回归中，结论没有本质变化。

在企业层面的回归中，计量模型假定为：

$$y_i = \beta_0 + \beta_1 \times \text{concentration}_i + \beta_2 F_i + \beta_3 I_i + \beta_4 M_i + \varepsilon_i \quad (5.2)$$

式中，被解释变量 y 是企业投资中留存收益融资和银行融资的比重；concentration表示银行集中度，它前面的符号是本章关注的主要内容；F 代表企业层面的控制变量，主要反映传统文献中企业自身特性对其融资方式选择的影响。参考Beck等(2004)的设定，FV包括上期企业销售收入的对数值(考虑到融资和企业规模可能存在反向因果关系，本章将反映企业规模的变量销售收入滞后一期[②])、企业竞争者的个数、企业投资增长率、企业的年龄及其平方项、企业是否从事制造业、是否从事服务业、是否政府所有、是否出口、是否是外资企业的虚拟变量。由于调查问

[①] 样本中，这种小企业的比重占到40.5%。
[②] 问卷中有一个问题是问企业当期的销售收入和当期销售收入的成长率是多大，从而可以推算出企业上期的销售收入。

卷中没有涉及企业的有形资产比重、利润率、破产概率等资本结构文献中(Rajan and Zingales,1995;Booth et al.,2001)通常控制的指标(这也是使用问卷数据的一个不足之处),基本回归可能面临遗漏变量问题,所以在标准误的计算上,使用聚类稳健标准误(clustered robust standard errors),以允许同一个国家内的企业的误差项任意相关。在稳健性检验部分,本章也用了工具变量估计方法,以减弱遗漏变量导致的估计的非一致问题。

I 代表制度层面的控制变量。以往的文献(La Porta et al.,1997)强调了制度因素对于企业融资行为的重要影响,幸运的是,问卷中涉及企业对所处环境的总体法制约束和腐败程度的主观评价(1—4的指数,1代表没有约束,4代表约束很大)。本章对这两个变量加以控制,主要反映法制和政治环境对企业融资行为的影响。

M 代表宏观经济因素,用以分离总体宏观环境对于企业融资行为的影响。参照Beck等(2004)的做法,M 包括金融发展(私人信贷总量占GDP的比重与证券市场总市值占GDP的比重之和)、人均GDP的对数值、通货膨胀率、经济增长率。

各主要变量的描述性统计结果如表5.2所示。

表5.2 主要变量的描述性统计

变量	均值	标准差	最小值	最大值
经常账户余额占GDP的比重	-0.51	6.80	-27.16	32.54
银行集中度	0.65	0.19	0.15	1.00
金融发展	1.21	0.91	0.06	4.71
实际有效汇率的对数值	4.60	0.14	4.01	5.06
政府财政余额占GDP的比重	-2.02	4.32	-21.65	20.99

(续表)

变量	均值	标准差	最小值	最大值
老年人抚养比	16.34	7.46	3.73	31.90
年轻人抚养比	39.88	19.26	19.39	103.49
人均GDP的对数	8.86	1.50	5.31	11.19
人均GDP对数的平方	80.82	25.51	28.24	125.17
M2占GDP的比重	59.88	35.13	6.02	208.97
资本管制指数	1.12	1.52	−1.83	2.50
外国净资产占GDP的比重	−27.26	53.65	−274.58	190.48
通胀率	14.67	42.33	−8.53	293.68
企业投资中留存收益融资的比重	48.82	39.39	0	100
企业投资中银行融资的比重	15.85	25.30	0	100
上期销售收入的对数	−10.75	8.04	−23.03	5.30

5.4 实证结果

5.4.1 银行集中度与经常账户失衡

本章首先考察银行集中度对经常账户失衡的影响。为与Chinn和Prasad(2003)等已有文献进行对比,同时考虑到样本的时间跨度较短,首先取3年平均,进行最小二乘(OLS)与固定效应(FE)回归,所得结果如表5.3所示。

由表5.3可知,银行集中度仅在全样本的固定效应估计中显著为正,但在所有回归中,银行集中度前面的符号都为正,保持稳健,即银行集中度越高,经常账户余额占GDP的比重越大(顺差越大或逆差越小)。

OLS估计无法控制不可观测因素,估计结果通常不一致,而FE估计忽略了经常账户的动态演进过程,当经常账户的滞后项显著时,所得结

表5.3 银行集中度与经常账户余额：OLS与固定效应回归结果

因变量：经常账户余额占GDP的比重

	全样本				排除金融中心样本			
	OLS		FE		OLS		FE	
银行集中度	1.591	1.720	4.299*	4.264*	1.105	1.732	3.089	3.931
	(2.45)	(2.57)	(2.25)	(2.41)	(4.22)	(4.60)	(2.50)	(2.77)
金融发展	1.054	0.399	-3.393***	-4.728***	-4.542**	-4.700*	-4.205***	-5.025***
	(0.70)	(0.82)	(1.26)	(1.43)	(2.37)	(2.40)	(1.39)	(1.76)
实际有效汇率的对数值	-3.561	-3.713	-15.020***	-14.230***	-11.300**	-11.800**	-15.080***	-14.270***
	(4.37)	(4.23)	(4.39)	(4.09)	(5.41)	(5.60)	(4.29)	(4.12)
政府财政余额占GDP的比重	0.499***	0.496***	0.408**	0.475***	0.524*	0.501*	0.484***	0.492***
	(0.14)	(0.17)	(0.18)	(0.15)	(0.28)	(0.27)	(0.17)	(0.16)
老年人抚养比	-0.474***	-0.430**	-0.556*	-0.543**	-1.389**	-1.194***	-1.171***	-0.970***
	(0.17)	(0.20)	(0.31)	(0.29)	(0.53)	(0.42)	(0.43)	(0.35)
年轻人抚养比	-0.092	-0.081	-0.019	-0.013	-0.118	-0.110	0.001	0.041
	(0.06)	(0.08)	(0.26)	(0.23)	(0.29)	(0.27)	(0.25)	(0.24)
人均GDP对数	-7.060*	-8.736*	7.090	9.787	3.735	3.154	6.353	9.459
	(4.79)	(5.11)	(12.92)	(12.56)	(13.14)	(13.25)	(12.68)	(12.61)
人均GDP对数的平方	0.496*	0.584*	-0.275	-0.326	-0.252	-0.139	-0.204	-0.316
	(0.30)	(0.31)	(0.73)	(0.70)	(0.88)	(0.89)	(0.72)	(0.71)
金融深化（M2占比GDP）	0.0113**	0.0340	-0.0260	-0.0350	-0.0943*	-0.1030**	-0.0434**	-0.0430
	(0.01)	(0.02)	(0.02)	(0.03)	(0.05)	(0.06)	(0.02)	(0.04)
进出口总额占GDP的比重		-0.624***		0.739***		-0.874		0.755***
		(0.19)		(0.27)		(0.98)		(0.27)
资本管制指数		-0.276		-1.273**		-0.919		-1.167**
		(0.43)		(0.56)		(0.70)		(0.55)
观测值个数	205	198	205	198	172	170	172	170
R^2	0.389	0.355	0.341	0.404	0.511	0.529	0.402	0.435

注：括号中的数值是稳健标准误；*、**、***分别表示在10%、5%和1%的显著性水平下显著；FE估计控制个体与时间双向固定效应。

果也不一致,更合适的模型应为动态面板模型。下面采用动态面板模型进行回归分析。

基于式(5.1)的基本回归结果如表5.4所示。表5.4中的金融发展用私人信贷总量占GDP的比重与证券市场总市值占GDP的比重之和来衡量。如果分别控制私人信贷总量和证券市场总市值占GDP的比重,结论没有本质变化。

表5.4 银行集中度与经常账户余额:动态面板回归结果

	被解释变量:经常账户余额占GDP的比重					
	所有国家			排除属于金融中心的国家		
经常账户余额占GDP比重的一期滞后	0.488***	0.486***	0.421***	0.507***	0.491***	0.430***
	(0.06)	(0.07)	(0.07)	(0.06)	(0.07)	(0.08)
银行集中度	3.631**	3.172**	2.854*	3.153*	3.243*	2.911*
	(1.59)	(1.59)	(1.49)	(1.72)	(1.77)	(1.64)
金融发展	−3.183***	−3.372***	−1.921*	−2.822***	−3.598***	−1.555
	(0.85)	(0.92)	(1.12)	(0.99)	(1.21)	(1.56)
实际有效汇率的对数值	−14.83***	−14.85***	−14.68***	−15.22***	−14.90***	−14.77***
	(3.11)	(2.90)	(2.36)	(2.88)	(2.88)	(2.36)
政府财政余额占GDP比重	0.430***	0.432***	0.337***	0.442***	0.447***	0.328***
	(0.10)	(0.10)	(0.09)	(0.10)	(0.11)	(0.10)
老年人抚养比	−0.049	−0.124	−0.079	−0.202	−0.290	−0.030
	(0.31)	(0.28)	(0.26)	(0.44)	(0.38)	(0.38)
年轻人抚养比	0.188	0.179	0.029	0.214	0.244	0.081
	(0.17)	(0.16)	(0.13)	(0.18)	(0.17)	(0.14)
人均GDP的对数	8.045	10.620	0.893	8.909	10.790	0.609
	(8.36)	(9.00)	(8.15)	(8.18)	(8.91)	(8.29)
人均GDP对数的平方	−0.355	−0.461	0.005	−0.374	−0.471	0.004
	(0.48)	(0.52)	(0.49)	(0.50)	(0.53)	(0.51)
金融深化(M2占GDP的比重)	−0.012	−0.023	−0.024	−0.027	−0.033	−0.042
	(0.02)	(0.04)	(0.04)	(0.02)	(0.05)	(0.05)

（续表）

	被解释变量:经常账户余额占 GDP 的比重					
	所有国家			排除属于金融中心的国家		
进出口总额占 GDP 的比重	0.180	0.458*		0.136	0.428*	
	(0.20)	(0.26)		(0.20)	(0.26)	
资本管制指数	−0.907*	−0.565		−0.900*	−0.549	
	(0.50)	(0.43)		(0.50)	(0.41)	
人均GDP的增长率			3.559			3.815
			(2.32)			(2.53)
外国净资产占 GDP 的比重			0.053***			0.054**
			(0.02)			(0.02)
常数项	19.06	8.05	60.37*	16.39	6.21	60.26*
	(39.48)	(41.98)	(34.54)	(38.77)	(42.07)	(34.05)
观测值个数	614	591	591	520	512	512
一阶序列相关统计量	−3.79***	−3.89***	−3.90***	−3.92***	−3.97***	−4.00***
二阶序列相关统计量	−1.60	−1.56	−1.53	−1.55	−1.63	−1.49

注:这里列示的是 GMM 方法对动态面板模型的差分方程进行估计的结果;工具变量为滞后一阶的解释变量;对系统方程的两步法调整标准误的估计结果没有本质变化;表 5.4 的最后两行给出一阶和二阶序列相关统计量,*** 表示在 1% 的显著性水平下拒绝序列相关为 0 的零假设;括号中的数值是稳健标准误;*、**、*** 分别表示在 10%、5% 和 1% 的显著性水平下显著;由于在稳健标准误下无法计算过度识别的 Sargan 检验,表中没有列出 Sargan 检验的结果;但是,在表中所列的各种设定下,通常标准误下的 Sargan 检验不能拒绝没有过度识别的零假设;Hansen 检验的结果不能拒绝没有过度识别的零假设。

表 5.4 的前三列给出了全样本的回归结果,第一列控制在文献综述部分所列的基本控制变量,第二列在此基础上加入反映开放程度的变量,第三列在第二列的基础上加入经济增长率和外国净资产占 GDP 的比重。在所有回归中,经常账户余额占比的滞后项始终高度显著,表明动态面板模型具有一定的合理性。由前三列可见,无论如何选取控制变量,银行集中度对于经常账户余额占 GDP 的比重存在显著影响,银行集中度越高,经常账户顺差占 GDP 的比重越大(逆差的占比越小)。

其他显著变量的符号也比较符合预期,与以往文献的结果相互印证。与 Mendoza 等(2009)的结论类似,金融发展水平越高的国家,经常账户的顺差占 GDP 的比重越小(逆差的占比越大)。实际有效汇率的升值显著减少了经常账户顺差,而财政赤字对于经常账户的逆差存在显著的推波助澜效果。开放度与资本管制程度在个别回归中显著,但表现得并不稳健,而外国净资产的持有比重对经常账户余额比重有显著的正向影响。其他因素,如抚养比、经济发展水平和经济增长率、金融深化等,在控制了上述变量的基础上并不显著。

在 Caballero 等(2008)的框架下,美国等金融中心国家具有发达的金融体系和较高的金融资产供给能力,充当着世界性银行的角色,向其他国家提供金融资产,从而经历较大的资本项目顺差和经常项目逆差。而美国等金融中心国家的银行集中度又很低[1],因此,难以确定是金融中心的影响还是银行业内部结构的影响发挥了作用。为了考察关于银行集中度的结果是否是由金融中心效应所驱动,本章将样本中拥有金融中心的国家[2]排除,重新进行相应的回归分析,所得结果列于表 5.4 的后三列。

由上述三列可见,排除金融中心后,银行集中度对于经常账户的影响不仅依然显著存在,而且影响程度上没有多大的变化,而金融发展在第六列的回归中变得不再显著。这说明,银行业的内部结构对于经常账户的影响表现得比较稳健,传统的侧重于金融体系总体规模的金融发展变量,并不能完全刻画金融因素对于经常账户失衡的影响。

---

[1] 1991—2007 年,美国最大的三家银行的资产之和占全部商业银行资产之和的比重在 0.20 和 0.34 之间波动,小于全样本的 5% 分位数。

[2] 研究样本中,美国、英国、德国、日本、新加坡、瑞士拥有金融中心。

其他变量对于经常账户的影响在排除金融中心后没有本质的变化。因此,考虑了金融中心效应的潜在威胁后,银行集中度对于经常账户失衡的影响依然显著。

5.4.2 银行集中度与企业储蓄

前面的实证结果表明,银行集中度越高,经常账户的顺差越大。那么其传导机制是什么呢？事实上,由表5.1可知,企业层面的总储蓄与净储蓄都与经常账户的差额显著正相关,这启发本章从企业的储蓄行为理解经常账户失衡。由于问卷中直接涉及企业的投资中有多大比例从留存收益融资,而留存收益可以近似理解为企业储蓄,所以下面的分析中用这一比例指代企业储蓄。① 由于金融环境对于大小企业的影响可能是存在差别的,并且大小企业面临的融资约束可能有所差异,如果只分析银行集中度对于所有企业储蓄行为的影响,可能出现对大小企业的影响相互抵消的状况。因此,本研究分样本考察银行集中度的影响。

银行集中度如何影响微观企业的储蓄行为？表5.5给出了以留存收益为被解释变量,假定模型(5.2)下的回归结果。

表5.5的前两列是全样本的回归结果。第二列保留第一列回归中的显著变量,以排除关键系数的显著性是由冗余变量所致。类似的,表5.5的中间两列和最后两列分别给出了基于中小企业样本和大企业样本的回归结果。

---

① 企业之所以留存一部分收益而不把它们分掉,是为了应对投资的需求。企业投资中使用留存收益的份额越大,企业的储蓄也必须越多,否则无法满足投资需求。反之,由于持有留存收益是有机会成本的,所以企业的储蓄越多,投资中使用留存收益的份额应该越大。

表 5.5　银行集中度与企业储蓄:基于所有国家的基本回归结果

	因变量:企业投资中留存收益融资的比重					
	全样本		中小企业样本		大企业样本	
银行集中度	39.12***	57.55***	42.83**	62.47***	23.89*	38.92**
	(15.10)	(15.62)	(16.88)	(16.87)	(14.46)	(15.49)
金融发展	7.154		8.039		1.510	
	(6.41)		(7.42)		(5.94)	
人均GDP的对数	0.369		-0.707		3.879	
	(3.83)		(4.52)		(3.00)	
通胀率	0.152	0.094***	0.154	0.086**	0.142	0.146***
	(0.20)	(0.03)	(0.23)	(0.03)	(0.18)	(0.05)
GDP增长率	0.001		0.008		0.017	
	(0.26)		(0.32)		(0.17)	
上期销售收入的对数	-1.113**	-1.183***	-1.064	-1.110***	-1.096*	-1.320**
	(0.56)	(0.41)	(0.66)	(0.42)	(0.62)	(0.56)
竞争者个数	-7.115	-2.508	-4.626	1.201	-13.470	-15.080**
	(5.87)	(4.89)	(7.12)	(5.85)	(9.88)	(7.66)
法制约束	1.551		2.963		-4.592	
	(1.72)		(1.82)		(3.54)	
腐败约束	-1.027		-2.265		3.598	
	(1.54)		(1.81)		(2.92)	
制造业(虚拟变量)	-2.143		-3.160		0.336	
	(5.82)		(6.06)		(9.32)	
服务业(虚拟变量)	-4.739		-6.234		0.725	
	(4.53)		(4.94)		(7.73)	
政府所有(虚拟变量)	-3.025	-4.348	-1.102	-0.080	-7.638	-13.72*
	(5.11)	(4.87)	(6.49)	(5.74)	(8.25)	(8.22)
外资(虚拟变量)	3.901	4.571	7.816*	8.968***	-1.748	-3.070
	(3.37)	(2.79)	(4.12)	(3.13)	(6.48)	(5.77)
出口(虚拟变量)	-6.758**	-7.206***	-5.353	-6.598*	-9.270	-7.126
	(2.89)	(2.58)	(3.67)	(3.40)	(6.52)	(5.98)

(续表)

	因变量:企业投资中留存收益融资的比重					
	全样本		中小企业样本		大企业样本	
常数项	6.018	1.909	9.942	-4.108	-0.752	22.960**
	(30.59)	(10.57)	(39.03)	(12.20)	(28.06)	(10.10)
观察值个数	2 828	4 130	2 235	3 385	593	745

注:本表是 Tobit 模型估计结果;OLS 的估计结果对于银行集中度而言,在方向和显著性上没有变化。参考 Beck 等(2004)的做法,这里的银行集中度使用的是 1995—1999 年的平均值,若使用 1999 年的水平值,结论没有本质的变化。回归分析中也尝试控制了企业的年龄及平方项、投资的增长率等变量,由于始终都不显著,所以不再列示有关它们的结果。这里用私人信贷总额占 GDP 的比重与证券市场总市值占 GDP 的比重之和衡量金融发展,如果分别控制私人信贷总额占 GDP 的比重和证券市场总市值占 GDP 的比重,结论没有本质变化。标准误在国家层面聚类(clustered by countries)。括号中的数值是稳健标准误。*、** 和 *** 表示在 10%、5% 和 1% 的显著性水平上显著。

由表 5.5 可见,无论是基于全样本、大企业样本还是中小企业样本,银行集中度对于企业储蓄的影响都是显著为正,即银行集中度越高,企业储蓄越大。但从影响程度来看,银行集中度对于中小企业的影响比大企业更大,前者的影响约为后者的两倍。银行集中度每上升一个百分点,小企业需要进行更多的储蓄。从显著性上看,也是小企业样本的显著性更高。

值得注意的是,强调金融部门总规模的传统的金融发展指标,并不显著。而反映企业规模的变量在大部分假定下显著为负,说明企业规模越大,储蓄越小。这也印证了小企业面临更大的融资约束,需要更多地依赖于自身储蓄进行融资。

类似于经常账户的分析思路,下面考察银行集中度对于企业储蓄的影响是否由金融中心效应所驱动。排除拥有金融中心国家后的回归结果如表 5.6 所示。

表5.6 银行集中度与企业储蓄:排除拥有金融中心国家的基本回归结果

	因变量:企业投资中留存收益融资的比重					
	全样本		中小企业样本		大企业样本	
银行集中度	38.68**	58.22***	43.78**	63.86***	19.81	38.45**
	(17.09)	(16.30)	(18.94)	(17.62)	(15.96)	(16.16)
金融发展	-2.913		-2.372		-5.523	
	(5.97)		(6.54)		(9.30)	
人均GDP的对数	-0.652		-2.043		4.237	
	(4.18)		(4.85)		(3.48)	
通胀率	0.136	0.098***	0.137	0.089***	0.147	0.150***
	(0.20)	(0.03)	(0.22)	(0.03)	(0.17)	(0.05)
GDP增长率	0.075		0.078		0.130	
	(0.26)		(0.33)		(0.16)	
上期销售收入的对数	-1.166**	-1.345***	-1.072	-1.250***	-1.310**	-1.551***
	(0.57)	(0.42)	(0.68)	(0.44)	(0.64)	(0.57)
竞争者个数	-9.754*	-2.705	-7.292	1.478	-15.800	-16.610**
	(5.87)	(5.30)	(7.15)	(6.31)	(10.23)	(7.78)
法制约束	1.167		2.593		-4.593	
	(1.80)		(1.92)		(3.77)	
腐败约束	-1.271		-2.616		3.781	
	(1.55)		(1.81)		(3.14)	
制造业(虚拟变量)	0.645		-1.005		3.904	
	(6.74)		(7.01)		(10.25)	
服务业(虚拟变量)	-1.704		-3.449		2.760	
	(5.08)		(5.53)		(8.53)	
政府所有(虚拟变量)	-3.381	-4.747	-0.714	0.237	-9.798	-15.940*
	(5.11)	(4.99)	(6.41)	(5.85)	(8.80)	(8.47)
外资(虚拟变量)	3.724	4.747	6.213	8.224**	0.167	-1.66
	(3.65)	(2.93)	(4.47)	(3.37)	(6.94)	(6.03)
出口(虚拟变量)	-6.312**	-7.309***	-4.900	-7.029**	-8.967	-6.348
	(3.15)	(2.74)	(4.06)	(3.58)	(7.03)	(6.16)
常数项	21.060	-1.359	27.790	-7.887	0.232	20.88**
	(33.30)	(11.19)	(42.28)	(12.95)	(31.94)	(10.45)
观察值个数	2603	3897	2058	3200	545	696

注:研究样本中,美国、英国、德国、新加坡拥有金融中心,在这里将它们排除;其他说明同表5.5。

由表 5.6 可见,排除金融中心的影响后,银行集中度对于企业储蓄的影响依然显著存在。并且,从影响程度与显著性水平上来看,这种影响对于小企业更加明显,在第六列中,基于大企业的回归结果甚至变得不再显著。在三个样本中,金融发展前面的系数依然不显著。

综上,银行集中度越高,企业的储蓄越大,银行集中度对于小企业的影响尤为明显。

5.4.3 银行集中度与银行融资

为什么银行集中度越高,企业的储蓄越高呢?这是否与银行集中度越高的国家,企业受到更多的外部融资抑制有关?从理论上讲,银行业的竞争程度对于企业获得的信贷总量的影响是不确定的。一方面,Petersen 和 Rajan(1995)指出,银行集中度越高,银行更容易将帮助企业所得的好处内化,更容易进行收益的平滑。它们可以给面临较强信贷约束的企业贷款,以期这些企业发展壮大后收取更高的租金以弥补前期的损失。另一方面,银行集中度越高,银行的垄断力量越强,索要的利率越高,增加了融资成本,不利于企业,尤其是中小企业获得融资。因此,需要进行实证检验,考察哪一种因素发挥了主要力量。

表 5.7 给出了以企业投资中由银行融资的比重为被解释变量,假定模型(5.2)下的回归结果。

表 5.7 银行集中度与银行融资:基本回归结果

	因变量:企业投资中银行融资的比重					
	所有国家			排除拥有金融中心的国家		
银行集中度	−19.26*	−35.13***	−25.24**	−21.11*	−37.96***	−28.49**
	(11.64)	(13.10)	(12.52)	(12.95)	(14.05)	(13.62)

（续表）

	因变量:企业投资中银行融资的比重					
	所有国家			排除拥有金融中心的国家		
银行集中度×中小企业			−11.88*** (4.43)			−11.38** (4.79)
金融发展	−4.053 (3.53)			−3.996 (4.78)		
人均GDP的对数	0.781 (2.04)	2.684 (1.82)	2.985* (1.81)	0.779 (2.16)	3.601* (2.14)	3.891* (2.13)
通胀率	−0.139 (0.17)	−0.001 (0.03)	−0.001 (0.03)	−0.130 (0.17)	0.004 (0.03)	0.004 (0.03)
GDP增长率	−0.010 (0.25)	−0.062 (0.23)	−0.061 (0.22)	0.013 (0.27)	−0.046 (0.24)	−0.045 (0.23)
上期销售收入的对数	0.464* (0.28)	0.701*** (0.25)	0.574** (0.25)	0.441 (0.30)	0.709*** (0.27)	0.589** (0.27)
竞争者个数	−2.202 (4.46)	−1.288 (4.33)	−1.176 (4.36)	−2.885 (4.74)	−1.605 (4.52)	−1.501 (4.55)
法制约束	−0.055 (1.27)	0.224 (1.23)	0.164 (1.24)	−0.002 (1.33)	0.122 (1.30)	0.054 (1.31)
腐败约束	0.415 (1.20)	1.337 (1.18)	1.446 (1.17)	0.607 (1.29)	1.534 (1.25)	1.636 (1.24)
制造业（虚拟变量）	8.216** (3.71)	8.147** (3.46)	8.114** (3.47)	7.796* (4.08)	7.699** (3.80)	7.614** (3.81)
服务业（虚拟变量）	4.471 (3.22)	4.773 (3.24)	5.373* (3.19)	4.781 (3.59)	4.891 (3.63)	5.521 (3.58)
政府所有（虚拟变量）	−6.667 (4.17)	−3.976 (3.68)	−5.559 (3.67)	−6.127 (4.37)	−3.709 (3.83)	−5.156 (3.81)
外资（虚拟变量）	−7.613** (2.95)	−7.567*** (2.91)	−8.580*** (2.93)	−6.507** (3.18)	−6.671** (3.14)	−7.656** (3.17)
出口（虚拟变量）	13.15*** (2.07)	14.41*** (2.27)	13.43*** (2.26)	13.16*** (2.24)	14.34*** (2.43)	13.32*** (2.42)
常数项	4.87 (18.10)	−10.17 (20.16)	−13.70 (19.88)	4.51 (19.01)	−15.98 (22.16)	−19.29 (21.92)
观察值个数	2 816	3 469	3 469	2 593	3 246	3 246

注:同表5.5和表5.6。

表 5.7 的第一列控制了金融发展的影响,由于它的系数并不显著,在第二列回归分析中将它排除。由表 5.7 的前两列可见,无论是否控制金融发展的影响,银行集中度对于银行融资的作用都显著为负。即银行集中度越高,企业的银行融资份额越小。为了考察银行集中度对于大小企业的不同影响,表 5.7 的第三列加入反映企业是否是中小企业的虚拟变量与银行集中度的交互项,结果发现,交互项前面的系数显著为负,即银行集中度对于银行融资的负向影响对于中小企业更加明显。

与前面的分析思路类似,表 5.7 的后三列给出了排除拥有金融中心的国家后的回归结果。银行集中度依然显著降低了企业银行融资的份额。从影响幅度上来看,去除金融中心后,这种影响更大了。因此,基准回归结果对于金融中心效应保持稳健。

其他显著变量的符号也比较符合预期。企业规模越大,银行融资的比重越大,而制造业企业和出口企业拥有更大的银行融资份额。

上述回归结果表明,Petersen 和 Rajan(1995)所提出的传导渠道在跨国企业的数据中并没有得到支持,银行垄断力量的逻辑框架发挥了主要作用。上述证据也为企业的储蓄行为提供了进一步的微观基础:银行集中度越高,企业的银行融资越受到抑制[①],而银行融资占据了企业外部融资的绝大多数份额,因此,高银行集中度抑制了企业的外部融资,企业只有依赖于自身储蓄为项目融资,即银行集中度越高,企业储蓄越大。由于经常账户等于国民储蓄减国民投资,而企业储蓄是国民储蓄的重要组

---

① 本研究也考察了银行集中度对于企业其他外部融资方式(股权融资等)的影响,结果都不显著,没有出现此消彼长的状况。

成部分(从表5.1提供的相关性看,无论是企业总储蓄率还是净储蓄率,都与经常账户显著正相关),银行集中度成为影响经常账户状况的重要因素:银行集中度越高的国家,经常账户余额越大(顺差越大或逆差越小)。

5.5 稳健性检验

面板数据分析将研究样本限制在2007年之前,主要是因为这次全球金融危机之后,许多国家的经常账户状况发生了结构性改变,而这并不是本章关注的主要内容。作为稳健性检验,参照Beck等(2006)对危机的定义,控制金融危机对于经常账户的影响,考察银行集中度的影响是否依然显著。构建"金融危机"虚拟变量:某年某国有金融危机发生时,该变量取1,否则取0。加入该变量后,银行集中度前面的系数依然显著为正,系数大小变化不大。银行集中度越高,经常账户顺差越大(逆差越小)的结论依然稳健。

企业层面回归面临的潜在威胁是遗漏变量。一些资本结构实证文献中所控制的因素,比如利润率、破产概率等因素,由于问卷中没有涉及,无法加以控制。这些变量可能受到当期银行集中度的影响,从而使得关键解释变量与误差项存在一定的相关性。如果这一威胁成立,通常的Tobit估计量或OLS估计量不再一致。因此,下面尝试工具变量的方法,以检验上述结果是否稳健。

在企业层面的回归中,银行集中度的衡量方式是1995—1999年的平均值(如果直接使用1999年的水平值,结论没有本质变化)。受Guiso

等(2004)对于工具变量选择的启发,本研究用1993年银行集中度的水平值作为银行集中度的工具变量。之所以选择1993年,是因为从这一年开始,银行集中度的数据变得广泛可得,与1992年相比,提供这一数据的国家多了20个。由于企业层面控制变量的数据搜集于1999年,与1993年相隔了六年,1993年的银行集中度与1999年企业层面可能遗漏变量的相关性已经微乎其微。

企业储蓄为被解释变量的工具变量回归结果如表5.8所示。

表5.8 银行集中度与企业储蓄:工具变量回归结果

回归结果:	全样本		中小企业样本		大企业样本	
	第二阶段	第一阶段	第二阶段	第一阶段	第二阶段	第一阶段
因变量:企业投资中留存收益融资的比重						
A:所有国家						
银行集中度	59.51***		62.01**		50.13**	
	(21.43)		(24.75)		(19.57)	
银行集中度1993年水平值		0.779***		0.772***		0.808***
		(0.08)		(0.08)		(0.08)
观察值个数	2 751	2 751	2 146	2 146	605	605
B:排除金融中心国家						
银行集中度	62.45**		65.09**		56.60**	
	(24.31)		(27.63)		(22.35)	
银行集中度1993年水平值		0.784***		0.780***		0.802***
		(0.09)		(0.09)		(0.09)
观察值个数	2 526	2 526	1 969	1 969	557	557

注:其他控制变量如表5.3所示,为节约篇幅,不再列出。这里是Tobit模型工具变量回归结果。2SLS回归结果没有本质变化。2SLS方法下,第一阶段回归的稳健F值分别为100.19、95.39、97.27、83.02、80.15、76.71,远大于Stock等(2002)提出的经验准则10,所以工具变量并不是弱工具变量。由于恰好识别,不需要进行过度识别检验。其他说明同表5.5。

表5.8的A部分给出了基于所有国家的回归结果,B部分展示了排

除金融中心国家以后的回归结果。基于每个样本的回归都分别给出了第一阶段回归和第二阶段回归结果。

由表5.8可见,在所有第一阶段回归中,工具变量前面的系数在1%的显著性水平下显著,并且,第一阶段的F统计量远远大于临界值,表明工具变量并不是弱工具。无论是在哪个样本中,银行集中度对于企业储蓄的影响都显著为正。但是,从影响程度上来看,银行集中度对于中小企业的影响更大,银行集中度每上升一个单位,小企业的储蓄上升得更多。重要的是,这一结论不受金融中心效应的影响。即使排除样本中拥有金融中心的国家,银行集中度的显著影响依然存在,并且这一影响仍然是对小企业更大。

接下来考察银行集中度对于企业银行融资的影响是否在工具变量回归中保持稳健。

表5.9展示了以企业投资中银行融资的比重为被解释变量的工具变量回归结果。

表5.9的前四列是基于所有国家样本的回归结果,其中第一、二列控制了金融发展的影响,而第三、四列没有控制。类似的,表5.9的后四列展现了排除拥有金融中心国家的回归结果。

由表5.9可见,在第一阶段回归中,工具变量前面的系数都在1%的显著性水平下显著。并且,F统计量的值也远大于Stock等(2002)提出的经验准则,表明工具变量并不是弱工具。无论是否控制金融发展因素,也无论是否包括拥有金融中心的国家,银行集中度都对企业的银行融资有显著的负向影响,基本结果在工具变量回归中保持稳健。而在控制金融发展变量时,第二阶段回归中,金融发展的影响并不显著。因此,

表 5.9 银行集中度与银行融资:工具变量回归结果

	因变量:企业投资中银行融资的比重							
	所有国家				排除拥有金融中心的国家			
回归结果	第二阶段	第一阶段	第二阶段	第一阶段	第二阶段	第一阶段	第二阶段	第一阶段
银行集中度	−42.17***		−49.88***		−45.67**		−55.37***	
	(15.25)		(13.91)		(17.78)		(14.49)	
银行集中度1993年水平值		0.734***		0.782***		0.743***		0.786***
		(0.08)		(0.08)		(0.08)		(0.08)
金融发展	−0.411	−0.032			−0.561	−0.085*		
	(3.44)	(0.05)			(5.51)	(0.05)		
人均GDP的对数	0.587	0.031*	1.958	0.013	0.903	0.033**	2.573	0.009
	(1.94)	(0.02)	(1.72)	(0.01)	(2.23)	(0.02)	(2.01)	(0.01)
通胀率	−0.143	−0.001**	−0.190	−0.001**	−0.144	−0.001**	−0.191	−0.001**
	(0.15)	(0.00)	(0.21)	(0.00)	(0.15)	(0.00)	(0.21)	(0.00)
GDP增长率	−0.223	0.004**	−0.051	0.004**	−0.181	0.005***	0.005	0.004**
	(0.26)	(0.00)	(0.23)	(0.00)	(0.29)	(0.00)	(0.25)	(0.00)
上期销售收入的对数	0.0550	−0.0010	0.1710	−0.0020	0.0260	−0.0003	0.1370	−0.0020
	(0.32)	(0.00)	(0.28)	(0.00)	(0.34)	(0.00)	(0.30)	(0.00)
竞争者个数	−0.413	−0.011	0.826	−0.015	−1.088	−0.017	0.272	−0.017
	(4.51)	(0.01)	(4.19)	(0.01)	(4.85)	(0.01)	(4.43)	(0.01)
法制约束	0.602	−0.006*	1.173	−0.004	0.716	−0.005	1.273	−0.002

(续表)

回归结果	因变量：企业投资中银行融资的比重							
	所有国家				排除拥有金融中心的国家			
	第二阶段	第一阶段	第二阶段	第一阶段	第二阶段	第一阶段	第二阶段	第一阶段
腐败约束	0.523 (1.21)	0.006 (0.00)	1.292 (1.07)	0.003 (0.00)	0.84 (1.32)	0.007 (0.00)	1.582 (1.14)	0.004 (0.00)
制造业 （虚拟变量）	6.619 (4.26)	−0.006 (0.01)	7.077* (3.84)	0.004 (0.01)	5.754 (4.75)	−0.012 (0.02)	6.437 (4.25)	0.002 (0.01)
服务业 （虚拟变量）	2.104 (3.16)	−0.004 (0.01)	1.506 (2.97)	0.002 (0.01)	2.004 (3.54)	−0.009 (0.01)	1.159 (3.33)	−0.001 (0.01)
政府所有 （虚拟变量）	−5.834 (3.72)	−0.011 (0.01)	−3.848 (3.69)	−0.003 (0.01)	−5.281* (3.90)	−0.015* (0.01)	−3.327 (3.92)	−0.003 (0.01)
外资 （虚拟变量）	−5.999** (3.04)	0.020*** (0.01)	−6.320** (2.87)	0.022*** (0.01)	−4.651 (3.26)	0.015*** (0.01)	−5.273* (3.12)	0.020*** (0.01)
出口 （虚拟变量）	13.950*** (2.09)	−0.002 (0.01)	13.500*** (2.16)	−0.005 (0.01)	14.040*** (2.26)	−0.005 (0.01)	13.330*** (2.31)	−0.007 (0.01)
常数项	8.519 (15.23)	−0.150 (0.11)	−1.702 (16.27)	−0.050 (0.10)	6.109 (16.80)	−0.123 (0.12)	−4.837 (18.02)	−0.032 (0.11)
观察值个数	2 402	2 402	2 739	2 739	2 179	2 179	2 516	2 516

注：这里列出的是 Tobit 模型工具变量回归结果。2SLS 回归结果没有本质变化。2SLS 方法下，第一阶段回归的稳健 F 值分别为 104.43, 99.99, 100.24, 85.70, 83.17, 77.39。由于恰好识别，不需要进行过度识别检验。其他说明同表 5.6。

传统的金融发展因素并不能完全捕捉企业的融资与储蓄行为,银行业的内部结构是理解企业融资和储蓄,进而理解经常账户失衡的重要视角。

综上,考虑到潜在的遗漏变量问题,采用工具变量的方法进行回归分析,基本回归结果中展示的结论并没有本质的变化。银行集中度对于企业储蓄和银行融资的影响保持稳健。

5.6 结论

本章的实证结果表明,企业层面的储蓄和经常账户余额存在显著的正向关系,银行集中度越高的国家,企业储蓄越多,经常账户的顺差越大(逆差越小)。并且,这一关系在考虑了金融中心效应后,依然保持稳健。其传导渠道在于,银行集中度越高的国家,企业从银行融资的份额越小,在外部融资受到较大抑制的情况下,企业更多地依靠自身的留存收益融资,从而提升了高银行集中度国家的企业储蓄,进而对经常账户失衡产生影响。

与从金融体系总体规模的角度强调金融发展对经常账户失衡的影响不同,本章的侧重点在于银行体系的内部结构因素对于企业储蓄和经常账户失衡的影响。研究发现,总量规模上的金融发展并不能完全刻画企业的融资约束和储蓄行为,银行业内部结构因素对于企业的融资状况和储蓄行为具有重要影响。结构因素的视角,为从金融体系的角度理解经常账户失衡提供了新的着眼点。

第 6 章

电子商务、银行信贷与中小企业融资

6.1 本章引言

前几章的理论分析和实证研究表明,银行主导的金融结构与较高的银行集中度对中小企业融资施加了更多的抑制,推高了企业储蓄,进而造成经常账户失衡。因此,解决银行主导国家与高银行集中度国家中小企业融资难问题对于缓解经常账户失衡具有重要意义。长期来看,改善法制环境,加强投资者保护,提高合约实施力度,降低融资成本,大力发展中小板和创业板市场,提高直接融资比重,对促进中小银行的发展是应该坚持的努力方向。短期内,给定金融结构与银行业结构的约束,对于中国这样银行在金融体系中发挥重要作用的国家,能否在传统信贷模式上进行创新,更好地帮助中小企业获得贷款也具有重要意义。本章就分析这样一种模式,即银行与电子商务联手为企业提供贷款的新型融资模式,以及这种模式的内在机制,为缓解中小企业融资难、改善经常账户失衡提供一条新思路。

最近几年,银行和第三方电子商务平台携手为中小企业提供贷款的创新模式方兴未艾。比如,2007 年 8 月,中国工商银行与最大的电子商务平台阿里巴巴合作推出了"易融通",针对中小企业的资金需求特征,开展网商信用贷款。此种贷款无须企业向银行提供任何抵押担保,但申请企业必须为电子商务平台三年以上的诚信通会员,具有一定的诚信交易记录。2011年10月,工商银行又联手"慧聪网",为"慧聪网"的正式会员推出"易融通"信用融资服务。类似的合作还有中国建设银行与电子商务平台联合推出的"e保通",为电子商务平台上具有一年以上交易记录的注册会员提供无须任何抵押和担保的融资服务。

那么,这种银行和电子商务合作为中小企业提供贷款的新兴信贷模式能否有效缓解中小企业的融资难题?它的成功需要什么条件,又主要解决了哪类企业的融资难题?电子商务平台降低银企间信息不对称,进而消除中小企业信贷配给的机制何在?政府又如何在其中发挥积极的作用?本章在对这种创新信贷模式进行考察的基础上,通过构建一个信息不对称的理论模型,对上述问题进行了分析和阐释,为这种新兴融资模式的运行机理和发展方向提供了理论基础。

为进一步讨论这种新兴融资模式在缓解中小企业融资难问题中的作用和发挥作用所需的条件,首先需要关注现实中电子商务平台在银企关系中扮演的角色。

第一,电子商务的引入增大了贷款企业的违约成本。由于电子商务可以充分利用网络平台搜集并发布信息,与商会、行业协会和地方信用体系相比,其搜集和发布信息的力度更强,范围更广。以阿里巴巴和银行的合作为例。电子商务平台借助其广泛的网络可及度,一旦贷款企业出现坏账,可以对用户进行"互联网全网通缉",以"网络公示"和"终止服务"等手段有效地提升了企业的违约成本。①

第二,电子商务平台通过采集在其上进行交易的中小企业的信用信息,建立起企业网络信用体系。电子商务平台大多使用会员制②,所有入会企业需要缴纳年费。电子商务平台为其会员建立网上信用档案,翔实记载会员在平台上的所有交易,将客户的网上交易年限、交易活跃度、交易对手评价等建成一个信用体系和数据库,形成企业的网络信用。③ 银行在决定企业贷款时,会把网络信用作为客户分类、准入的参考标准,从而有效弱化了贷款风险和成本约束。

第三,银行、政府、电子商务通过共同建立"风险池"④实行风险共担。一旦企业出现违约,银行信贷的损失将通过风险池进行弥补。与传统的银行融资相比,这种风险共担机制降低了银行出现信贷损失的风险。

第四,电子商务可以实现规模经济。在传统的银行、商会等融资方式中,由于中小企业单笔融资的额度比较小,而每笔贷款都需要专人对企业的经营状况进行调查分析,单位资本的监督审查成本过高,而电子

---

① 一旦企业违约,将会遭受三项损失:第一,被列入"黑名单",失去二次获贷资格;第二,违约企业在阿里巴巴上的账号会被关闭,所有商业信息都会被删除;第三,新老人脉关系严重受损。违约企业及相关负责人的信息将会被公布在阿里巴巴、淘宝、雅虎等平台上,并传递给企业所在地市的其他中小企业,这对于声誉在成长中扮演重要角色的中小企业而言无疑是一种额外成本。

② 比如阿里巴巴 2002 年 3 月 10 日起正式在阿里巴巴中国网站全面推行"诚信通"会员服务,新注册的会员被强制要求缴纳 1 688 元/年的服务费。

③ 数据库中包含企业的规模、年龄、行业、历史交易记录等基本信息,利用这些信息,可以对企业的经营范围和投资领域有清楚的了解。数据库中还包括同类企业的相关信息,通过了解这些企业的历史投资状况,可以对进行融资的企业的投资风险分布加以认识。

④ 如 2009 年 8 月 3 日,浙江省政府、杭州市政府分别出资 2 000 万元,阿里巴巴、建设银行分别出资 4 000 万元建立"风险池",以弥补通过阿里巴巴从建设银行进行融资的中小企业由于信贷违约对银行造成的损失。

商务平台的运营、研发和管理等成本具有固定成本的性质,不随使用电子商务企业的数目变化而发生显著变化。因此,使用电子商务平台的企业越多,单个企业分担的成本越小。

针对电子商务平台的上述作用,本章构建了一个基于信息不对称的理论模型。首先,模型证明,银行选择抵押品和利率的传统信贷合约无法完全解决信息不对称问题,因此,部分抵押品不足的中小企业会面临信贷配给。接着,模型在传统的银企融资中引入电子商务平台,分析其在增大企业违约成本、获取企业信息、实现风险共担、发挥规模效应四方面如何缓解银企间信息不对称,消除信贷配给。模型证明,即使在没有抵押品时,电子商务平台的引入也会使之前面临信贷配给的企业获得银行融资。本章给出了电子商务平台在中小企业融资中发挥作用的条件,并对上述每点作用进行了比较静态分析。

本章的理论模型表明,电子商务平台增大企业违约成本的功能可以充当一种筛选机制。当企业的违约成本增加时,风险较高的企业由于更容易承担违约成本而不愿使用电子商务平台进行融资。电子商务平台可以选择对违约企业的惩罚力度(比如通过在网站上调整违约企业信息披露的完整度、披露强度、披露范围、是否将违约信息群发至同地区企业等)来控制企业的违约成本,通常将企业的违约成本控制在一定区间内(不能过大或过小),传统贷款模式下无法获得银行贷款的优质中小企业,可以凭借电子商务平台上的网络信用资本,显示自己的信誉和风险类型,获得资金支持。在风险共担方面,银行和电子商务在风险池中注资的相对比例对于电子商务平台的作用没有影响,但随着政府在风险池中注资比例的提升,更多低风险的中小企业将可以获得银行信贷。这为政府通过电子商务平台缓解中小企业融资难、进而改善经常账户失衡提供了新思路。最后,电子商务平台在缓解中小企业融资难问题上具有规模效应,随着使用电子商务平台的企业数目的增加,电子商务的作用将进一步得到增强,从而产生良性循环,使更多中小企业的外部融资需求得以满足。

6.2 文献综述

与本章相关的文献主要有以下两支。

第一支文献涉及抵押品与银行信贷配给。关于信贷配给的讨论在国内外文献中并不少见。国外关于信贷配给的经典文献当属 Stiglitz 和 Weiss(1981)。他们认为信贷配给产生的根本原因是信息不对称导致的逆向选择。银行为避免严重的逆向选择而不愿提高利率,使得一部分企业信贷需求无法得到满足,产生信贷配给。① 在其基础上,Chan 和 Kanatas(1985)进一步探讨了抵押品的作用。而 Bester(1985)证明了当银行可以同时使用利率和抵押品作为甄别机制时,由于不同风险的借款人对利率和抵押品的边际替代率不同,信贷配给可以在一定程度上得以消除。Bester(1987)进一步指出,只有当企业由于自身资产所限无法提供足额抵押品时,信贷配给才会发生。可见,在传统的银行贷款模式中,信贷配给出现的一个重要原因是企业规模的限制使其不能提供足额抵押

---

① 信贷配给在他们的文章中包含两种定义:第一,一些借款人即使愿意支付更高利率也依然无法得到贷款;第二,给定现行信贷供给总量,一些借款人在任何利率下都无法得到贷款,只有随着信贷供给的提升才能得到贷款。

品。本章对传统银行借贷模式的分析部分,借鉴了国外文献关于信贷配给的建模思路。

国内文献也对信贷配给现象有所讨论。王霄和张捷(2003)构建了一个内生化抵押品和企业规模的信贷配给模型,证明在均衡时资产规模小于临界值的中小企业和一部分高风险企业无法得到银行贷款。戴本忠和李湛(2009)建立了一个考虑故意违约和信息差异的模型,指出信贷配给的真正原因是银行关于企业信用品质的不完全信息。不过,这些文献都局限在传统的信贷模式中,并没有讨论引入第三方电子商务对于缓解中小企业融资难的作用。

另一支与本章相关的文献涉及担保机构在解决企业抵押品不足时的作用。Besanko 和 Thakor(1987)分析了不同的信贷市场结构下均衡的性质,讨论了当企业自身抵押品不足时,担保机构可以通过为低风险的企业提供担保来消除信贷配给,提升社会福利。郝蕾和郭曦(2005)研究了互助担保和政府担保对企业融资的不同影响,陈其安等(2008)讨论了担保机构的信息量对于缓解逆向选择问题的影响,杨胜刚和胡海波(2006)、付俊文和赵红(2004)、彭江波(2008)也对中小企业信用担保进行了相关讨论和研究。

需要注意的是,担保机构和电子商务缓解中小企业融资难的作用存在较大差异。担保机构的盈利模式是通过发挥资金优势,替代中小企业向银行提供担保并按担保额度收取一定比例保费,一旦企业违约则担保品归银行所有。而银行通过电子商务和企业的合作则多采取信用贷款的形式,无须抵押担保,银行凭借企业在电子商务平台中的信用记录进行放贷决策,通过增大企业的违约成本和建立风险池等举措来控制贷款风险。另外,每一笔通过担保机构的贷款都需向银行提供抵押品,审核和抵押的成本难以通过增加担保企业的数目来分散。而电子商务借助其网络平台批量进入的优势,实现了规模经济,节约了成本。

目前,还没有文献从理论上探讨电子商务和银行的联合在缓解中小企业融资难中的作用,本研究率先为这一创新信贷模式提供了理论基础。同时,本研究证明,电子商务平台可以通过增加企业违约成本,充当筛选机制。引入电子商务平台后,传统模式下由于无法提供足额抵押品而受到信贷配给的风险较低的中小企业,可以获得银行贷款。从这个角度讲,本研究是对现有信贷配给与企业融资理论的丰富和补充。

6.3 不存在电子商务时的信贷模型分析

6.3.1 模型设定①

本小节先介绍对借款企业的设定。

经济中存在 n 家风险中性的企业,每家企业有机会投资一个固定投入为 B 的项目,该项目在技术上不可分。企业均无初始资金投资项目,资金只能从银行贷款获得,项目信息是企业的私有信息。企业具有不同的风险类型,第 i 类企业的投资项目成功的概率是 P_i,失败的概率为 $1-P_i$。企业项目成功的收益是 X_i,失败的收益为 0。借鉴 Stiglitz 和 Weiss(1981)的假设,项目收益采取均值保持展形(mean-preserving

---

① 这一部分的模型设定借鉴了 Bester(1985,1987)的思路,对不同均衡存在性的讨论是本研究的创新和贡献。

spread),即项目具有相同的期望收益,$P_i X_i = X_0$,其中 $X_0 > B$,也即该项目的净现值(net present value)为正。为简化分析,模型假设经济中只存在两种类型的企业,$i = 1,2$。其中 λ 比例为低风险企业,其项目成功的概率为 P_1,$1 - \lambda$ 比例为高风险企业,其项目成功概率为 P_2,$P_1 > P_2$。企业具有的可抵押资产为 W。①

接下来介绍对银行的设定。

假设竞争性的信贷市场上,风险中性的银行通过提供利率和抵押品合约 $\gamma = (R,C)$ 为企业项目进行融资,其中 R 表示贷款总利率(gross interest rate),C 表示要求企业提供的抵押品,满足 $0 \leq C \leq W$。借鉴 Barro(1976)的模型设定,假设银行和企业对抵押品评价不同,银行对于抵押品的评价为 βC,其中 $0 < \beta < 1$。② 银行的可贷资金不受约束,存款利率简化为 0。③

企业的借款行为如下。

企业如果获得贷款并且投资项目成功,收益为 X_i,支付 BR 给银行,如果项目失败,收益为 0,企业的抵押品 C 归银行所有。④ 此时,在 $\gamma = (R,C)$ 的合同条款下,类型 i 企业的期望收益为:

$$\Pi_i(\gamma) = P_i(X_i + W - BR) + (1 - P_i)(W - C) - W$$
$$= P_i(X_i - BR) - (1 - P)C$$

---

① 这里的 W 可以理解成企业的厂房、设备等固定资产。这些资产虽不能作为投资项目的资金,但可以在项目失败时通过拍卖、清算等方式变现,偿付银行贷款。
② 这种评价的不同使得银行要求企业提供抵押品是有成本的。现实中,银行和企业对抵押品的评价不同可以理解为银行在对抵押品进行清算、拍卖的过程中产生的各种成本。
③ 也可设存款利率为 π,此处简化 $\pi = 0$ 不会影响最终结论。
④ 与 Bester(1985)相同,这里只关心 $C \leq BR$ 的情形,若 $C > BR$,则企业抵押品的价值大于需要支付给银行的本息,企业始终不会违约。

银行采用贷款合同 γ，为类型 i 企业贷款的期望收益为：

$$\rho_i(\gamma) = P_i BR + (1 - P_i)\beta C - B$$

由于信息不对称，银行不能直接区分不同风险类型的企业，只能通过提供一系列包含利率和抵押品要求的贷款合约来作为企业自我选择（self-selection）的机制。假设银行针对低风险企业的合约为 γ_1，针对高风险企业的合约为 γ_2，如果满足 $\Pi_1(\gamma^1) \geqslant \Pi_1(\gamma^2)$，$\Pi_2(\gamma^2) \geqslant \Pi_2(\gamma^1)$，则称这组合约 (γ_1, γ_2) 是激励相容的。

6.3.2 信贷市场均衡

在竞争性的信贷市场上，银行提供不同类型的贷款合约。在银行期望收益非负的前提下，企业选择最大化自身期望收益的贷款合约。任何一组构成了信贷市场均衡的信贷合约 (γ_1^*, γ_2^*) 需满足以下两个条件：（1）任何一个贷款合约 γ_1^*, γ_2^* 均使银行获得零利润；（2）不存在其他信贷合约可以吸引企业同时使银行获得正利润。

在竞争性信贷市场和完全信息的条件下，由于银行对抵押品有折现（$0 < \beta < 1$），银行要求企业提供抵押品是有成本的，因此均衡时银行不会要求企业提供抵押品，即 $C = 0$①，银行零利润的条件通过调整利率来实现。此时银行对低风险企业的信贷合约为 $\gamma_1^* = (1/P_1, 0)$，对高风险企业的信贷合约为 $\gamma_2^* = (1/P_2, 0)$。由于 $P_1 > P_2$，所以 $1/P_1 < 1/P_2$。很明显，这种信贷合约在信息不对称时无法实现自我甄别，因为高风险

---

① 此处 $C = 0$ 源于抵押品有成本这一假设，这和 Bester(1985)、Besanko 和 Thakor(1987) 的结论相同。需要注意的是，此处的结论并非是指现实中银行贷款无须抵押品。现实中银行贷款要求抵押品往往是希望防范道德风险，本章模型是从逆向选择的角度考虑抵押品的作用。

企业总有激励模仿低风险企业,以获得低利率贷款的机会。此时,银行有可能通过要求企业提供抵押品来区分不同风险类型的企业。下文将分别讨论银行所要求的抵押品大于或小于等于企业资产时的均衡结果。理论模型将证明,当企业可以提供足额的抵押品时,银行可以通过设计不同的贷款合约来自动实现信息甄别。但当企业抵押品不足时(更加适合中小企业的情况),这种信息甄别无法实现,信贷配给在一定的参数范围内成为唯一均衡结果。

6.3.2.1 企业可以提供足额抵押品

首先探讨企业可以提供足额抵押品的情形。根据 Riley(1979)的理论,如果借款企业的偏好依赖其风险类型,银行可以使用不同的贷款合约作为企业进行自我选择的机制。事实上,不同风险类型的企业对抵押品有着不同的偏好。类型 i 企业在合约 γ 下对于 R 和 C 的边际替代率(MRS)为:

$$\sigma i(\gamma) = \frac{\partial R}{\partial C} = -\frac{(1-P_i)}{P_i B}$$

也就是说,银行可以通过减少利率,增加抵押品价值使企业的预期收益不变。不同风险类型企业的边际替代率随企业风险类型的变化为:

$$\frac{\partial \sigma_i(\gamma)}{\partial P_i} = \frac{1}{B P_i^2} > 0$$

可以看出,低风险企业相对于高风险企业愿意用更多的抵押品来换取银行的利息减让。当企业可以提供足额的抵押品时,银行可以通过设计不同的贷款合约来自动实现信息甄别。

命题 6.1:当低风险企业的抵押品约束非紧(即 $C_1^* \leqslant W$)时,银行可以用不同的贷款合约区分不同类型的企业。均衡时,市场上不存在信贷配给,银行提供两种贷款合约 γ_1^*、γ_2^*,$\gamma_1^* = (R_1^*, C_1^*)$,$\gamma_2^* = (R_2^*, C_2^*) = (1/P_2, 0)$。其中 $C_1^* > 0$,$R_1^* < R_2^*$,此时高风险企业对于两种合约无差异。

通过银行零利润和高风险企业对于两种合约无差异这两个条件,可以求解出 C_1^* 和 R_1^*。

均衡时,$C_1^* = \dfrac{B(P_1 - P_2)}{P_1 - \beta P_2 - (1-\beta)P_1 P_2}$,$R_1^* = \dfrac{1}{P_1}[1 - \dfrac{\beta(1-P_1)(P_1-P_2)}{P_1 - \beta P_2 - (1-\beta)P_1 P_2}]$

可以验证,$C_1^* > 0$,$R_2^* > R_1^* > 0$。

命题 6.1 的结论可以从图 6.1 中得到更清晰的阐释。图 6.1 中,U_1 和 U_2 分别代表低风险企业和高风险企业的无差异线。由于低风险企业相对于高风险企业愿意用更多的抵押品来换取银行的利息减让,因此低风险企业的无差异线较为平缓。u_1 和 u_2 分别代表银行为低风险企业和高风险企业贷款的零利润线。由于银行对于抵押品的评价存在折价 β,银行的无差异线比对应企业的无差异线更加平缓。根据命题 6.1,A 点对应合约 γ_2^*,B 点对应合约 γ_1^*,此时高风险企业没有激励模仿低风险企业,不同类型的企业实现了自我甄别,市场中不存在信贷配给。

6.3.2.2 企业抵押品不足

接下来探讨企业抵押品不足的情形。这种情形更适用于规模较小,可抵押资产有限的中小企业。当 $W < C_1^*$,也即低风险企业由于自身规模所限无法提供足额抵押品时,高风险企业总有激励模仿低风险企业。

这一点可以从图 6.2 中看出。图 6.2 与图 6.1 的差别在于此时企业的资产约束 W 虚线位于 B 点的左边，低风险企业由于资产规模所限，无法提供足额的抵押品以显示自己的类型，因此 B 点不再是可行合约。而可行合约均位于高风险企业的无差异线之下，此时高风险企业总有激励模仿低风险企业，信贷市场上不存在分离均衡。①

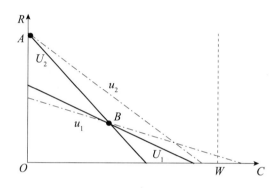

图 6.1　抵押品充足时分离均衡存在

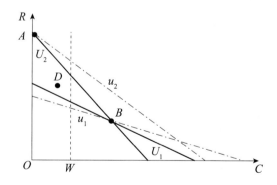

图 6.2　抵押品不足时分离均衡不存在

---

① 此处分离均衡指高风险企业和低风险企业在不同的贷款合约下均可确定性地得到银行信贷。为简化讨论，本章没有考虑低风险企业会以一定概率拿到贷款的半分离均衡。由于这种情形下低风险企业也会面临信贷配给，对该情况的分析和前文的讨论并没有本质差别。

在这种情形下，考虑混同均衡的存在性。如果均衡信贷市场上存在混同均衡，需满足如下条件：(1) 混同均衡合约 $\gamma*(\overline{C},\overline{R})$ 使银行获得零利润；(2) 不存在其他信贷合约可以吸引企业同时使银行获得正利润。沿用 Rothschild 和 Stiglitz(1976) 的分析思路，可以证明，只有抵押品约束为紧时，市场上才可能出现混同均衡，当抵押品约束非紧时，信贷市场上不存在混同均衡。

这一结论可以从图 6.3 中看出。在图 6.3 中，u_1 和 u_2 分别代表银行为低风险企业和高风险企业贷款的零利润线，u 代表银行同时为两种企业贷款的零利润线。根据上述分析，若混同均衡存在，它一定落在虚线 u 上。假设 E 点存在混同均衡，U_1 和 U_2 代表经过 E 点的低风险企业和高风险企业的无差异线。此时，如果另一家银行提供 F 点的合约，它将只吸引低风险企业，获得正利润。换言之，合约 F 的引入将破坏 E 点的混同均衡。可以看出，只要抵押品约束非紧（E 点落在 W 虚线左边），始终存在破坏原有混同均衡的新合约。换言之，混同均衡只有当合约中企业抵押品约束恰为紧时才可能存在。

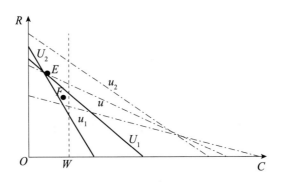

图 6.3　混同均衡只有在抵押品约束为紧时才可能存在

另一种可能的情形即为信贷配给。由于信息不对称,均衡时,银行只向高风险企业提供贷款,低风险企业由于无法提供抵押品显示自己的类型,受到信贷配给,只能退出市场。

因此,对于抵押品不足的中小企业而言,市场上只可能出现两类情形:第一,银行设计贷款合约只吸引高风险企业,低风险企业退出市场。此时银行信贷合约为$\gamma_2^* = (1/P_2, 0)$。第二,银行设计贷款合约同时吸引两种类型企业,信贷合约规定的抵押品为企业所能提供的最大抵押品量。在竞争性信贷市场中,为确定市场上最终存在的均衡类型,需要比较高风险企业在这两种情形下的收益。[①]

当银行只吸引高风险企业时,高风险企业的收益为:

$$\Pi_2(\gamma_2^*) = P_2 X_2 - B = X_0 - B$$

当银行同时吸引两种企业时,银行选择合约$\gamma^*(\overline{C}, \overline{R})$,满足$\overline{C} = W$,银行零利润的条件为:$\rho(\gamma) = \overline{P}B\overline{R} + (1-\overline{P})\beta\overline{C} - B = 0$。其中,$\overline{P} = \lambda P_1 + (1-\lambda)P_2$,即市场上项目成功的期望概率。解得$\overline{R} = \frac{1}{\overline{P}} - \frac{(1-\overline{P})\beta\overline{C}}{\overline{P}B}$。

此时高风险企业的收益为:$\Pi_2(\overline{\gamma}) = P_2(X_2 - B\overline{R}) - (1-P_2)\overline{C}$。

当$\Pi_2(\gamma_2^*) > \Pi_2(\overline{\gamma})$时,高风险企业在第一种情形中的收益高于第

[①] 若高风险企业在第一种合约下的收益高于第二种合约下的收益,在第一种合约存在的情形下第二种合约将只会吸引低风险企业,此时银行将获得正利润,第二种合约不构成市场均衡,市场中只存在信贷配给的均衡。若高风险企业在第一种合约下的收益低于第二种合约下的收益,则第二种合约存在时第一种信贷合约无法吸引任何风险类型的企业,市场中只存在混同均衡。

二种情形。此时参数需要满足①：

$$\frac{\overline{C}}{B} > \frac{\overline{P} - P_2}{\overline{P} - \overline{P}P_2 - P_2\beta + P_2\overline{P}\beta} \quad (6.1)$$

此时若低风险企业退出市场,需满足:

$$\Pi_1(\gamma_2^*) = P_1(X_1 - \frac{B}{P_2}) = X_0 - \frac{P_1}{P_2}B < 0 \quad (6.2)$$

因此,当式(6.1)和式(6.2)两式同时满足时,均衡时,市场上将出现信贷配给②,此时低风险企业无法得到贷款,只能退出市场。

命题 6.2：当低风险企业由于规模所限,无法提供足额抵押品以区分自己的风险类型,即 $W < C_1^*$ 时,在一定条件下(即式(6.1)和式(6.2)两式同时满足),均衡时低风险企业无法得到银行贷款,只能退出市场。高风险企业可以获得银行贷款,信贷合约为 $\gamma_2^* = (1/P_2, 0)$。

此时,高风险企业的预期收益为 $\Pi_2(\gamma_2^*) = X_0 - B$。低风险企业由于无法得到银行贷款开展项目,收益为 0。

结合中小企业规模较小、可抵押资产少的现实,抵押品不足的情形更符合中小企业的融资现状。由于信息不对称,低风险企业无法将自己和高风险企业相区别,从而受到信贷约束。此时的信贷配给一方面来自银企间信息不对称,另一方面来自中小企业自身可抵押资产不足,这两者如果能有一个得到解决,中小企业的融资难题即可得到很大程度的缓解。接下来讨论引入电子商务是否可以在命题 6.2 成立的条件下消除

---

① 可以验证,当 λ 趋于 0 时,式(6.1)恒成立,说明经济中高风险企业的比例越高,均衡中银行更有可能只吸引高风险企业。
② 由于本章希望探讨引入电子商务中介对于缓解中小企业信贷融资难题的作用,所以重点关注只存在信贷配给,也即低风险企业退出市场的情形。

信贷配给,缓解中小企业的融资难题。

6.4 引入电子商务后的信贷模型分析

6.4.1 模型设定

在第三小节的基础上,下文的模型在银企关系中引入电子商务,其他条件与第三小节的模型设定均相同。需要注意的是,这里电子商务由于资金所限,不能直接为企业提供贷款,只是作为第三方平台在银企关系中发挥作用。当电子商务平台存在时,企业可以选择传统的银行融资(即上文已经分析过的情形),也可以选择通过电子商务从银行融资。若选择后者,首先必须成为电子商务的会员,缴纳一定的会费 f。银行通过电子商务向企业贷款也需向电子商务平台缴纳费用 g。① 基于引言部分的介绍,电子商务在银企关系中的作用可以概括为增大企业违约成本、采集会员企业信息、与银行政府共同建立风险池、实现规模经济四个方面。根据对现实的抽离,模型对电子商务作用的设定如下:

1. 关于电子商务增大企业违约成本的设定

由于电子商务平台的广泛可及度,使用电子商务平台从银行融资的企业一旦违约,其信息将会在网络中被广泛披露,使企业遭受 D 的成本。这种成本可以理解为企业未来经营中声誉、信用受损的成本。需要注意的是,虽然电子商务平台可以通过对企业违约信息发布的范围和力度进

---

① 在下文的分析中即将看到,这里 g 的具体形式不影响模型结论, g 的作用主要是通过银行和电子商务之间的支付,使得电子商务可以自负盈亏。

行选择来控制企业的违约成本,但是不同风险的企业对于信誉成本的态度和主观评价可能不同。为了讨论的严谨,此处考虑更一般的情形,即不同企业对于信誉成本的评价存在差异。对于低风险企业,违约后的信誉成本标准化为 D,对于高风险企业,违约后的信誉成本设为 φD,其中 φ 代表高风险企业对于信誉成本的主观评价。

2. 关于电子商务采集会员企业信息的设定

电子商务可以通过选择付出信息采集成本 Z,如建立信用评价体系和数据库,获得关于企业类型的信息。在付出此成本后,电子商务可以确切地知晓企业的类型。①

3. 关于政府、银行、电子商务风险共担机制的设定

为了防范这种新型信贷模式可能存在的风险,银行、电子商务、地方政府共同注资成立了风险池。在风险池中,银行注资比例为 α,电子商务注资比例为 θ,政府注资比例为 $1-\alpha-\theta$。一旦通过电子商务平台从银行进行融资的企业出现违约,银行将从风险池中得到违约补偿,补偿金额即为银行信贷金额 B。

4. 关于电子商务实现规模经济的设定

假设电子商务网络平台的建立需要付出成本 Y,这一成本可以理解为电子商务平台前期投入、运营、管理等方面的成本,具有固定成本的性质,不随后期使用电子商务企业数目的变化而变化。若使用电子商务平

---

① 此处为简化模型,假设电子商务可以确切知道企业类型,这是对于电子商务信息优势的一种极端设定,另一种较宽泛的假设是电子商务可以以一定的概率知晓企业类型。采取另一假设并不改变模型结论,也未能为模型提供新思路,故此处采取简化假设。实际上,只要电子商务比银行具有更多的企业信息,电子商务的信息优势即可发挥作用。

台从银行进行融资的企业数目为 m,则分摊到每家企业上的成本为 Y/m。

假设电子商务的引入不改变信贷市场的结构,也即竞争性的银行在均衡时仍获得零利润,这样,本小节得出的结论可以与第三小节的结论在统一的框架下进行比较。

6.4.2 信贷市场均衡

第三小节的分析表明,当命题 6.2 的条件满足,即企业抵押品不足时,传统信贷模式下只有高风险企业可以获得银行融资,低风险企业受到信贷配给,只能退出市场。下文讨论此种情形下电子商务的引入是否可以帮助低风险企业从银行获得融资。特别地,下文探索电子商务是否可以充当某种信号甄别机制,帮助低风险企业显示自己的类型,从而降低信息不对称,消除信贷配给。需要说明的是,从下文的分析即将看出,当存在电子商务时,企业无差异曲线上的抵押品—利率边际替代率为 $\frac{\partial R}{\partial C} = -\frac{(1-P_i)}{P_i B}$,银行等利润线上的抵押品—利率边际替代率为 $\frac{\partial R}{\partial C} = -\frac{(1-P_i)}{P_i B}\alpha\beta$,并且由于银行要求企业提供抵押品是有成本的($\beta < 1$),同时风险池中有一部分资金来自电子商务和政府($0 < \alpha < 1$),均衡时银行信贷合约中抵押品的数量为 0,即 $C^* = 0$。

6.4.2.1 电子商务不获取企业信息

为了更好地对电子商务的每点作用进行详细分析,首先讨论电子商务不获取企业信息时的情形。此情形重点关注电子商务在提高企业违约成本和进行风险共担方面的作用,探讨其能否帮助低风险企业显示自己的风险类型。

由于本章希望探讨电子商务与银行结合这种新型融资模式对于缓解中小企业融资难的作用,与基准模型相对应,在引入电子商务的讨论中也重点关注下面这类均衡:低风险企业通过电子商务平台融资,高风险企业仍通过传统模式从银行贷款。① 与上文的分析基本类似,如果低风险企业决定通过电子商务从银行进行融资,其预期收益为:

$$\Pi_1(\gamma) = P_1(X_1 + W - BR_1) + (1 - P_1)(W - D) - W - f$$
$$= X_0 - (1 - P_1)D - P_1BR_1 - f$$

银行通过电子商务向低风险企业提供贷款的预期收益为:

$$\rho_1(\gamma) = P_1BR_1 + (1 - P_1)(1 - \alpha)B - B - g$$

电子商务平台为低风险企业提供银行贷款的预期收益为:

$$\delta_1(\gamma) = f + g - (1 - P_1)\theta B - Y/m$$

在竞争性的市场条件下,均衡时银行和电子商务获得零利润,此时企业最大化自身利润。由银行和电子商务的利润为零可以解出:

$$P_1BR_1 + f = B + Y/m - (1 - P_1)(1 - \alpha - \theta)B$$

此时低风险企业通过电子商务平台融资的期望利润为:

$$\Pi_1(\gamma) = X_0 - (1 - P_1)D + (1 - P_1)(1 - \alpha - \theta)B - B - Y/m$$

若高风险企业模仿低风险企业(以 R_1 利率通过电子商务平台融资),

---

① 可以证明,由于电子商务存在固定的运营成本(这一成本最终会转嫁到企业身上),并且增大了企业的违约成本,如果电子商务无法实现低风险企业与高风险企业的分离,也即低风险企业无法通过电子商务显示自己的信息优势,均衡时将没有企业选择通过电子商务进行融资。因此,这里重点关注电子商务的引入使不同风险类型的企业得以分离的情形。

其期望利润为：

$$\Pi_2(\gamma) = P_2(X_2 - BR_1) - (1 - P_2)\phi D - f$$

$$= X_0 - \frac{P_2}{P_1}[B + Y/m - (1 - P_1)(1 - \alpha - \theta)B - f] - (1 - P_2)\phi D - f$$

若电子商务可以实现上述分离均衡，则低风险企业通过电子商务平台融资的收益应大于0（因为传统银行信贷时其无法得到融资，收益为0），而高风险企业通过电子商务平台（模仿低风险企业）获得银行融资的收益应小于其使用传统银行信贷时的收益，即：

$$\begin{cases} X_0 - (1 - P_1)D + (1 - P_1)(1 - \alpha - \theta)B - B - Y/m > 0 \\ X_0 - \frac{P_2}{P_1}[B + Y/m - (1 - P_1)(1 - \alpha - \theta)B - f] - (1 - P_2)\phi D - f < X_0 - B \end{cases}$$

同时满足。

解得：

$$\frac{[P_2(1 - P_1)(1 - \alpha - \theta) + P_1 - P_2]B + (P_2 - P_1)f - P_2 Y/m}{P_1(1 - P_2)\phi} < D$$

$$< \frac{X_0 - B + (1 - P_1)(1 - \alpha - \theta)B - Y/m}{1 - P_1} \tag{6.3}$$

换言之，只要参数满足：

$$\frac{[P_2(1 - P_1)(1 - \alpha - \theta) + P_1 - P_2]B + (P_2 - P_1)f - P_2 Y/m}{P_1(1 - P_2)\phi}$$

$$< \frac{X_0 - B + (1 - P_1)(1 - \alpha - \theta)B - Y/m}{1 - P_1} \tag{6.4}$$

电子商务可以通过选择一个合适的违约成本 D，使得低风险企业愿意通过电子商务进行融资，而高风险企业仍选择传统的银行信贷进行融资。这样,电子商务的引入有效地实现了信息甄别,使不同风险类型的企业各取所需,都能获得银行贷款,从而消除信贷配给。

命题6.3:在一定条件(即式(6.4)满足)下,电子商务可以通过调整企业的违约成本,将不同风险类型的企业区分开来,低风险企业愿意通过电子商务进行融资,而高风险企业仍通过传统银行信贷进行融资。此时,不同类型企业得以甄别,信贷配给不复存在。

可以看出,在式(6.1)、式(6.2)和式(6.4)同时满足的前提下[①],传统的银行信贷模式无法为低风险企业提供贷款,从而将低风险中小企业排除在银行信贷的大门之外。通过引入电子商务,即使在没有抵押品的情形下,这些低风险中小企业得到了显示自身类型的机会,重新获得了银行贷款。因此,相对于传统的银行融资,电子商务的引入有效缓解了中小企业的融资难题。

电子商务之所以能区分不同类别的企业,关键之处在于电子商务的引入加大了企业的违约成本,使得企业违约时面临声誉、信用等资本的损失。由于不同风险类型的企业出现违约的可能性不同,高风险企业的违约概率较大,更容易承担违约后的信用资本损失,因而不愿使用电子商务进行融资。因此,当低风险企业由于抵押品限制无法显示自己的类型时,电子商务的引入相当于在实物资本之外加入了企业声誉和信用的考量,从而提供了一种新的信息甄别机制,使得低风险企业可以将自己与高风险企业区分开来,获得银行信贷。

---

① 可以验证,式(6.1)、式(6.2)和式(6.4)的成立条件并不互斥,在一个较广泛的参数区间内,三式可以同时成立。

当然,电子商务成功分离不同类型的企业需要一定的条件(式(6.3)给出了这一条件),本章将其总结为命题6.4。

命题6.4:若电子商务可以将不同类型的企业区分开来,企业违约成本需控制在一定的范围之内(即式(6.3)满足的区间),不能过大或过小。

若企业违约成本过大,低风险企业也会惧怕违约后遭受过大损失,而不愿通过电子商务进行融资。若企业违约成本过小,高风险企业总有激励模仿低风险企业,也愿意通过电子商务进行融资,因而仍然无法区分不同类型的企业。

接下来,通过讨论式(6.4)成立所需的条件,对一些重要参数进行比较静态分析。

从式(6.4)可以看出,若不等式成立,ϕ的取值不能过小,也即高风险企业对于违约成本的主观评价不能过低,否则电子商务将无法甄别不同类型的企业。不失一般性地,此处假设$\phi > \dfrac{P_2(1-P_1)}{P_1(1-P_2)}$,其中$0 < \dfrac{P_2(1-P_1)}{P_1(1-P_2)} < 1$,即排除了高风险企业对于违约成本主观评价过低的情形。将式(6.4)做简要变换可以看出,随着$(1-\alpha-\theta)$的增加和m的增加,不等式将得到松弛。因此可以得到如下命题。

命题6.5:随着政府在风险池中注资比重的提升($1-\alpha-\theta$增加),电子商务消除信贷配给的作用更加明显;使用电子商务平台进行融资的企业数目越多(m增加),电子商务的信号甄别作用越强,其在缓解企业融资难问题中的作用越大。

政府在风险池中注资相当于为低风险企业通过电子商务平台进行融资提供了补贴,从而使得低风险企业更愿意通过电子商务进行融资。同时,由于电子商务具有规模优势,随着越来越多的企业使用电子商务平台进行融资,电子商务将在企业融资中发挥更大的作用。

这里需要注意的是,只要 $\alpha+\theta$ 的和一定,α 和 θ 的相对比例并不重要。换言之,政府在风险池中注资比例的增加会增强电子商务的信号甄别作用,而银行与电子商务注资的相对比例则对电子商务的作用没有影响。这是由于银行和电子商务注资的相对比例只影响利益在两者之间的分配,不会影响企业的利润和融资选择。而竞争市场上银行和电子商务的最终利润均为零,因而其相对比例变化不会对企业融资造成影响。

另外,政府与银行、电子商务平台共建风险池,政府相当于为低风险企业提供了抵押,帮助的是低风险企业。在没有电子商务平台的情况下,如果政府与银行共同出资,直接在银行建立风险池,在本章关注的均衡中(低风险企业被挤出市场,而高风险企业获得贷款),获得帮助的是高风险企业。并且在传统银企模式下,政府想直接为低风险企业注资提供抵押是很难做到的,在信息不对称时,高风险企业总想模仿低风险企业,可能出现分离均衡不存在的情形。另外,政府为银行的注资担保,会加剧银行的道德风险问题,使其更愿意给高风险企业贷款,以博得高收益。电子商务平台通过控制企业的违约成本,实现了信息筛选甄别,区分出了低风险企业,从而让政府的注资能够有的放矢,较好地解决了低风险企业的融资难题。

由上述分析可以看出,即使电子商务相对于银行没有关于企业信息的优势,其仍能通过增大企业违约成本降低银企间的信息不对称。下文将引入电子商务在获取信息方面的优势。可以看到,这一优势可以让电子商务在更一般的条件下发挥作用。

6.4.2.2 电子商务可以获取企业信息

如前所述,电子商务可以通过选择付出成本 Z,得到一个关于企业类型的信号。当通过电子商务平台融资的企业总数为 m 时,分摊到每个企业上的成本为 Z/m。均衡时,银行可以根据电子商务判断的企业类型为企业提供贷款合同。

竞争市场上银行和电子商务的利润均为零。和之前的分析类似,此时低风险企业通过电子商务进行融资的期望收益为:

$$\Pi_i(\gamma_1) = X_0 - (1 - P_1)D + (1 - P_1)(1 - \alpha - \theta)B - B - Y/m - Z/m$$

高风险企业通过电子商务进行融资的期望收益为:

$$\Pi_i(\gamma_2) = X_0 - (1 - P_2)\phi D + (1 - P_2)(1 - \alpha - \theta)B - B - Y/m - Z/m$$

可以看出,如果 $1 - \alpha - \theta = 0$,也即在没有政府注资的情况下,高风险企业一定不会选择通过电子商务进行融资,因为此时 $\Pi_i(\gamma_2) < \Pi_i(\gamma_2^*) = X_0 - B$。[①]

此时,如果 $\Pi_i(\gamma_1) > 0$,也即下列条件成立时:

$$X_0 + (1 - P_1)(1 - \alpha - \theta)B > B + Y/m + Z/m + (1 - P_1)D$$

(6.6)

低风险企业选择通过电子商务进行融资。从式(6.6)中可以看出,当电子商务的信息成本 Z 较小时,式(6.6)将进一步得到松弛。通过对

---

① 由于本章重点关注电子商务是否可以帮助低风险企业获得银行信贷,消除信贷配给,这里不再讨论高风险企业何时选择通过电子商务进行融资。

式(6.6)中的其他参数进行比较静态分析,可以得到如下命题。

命题 6.6:当电子商务可以获取企业信息时,电子商务获取信息的成本越小(即 Z 越小),其在消除信贷配给中的作用越明显;使用电子商务融资企业数目的增加(m 增加),政府在电子商务中注资比例($1-\alpha-\theta$)的增加,电子商务运营成本(Y)的减小,均会使电子商务在银企关系中发挥更重要的作用。

通过比较式(6.6)和式(6.3)可以看出,当 $Z=0$ 时,满足式(6.3)的参数集是满足式(6.6)参数集的子集。换言之,只要电子商务获取信息的成本控制在一定范围内,相对于其不采集企业信息的情形,电子商务的信息优势进一步增大了其在银企关系中的作用,电子商务可以在更一般的条件(即更广泛的参数范围内)下消除信贷配给,缓解中小企业的融资难题。

6.4.3 引入电子商务后的福利分析

从上文的分析可以看出,当电子商务平台存在时,即使在没有抵押品的情形下,一些在传统银行信贷方式下无法得到融资的低风险中小企业也可以获得银行贷款。那么,引入电子商务会如何改变社会福利?由于电子商务的存在加大了企业违约成本,考虑到电子商务建立、运营、信息搜集等方面的成本,电子商务的引入是否一定会改善社会福利呢?

对这一问题可以做如下分析。由于电子商务的引入没有改变信贷市场的结构,竞争性的银行在引入电子商务前后均获得零利润。在式(6.3)(或式(6.6))满足的条件下,电子商务的存在使得低风险中小企业获得了银行融资。此时,电子商务自身的利润为零,由于政府在风险

池中的注资比例为 $1-\alpha-\theta$,当风险池注资额为 B 时,政府的预期收益为:

$$\xi(\gamma) = -(1-P_1)(1-\alpha-\theta)B$$

此时低风险企业的预期收益为:

$$\Pi_1(\gamma) = X_0 - (1-P_1)D + (1-P_1)(1-\alpha-\theta)B - B - Y/m$$

由于在本章关注的分离均衡中,高风险企业仍通过银行融资,其福利不受电子商务引入的影响,因此,引入电子商务平台后社会总福利的变化为:

$$\Delta W = X_0 - (1-P_1)D - B - Y/m \qquad (6.7)$$

在式(6.7)为正的条件下,也即当 $D < \dfrac{X_0 - B - Y/m}{1-P_1}$ 时,引入电子商务后社会福利得以改善。由式(6.3)可见,此时,仍可实现分离均衡。

对上述结论的分析如下。尽管电子商务加大了企业的违约成本,这一成本表面上造成了企业的损失,但正是这种成本使得低风险企业获得了显示自己类型的机会,从而获得银行贷款。换言之,电子商务增进社会福利的根源,在于其降低了银企间的信息不对称。尽管降低信息不对称的过程需要付出一定的社会成本,但其收益也是巨大的,其收益就在于使之前由于信息不对称而无法得到贷款的低风险中小企业获得了银行的资金支持,得以投资净现值为正的项目。因此,只要式(6.7)为正的条件得以满足,即电子商务将企业的违约成本控制在一定范围内时,电子商务的引入将使得社会福利得到改善。

6.5 讨论和政策启示

通过上文的模型分析可以看出,中小企业融资难的根源在于银企间信息不对称。大量中小企业没有银行所需的信用记录,银企间信息不对称问题较为突出。由于担心不良贷款难以消化,商业银行长期以来普遍出现了"抵押担保至上"的信贷倾向(王霄和张捷,2003)。可抵押资产充足、实力雄厚的大企业可以通过向银行提供足够的抵押品来缓解信息不对称问题,获得银行信贷支持。而可抵押资产少、缺乏有效信用记录的中小企业常常由于抵押品所限而无法显示企业质量,受到银行的信贷约束。

因此,欲解决中小企业的融资难题,首先需要解决信息不对称问题。考虑到中小企业规模小、抵押品不足的现状,企业自有资产很难作为企业信息的甄别机制,这就需要寻找能够甄别企业信息、发掘企业质量的外部渠道。中小企业的成长壮大离不开长期积累的声誉等信用资本,优质的中小企业不仅会注重当期收益,也会考虑未来发展。现实中,中国中小企业具有真实可信的信誉资本和违约信用成本(谢世清和李四光,2011)。如果能把企业长期积累的信用资本转化为一种企业看重的资产,中小企业抵押品不足的问题即可得到很大程度的缓解。银行与电子商务平台携手开创的新型信贷模式,提供了解决这一问题的新思路。

首先,银行与电子商务联合的新型信贷模式,通过将事关企业未来发展的声誉和信用资本纳入考量,突破了企业自有可抵押实物资产的限制,为甄别企业信息提供了新渠道。电子商务平台增大了违约企业的信誉成本,因而风险高的企业不愿通过电子商务平台从银行进行融资,这恰为资质良好、违约概率低的优质中小企业提供了显示自身类型的机会。这样,电子商务的引入为甄别不同类型企业提供了新渠道,有效地缓解了银企间信息不对称问题。

其次,电子商务平台和银行的合作,首次将企业网络信用纳入银行的信贷评价体系,使得中小企业的信用资本得到了最大程度的利用。电子商务平台的一大优势是拥有大量企业在交易中留下的信用信息,而银行和电子商务平台的合作使得这些信息得到充分利用,优质中小企业得以通过商业活动展示自身品质,进而获得银行的信贷支持。这种新型信贷模式将企业商业信用和金融信用有效融合,提升了社会资源配置效率。

最后,这种创新模式为政府帮助中小企业缓解融资难题提供了新途径。在传统的信贷模式中,政府难以甄别不同类型的企业(郝蕾和郭曦,2005),而政府补贴和担保的信贷模式反而可能加剧逆向选择和道德风险问题,难以改善中小企业的融资状况(戴本忠和李湛,2009)。在银行和电子商务平台联合的新型融资模式下,通过向风险池注资,政府可以借助电子商务平台的信息甄别机制,真正帮助经营效率高、风险低的优质中小企业获得银行贷款。这也是政府从传统低效的直接补贴转向通过商业模式有的放矢地扶持最需要帮助的中小企业的重要举措。

除此之外,由于电子商务平台具有规模经济的特性,随着通过电子商务平台从银行融资企业数目的增加,其成本优势和信息优势会更加明显。电子商务平台批量进入的特点使其充分发挥规模优势,大大地降低了中小企业的贷款成本。随着这一创新融资模式的广泛使用,电子商务平台将会为缓解中小企业融资难题发挥越来越重要的作用。

6.6 本章结论

前几章的研究表明,银行为主导的金融结构与较高的银行集中度对中小企业融资施加了较大约束,对经常账户失衡产生重要影响。由于短期内金融结构与银行业结构很难改变,本章关心的问题是,给定金融结构与银行业结构,在中国这些以银行为主导、银行集中度较高的经济体中,是否存在某些创新模式,可以帮助缓解中小企业融资难题,进而改善失衡状况。

本章考察了银行联手电子商务平台为中小企业进行融资的创新模式。通过构建理论模型,分析了传统信贷模式产生信贷配给的原因,探究了电子商务平台如何通过增大企业违约成本、发挥信息采集优势、与银行和政府共建风险池、实现规模经济等途径,在无须抵押品的情况下帮助低风险中小企业获得银行贷款。理论分析表明,电子商务平台可以通过调整企业的违约成本,实现企业信息的自动甄别,从而缓解信息不对称问题。电子商务平台的批量进入优势可以使其在更一般的条件下发挥作用。电子商务平台信息采集成本的下降、政府在风险池中注资比例的增加、使用电子商务的企业数目的增多,均可推动电子商务平台在银企关系中扮演更重要的角色。

前几章的研究表明,经常账户失衡的重要原因在于金融体系的结构性因素导致的中小企业融资困难。因此,减缓中小企业面临的融资抑制对于改善经常账户失衡状况具有重要作用。本章的理论分析为解决中小企业融资难题,缓解经常账户失衡状况提供了新思路。中小企业融资难,与中小企业信用信息的处理、加工、传播能力不足密切相关。银行和电子商务平台联手为中小企业贷款这一新型模式启示人们,解决中小企业的融资难题,关键在于创造能够甄别企业信息、发掘企业质量的外部渠道,充分利用企业长期积累的信用资本,降低信息不对称。因此,在全社会建立完善的中小企业信用体系,充分发挥信用资本在企业融资中的作用,拓宽信用甄别渠道,提高企业信息传递能力,对于缓解中小企业的融资难题具有重要意义。

第7章

银行集中度、企业信贷与经济波动

7.1 本章引言

改革开放以来,中国经济取得了举世瞩目的增长,1978—2008年的年均实际GDP增长率达到9.9%。同时,经济周期现象始终伴随中国经济的高速增长,尤其是改革开放初期,中国经济增长大起大落的现象非常明显。如果绘出中国的人均实际GDP增长率和实际GDP增长率随时间演进的趋势图(见图7.1),可以看出,31年间,中国的实际GDP增长率在4%—16%波动,波峰与波谷之间有12%的巨大差距。具体地,如果考察GDP三次产业构成的波动情况(见图7.2),可以发现,第一产业和第三产业的增长率相对平缓,分别在-2%—13%和2%—20%波动,而且1992年之后,增长率的波动大大减弱。与此相对,第二产业的波动相对剧烈,波谷与波峰之间相差20个百分点。尤其是在实际GDP增长率处于波峰和波谷的年份,第二产业的增长率都无一例外地处于相应波段的波峰和波谷,与实际GDP的波动完全吻合。因此,从历史数据中分析,第二产业的波动是实际GDP波动的主要力量。

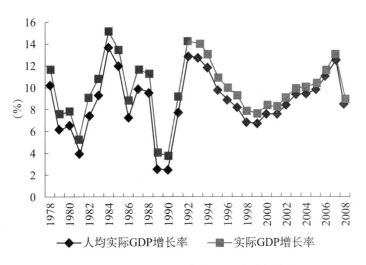

图 7.1 1978—2008 年中国经济增长率

资料来源:《新中国 60 年统计资料汇编》。

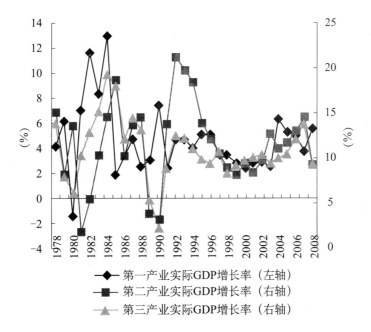

图 7.2 1978—2008 年中国三次产业增长率

资料来源:《新中国 60 年统计资料汇编》。

近年来,经济学家逐步开始把金融因素视为经济波动的重要成分(赵振全等,2007)。在中国,货币当局控制经济波动的重要措施之一是影响银行的信贷供给。政府加快信贷投放以促进经济繁荣的政策对于中国经济波动产生了重要影响(张承惠等,2003)。中国企业的大部分外部融资都依赖于银行①,银行在中国经济波动的过程中扮演了重要角色(许伟和陈斌开,2009)。长期以来,中国的银行业由于受到严格的政府管制,准入门槛较高,竞争程度弱,具有较高的银行集中度。随着中国金融业的开放,民营银行和外资银行的进入将逐步加大银行业的竞争程度,而全球化的趋势以及其所导致的银行业兼并也将进一步推动银行业结构发生显著变化。

那么,银行业规模和集中度的变化将对中国的经济波动以及三次产业的波动产生什么影响?较高的银行集中度是加大还是减弱了外生冲击对于经济波动的影响?这背后的传导渠道又是什么?进一步,中国的银行集中与竞争政策是否会影响经济的良好运作与稳定?

对于上述问题,现有文献关注的比较少。已有文献大多从银行信贷总量的角度研究中国的经济波动,却忽视了银行业内部的规模结构对于经济波动的影响。在现有文献中,不少研究结论支持银行信贷对于中国经济波动的重要作用(张承惠等,2003;赵振全等,2007;许伟和陈斌开,2009)。但是,上述文献只是单纯考察了经济波动,而没有具体考量三次产业的波动情况,也就无法解释第二产业波动在总体经济波动中的重要

---

① 2010年国内非金融机构部门融资总量中,银行贷款占比高达75.2%,而企业债券和股票融资占比分别仅为10.5%和5.5%。

作用。同时,上述文献都从银行信贷总量的角度入手,与本章银行集中度的视角并不相同。

从理论上讲,银行集中度如何影响经济波动对于外生冲击的反应存在不确定性。一方面,高银行集中度可以熨平外生冲击对于经济波动的影响。第一,银行高度集中意味着银行的垄断利润较高,有更强的能力承担风险,建立应对不利冲击的防御机制。在经济不景气时,银行有足够的利润空间以备缓冲(Boot and Greenbaum,1993)。第二,当银行集中度较高时,银行更容易在不同时期之间进行收益的平滑(Petersen and Rajan,1995):它们可以在经济不景气的时候增加给企业的贷款,当经济处于扩张期时,收取更高的租金以弥补经济紧缩期的损失,从而减弱外生冲击对于经济波动的影响。另一方面,银行集中度越高,外在冲击对于经济波动的影响也可能越大。这是由于银行的垄断力量越强,索要的利率越高,逆向选择和道德风险两种渠道都可能加大银行项目的风险,放大经济波动。同时,银行集中度越高,中小企业更容易得到贷款(Petersen and Rajan,1995),而中小企业在经济紧缩时容易受到更大的冲击,项目风险较大,如果银行的资产组合中有大量的中小企业贷款,外生冲击对于经济波动的影响就会被放大。

那么,具体到中国国情,银行集中度对于经济波动和三次产业波动的影响到底是怎样的?为了更好地对上述问题进行回答,本章运用中国1992—2004年省级面板数据和上市公司面板数据,系统规范地检验了银行集中度在外生冲击对于经济波动的影响过程中发挥的作用。本章的实证结果显示:高银行集中度对于经济波动起到了"减震器"(shock absorber)的作用。具体而言,高银行集中度自身并不会显著影响经济波动,但其可以显著缓解外生冲击对经济波动的影响,并且,这一作用主要体现在第二产业,具体地说,是第二产业中的工业。加入银行集中度后,传统文献中所强调的金融发展水平及其与冲击的交互项都不再显著。这说明单纯的银行信贷总量并不能全面地解释金融因素对于经济波动的影响,银行业的规模和结构也是解释经济波动的重要因素。本章进一步研究了这一结论的传导渠道。实证结果表明,高银行集中度对于企业信贷具有显著的负向影响,而信贷具有顺周期性,对于加剧经济波动有重要影响,由于中国是一个高速增长的经济体,在经济繁荣期常常面临过度的信贷投放和产能过剩的问题,银行集中度对于企业信贷的抑制提供了一个银行集中度缓解外生冲击对于经济波动影响的传导渠道。

本章的结构安排如下。第二部分在系统梳理相关文献的基础上,指明本章的意义和贡献。第三部分介绍数据来源、关键变量的构建方法和实证策略。第四部分给出基本实证结果。第五部分呈现稳健性回归结果,并对结果进行讨论。第六部分是结论及启示。

7.2 文献综述

与本章相关的研究主要集中在两支,第一支文献主要从金融发展的视角研究经济波动,第二支文献侧重研究银行集中度对于行业波动、信贷波动的影响。下面即对相关文献进行一个简要梳理,在此基础上提出本章的研究意义和贡献。

从金融的视角研究经济波动是一个蓬勃发展的领域,已经涌现了大量文献。但这些文献多集中在金融发展(更具体的,如金融中介的发展、银行信贷的投放、资本市场的发展)与经济波动的关系,而鲜有文献探索银行集中度如何影响经济波动。在理论上,Aghion 等(1999)指出,当金融市场不发达时,信贷的供给和需求更加顺周期,投资者在面对不良冲击时被排除于信贷市场之外,从而加剧了冲击的不利影响。Acemoglu 和 Zilibotti(1997)的理论模型通过强调金融市场分散风险的功能构建了金融发展与经济波动的联系,认为金融发展水平过低导致金融市场分散风险的功能无法实现,从而加剧了经济波动。实证方面,Denizer 等(2002)通过分析 70 个国家 1956—1998 年的面板数据,发现银行在金融体系中的相对重要性对产出、消费、投资波动具有重要的解释力,银行信贷中私人部门的信贷比例较好地解释了消费和产出的波动。Beck 等(2006)运用 63 个国家 1960—1997 年的面板数据检验了金融中介的发展对放大波动的影响。他们发现,这两者之间并不存在稳健的关系,但是,在中低收入国家,金融中介的发展放大了通货膨胀波动对于经济波动的影响。Piyapas(2007)运用 35 个国家 1975—2004 年的数据考察了资本市场发展与经济波动的关系。其实证结果表明,资本市场越发达,经济体面临衰退的概率越低,处于衰退的时间越短,经济波动的幅度越小。Brau 和 Larrain(2006)、Raddatz(2006)等文献也指出了金融市场的发展有助于减缓经济波动。在国内文献中,董利(2006)、骆振心和杜亚斌(2009)、朱彤等(2011)也用中国的数据研究了金融发展对于经济波动的影响。本章借鉴了这支文献的研究思路,在计量检验中控制金融发展的影响。但本章关注的焦点并不在于金融发展,而在于银行集中度。因此,本章是对上述文献的丰富和扩展。

与本章相关的另一支文献考察了银行集中度与产业波动、信贷波动的关系,但并没有涉及银行集中度与宏观经济波动的关联。Pang 等(2011)的实证研究发现,更高的银行集中度有助于减少产业波动,对于流动性需求更高的行业尤为如此。Micco 和 Panizza(2005)的回归分析表明,高银行集中度可以减弱外生冲击对于信贷波动的影响。还有一些文献侧重考察银行集中度与银行业内部的风险与波动的关系,但并没有达成一致的结论。一种观点认为高银行集中度降低了银行业的风险和波动(Marcus,1984; Keeley,1990; Demsetz et al.,1996; Carletti and Hartmann,2003; Beck et al.,2006)。其理由是如果银行集中度过低,银行高度竞争导致利润率减少,特许权价值降低,从而迫使银行从事高风险的项目,加剧银行业风险。另一种观点认为高银行集中度引发更大的银行风险(Boyd and De Nicolo,2005; Boyd et al.,2006; De Nicolo and Loukoianova,2006)。其逻辑是更强的市场力量导致银行索要更高的利率,致使企业偿还贷款更加困难,加剧了逆向选择与道德风险问题;更高的集中度也会诱使银行相信自己大而不能倒,加剧银行的道德风险问题,放大波动。Berger 等(2009)将两种观点进行了折中,他们认为虽然银行集中度越高,银行贷款组合的风险越大,但是这种风险会被银行更高的资本充足率所抵消,所以银行的总体风险有所下降。虽然这些文献涉及银行集中度对于产业波动和信贷波动的影响,却未能讨论其对总体宏观经济波动的影响,而后者是本章关注的重点。

  本章从实证的角度检验了银行集中度与宏观经济波动的关系,并且对背后的传导渠道进行了探索。本章不仅指出银行集中度对于外在冲击对总体经济波动的影响具有缓解作用,而且发现这种作用主要体现于第二产业,尤其是第二产业中的工业,其中的传导渠道是较高的银行集中度通过抑制企业过度贷款,减缓了经济波动。这些在以往的文献中并没有进行探索。另外,现有文献大都是跨国研究,本章运用中国省级面板数据,结合中国国情对两者的关系进行探索,对于解决中国的具体问题具有重要意义。

7.3 计量模型及变量选取

长期以来,中国对于银行业实行严格的管控,改革开放以后,人民银行和四大国有银行才从政府的依附地位中独立出来,形成二元银行体系。随着市场化改革的推行,股份制商业银行和城市合作银行相继兴起,中国银行体系的多元化格局逐渐彰显出来。在这个过程中,人民银行和四大国有专业银行在国内的组织机构设置与中国的行政区划一致,这使得地方政府对于人民银行和各国有银行的地方分支机构具有相当大的影响力(林毅夫和孙希芳,2008)。由于政府政策的倾斜和干预程度不同,各个省份在发展构成中,银行结构和规模出现了较大差异。在国有经济比重较大、重点建设项目较多的中西部地区和东北地区,政府控制力度较强,地方政府与国有银行的分支机构有更强的谈判条件,因此这些地区的四大国有银行份额占比较大,具有较高的银行集中度。而东部地区对外开放较早,发展较快,股份制银行与外资银行蓬勃发展,银行集中度低于中西部地区。考虑到中国各个地区的差异和银行发展过程的阶段性,为了更好地解决内生性问题,本章在回归中选取省级面板的固定效应模型。

沿用文献中衡量集中度的通用做法,本章采用赫芬达尔-赫希曼指数(Herfindahl-Hirschman Index)来衡量银行的集中度。由于相比于存款,贷款更能体现银行在经济活动中发挥的作用,本章用工、农、中、建四大国有商业银行人民币贷款量占金融机构贷款总量的比例的平方和作为银行集中度的衡量指标。作为稳健性检验,也采用四大商业银行人民币贷款总量占金融机构贷款总量的份额来衡量银行集中度。[①] 由于2005年后,各大银行的贷款统计改为按大区计算,无法得到各个银行详细的分省数据,而1992年之前数据缺失较为严重,且在实行市场经济之前,中国的商业银行承担了过重的政策性负担,而这不是本章研究的重点,所以银行集中度的分省数据跨度从1992年到2004年。[②]

文献中对于经济波动的衡量方法有多种,其中一种是将时间跨度划分为几个大的阶段,然后计算每个阶段的经济增长率的标准差,得到较短面板数据的相应指标。比如Denizer等(2002)和Beck等(2006)采用的就是这种方法。但是这种方法适合时间跨度非常长的面板数据,受限于中国的数据时间跨度较短,无法采用这种方法来衡量经济波动。但是,借鉴他们的思路与刘金全和刘志刚(2005)及朱彤等(2011)的方法,本章使用相邻四年实际GDP增长率的移动标准差来衡量经济波动,得到时间频率为一年的面板数据,保证了观测值的数量。所谓移动标准差,即在样本观测区间内给定移动时长m(这里$m=4$),定义t时的移动标准差为从$t-m+1$时到t时m个样本的标准差。计算公式为:

[①] 这种衡量方法也是研究银行业结构和规模的常用方法,见林毅夫和姜烨(2006)、林毅夫和孙希芳(2008)。

[②] 由于工商银行、农业银行、建设银行将计划单列市的贷款与省级贷款分开统计,本章将这些单列市的贷款加总到省级贷款,得到跨省的面板数据。

$$\sigma_t = \frac{1}{m}\sum_{i=t-m+1}^{i=t}(y_i - \bar{y}_t)^2, \bar{y}_t = \frac{1}{m}\sum_{i=t-m+1}^{i=t} y_i$$

移动标准差度量的是数据生成过程中的历史波动性,其优势是在时间跨度较短的情况下也能较好地衡量经济波动。在对三次产业的分析中,对于经济波动的衡量方法保持不变,只是被解释变量取成相应产业实际 GDP 增长率的相邻四年移动标准差。在稳健性检验部分,更换移动标准差的时间频率,实证结果依然稳健。

考虑到经济波动对于银行集中度和其他解释变量可能存在的反向影响,本章将银行集中度与其他解释变量滞后一期以克服内生性问题。在对分省面板数据的回归中采用的设定如式(7.1)所示:

$$\text{volatility}_{it} = \beta_0 + \beta_1 \text{concentration}_{it-1} + \beta_2 \text{shock}_{it} + \beta_3 \text{concentration}_{it-1} \\ \times \text{shock}_{it} + \beta_4 X_{it-1} + \alpha_i + \eta_t + \varepsilon_{it} \quad (7.1)$$

其中,volatility 表示经济波动,concentration 表示银行集中度,shock 表示外部冲击。沿用 Beck 等(2006)对于外部冲击的刻画方法,本章使用通货膨胀率的四年移动标准差来衡量外部冲击。[①] 通货膨胀率的衡量有两个指标,以供稳健性检验。一个是消费价格指数的变化率,另一个是零售价格指数的变化率。Concentration × shock 表示银行集中度与外在冲击的交互项。由于本章旨在探寻银行集中度是否影响了外在冲击对经济波动的作用,该项前面的系数 β_3 是本章重点关注的内容。β_3 与 β_2 的符号方向相同,表明银行集中度放大了外在冲击对于经济波动的影响,方向相反,则是减弱了这种影响。

---

① 此处的通货膨胀率波动不仅反映了货币政策的影响,也反映了其他因素的影响,如需求冲击、商业周期因素等(Beck et al. ,2006)。

X 表示控制变量。本章控制信贷投放总规模占 GDP 的比例(文献中通常用这个指标来衡量金融发展水平)和该比例与外在冲击的交互项,以分离金融发展对于经济波动的影响。在稳健性检验部分,本章还用证券市场融资总额占 GDP 的比重控制了资本市场的发达程度对于经济波动的影响,银行集中度的影响依然显著。另外,考虑到变量的水平值对波动的潜在影响,本章还控制了上期的经济增长率和通货膨胀率的平均值。同时,本章控制了进出口总额占 GDP 的比重,排除了开放度对于经济波动的影响。另外,本章也控制了外商直接投资占 GDP 的比重、财政支出占 GDP 的比重、固定资产投资占 GDP 的比重,以排除政府的财政和投资行为对于经济波动的影响。人均实际 GDP 的对数值也是控制变量之一,排除了经济发达程度不同所导致的经济波动差异。α_i 与 η_t 分别表示个体固定效应与时间固定效应,以控制不随个体变化和不随时间变化的因素对于经济波动的影响。

考虑到中国的特殊国情,各省份地方政府的政策对于银行集中度影响较大。在国有经济比重较大、重点建设项目较多的中西部地区和东北地区,地方政府与国有银行的分支机构有更强的谈判条件向人民银行要求更高的贷款限额和信贷资金支持,因此这些地区的银行集中度较高。相对而言,中国东部省份金融开放度较高,中小银行得以发展,银行集中度较低。同时,由于东部地区开放程度相对较高,政府干预相对较少,政府政策对于经济波动的熨平效果较弱。如果上述逻辑成立,银行集中度与经济波动的关系有可能是由于政府政策干预导致的。为了排除这一因素的影响,在上述控制变量之外加入各地的国有化比重(用国有企业职工总数占所有职工总数的比例来衡量①),作为政府政策干预的代理变量。

在研究银行集中度与经济波动的关系中,本章所用的数据样本是中国 31 个省份在 1992—2004 年关于前述各个变量的数据,数据来自历年《中国金融年鉴》《中国统计年鉴》《中国工业统计年鉴》和《新中国 60 年统计资料汇编》。

在对银行集中度对经济波动影响的传导渠道的分析中,本章的视角集中于信贷渠道。但本章并没有采用省级层面的宏观面板数据,而是采用公司层面的数据。主要的考虑是在宏观层面上,信贷投放与银行集中度可能存在反向因果关系,内生性问题比较严重。而用公司层面的数据,由于银行集中度是一个宏观经济变量,难以为个别公司所控制,可以较好地解决反向因果问题。在稳健性检验部分,本章也提供了宏观层面上的信贷波动与银行集中度的关系,与公司层面的分析结果相互印证。

在公司层面的面板数据分析中,本章的基本设定如式(7.2)所示,在稳健性检验部分,本章采用动态面板数据模型,也尝试将控制变量滞后一期,以更好地处理潜在的内生性问题。

$$\text{loan}_{it} = \beta_0 + \beta_1 \text{concentration}_{it} + \beta_2 C_{it} + \beta_3 M_{it} + \alpha_i + \eta_t + \varepsilon_{it} \quad (7.2)$$

在式(7.2)中,被解释变量是企业短期借款与长期借款之和占总资产的比重。解释变量是企业所在省份的银行集中度。而控制变量主要有两组:C_{it} 和 M_{it}。C_{it} 主要采用资本结构的实证文献中所控制的各种公

---

① 如果银行集中度和经济波动的关系是由政府的政策因素所引起的,加入政府干预的代理变量后,本章关注的银行集中度的系数应该变得不显著。

司层面因素,包括企业的规模、有形性(固定资产占总资产的比重)、盈利性(营业利润的比重)、成长性(tobin q)、上市年限及平方项、Altman Zscore[①]、税盾、现金流量的比重、投资占总资产的比重以及是否股利发放和是否发生亏损的虚拟变量。M_{it} 主要包括宏观层面的控制变量。为了排除政府为控制证券市场的发展在融资额度上的政策管制因素对于企业贷款量的影响,本章控制变量"政策",用该公司所在省份当年的融资额度占当年全国总融资额度的比例来衡量。本章也控制了省级的信贷投放占 GDP 的比重,以控制宏观信贷环境对于企业贷款的影响。上市公司数据的来源是北京大学中国经济研究中心色诺芬(CCER Sinofin)上市公司数据库,宏观数据来自各年度的《中国统计年鉴》及《新中国 60 年统计资料汇编》。

7.4 基本回归结果

7.4.1 银行集中度与经济波动——基本回归结果

本章先来考察银行集中度如何影响外在冲击对总体经济波动的作用。表 7.1 给出了设定式(7.1)下的基本回归结果。

表 7.1 的第(1)列只控制了最基本的变量,没有控制 FDI 占比、国有企业占比、人均 GDP 的对数。回归结果表明,冲击的系数显著为正,表明

[①] 文献中常使用的 Z Score 的算法为:$Z = 0.717T_1 + 0.847T_2 + 3.107T_3 + 0.420T_4 + 0.998T_5$。其中 $T_1 =$ (流动资产 – 流动负债)/总资产,$T_2 =$ 留存收益/总资产,$T_3 =$ 息税前利润/总资产,$T_4 =$ 所有者权益的市场价值/总负债,$T_5 =$ 销售收入/总资产。此变量用以控制企业破产概率对于企业融资的影响。

表 7.1 银行集中度、外在冲击与经济波动的基本回归结果

	被解释变量:实际 GDP 增长率的四年移动标准差				
	(1)	(2)	(3)	(4)	(5)
集中度×冲击	-1.219**	-1.208*	-1.117***	-1.278*	-1.237*
	(0.59)	(0.59)	(0.36)	(0.70)	(0.67)
冲击	0.397*	0.383*	0.338**	0.308	0.275
	(0.21)	(0.22)	(0.14)	(0.21)	(0.22)
集中度	0.030	0.029		-0.007	-0.016
	(0.03)	(0.03)		(0.04)	(0.04)
信贷	-0.006	-0.006		-0.009	-0.009
	(0.01)	(0.01)		(0.01)	(0.01)
信贷×冲击	0.033	0.050	-0.004	0.021	0.044
	(0.25)	(0.26)	(0.18)	(0.23)	(0.24)
平均增长率	-0.031	-0.027	-0.018	-0.004	0.006
	(0.03)	(0.04)	(0.04)	(0.04)	(0.04)
平均通胀率	-0.007	-0.006	-0.009	0.068***	0.070***
	(0.03)	(0.03)	(0.03)	(0.02)	(0.02)
固定资产投资	-0.001	0.001	0.019	0.013	0.018
	(0.01)	(0.01)	(0.02)	(0.01)	(0.02)
财政支出	0.027	0.021	0.023	-0.008	-0.017
	(0.03)	(0.03)	(0.04)	(0.05)	(0.05)
开放度	0.011*	0.011**	0.013**	0.009	0.011*
	(0.01)	(0.01)	(0.01)	(0.01)	(0.01)
FDI 占比		-0.019	-0.072*		-0.054
		(0.04)	(0.04)		(0.04)
国有化			-0.015	-0.030	-0.025
			(0.02)	(0.02)	(0.02)
人均 GDP 的对数			-0.010***	-0.001	0.002
			(0.00)	(0.01)	(0.01)
个体效应	Y	Y	Y	Y	Y
时间效应	N	N	N	Y	Y
观测值个数	362	357	352	357	352
R^2	0.228	0.23	0.266	0.385	0.398

注:括号中的数值是稳健标准误;*、**、*** 分别表示在10%、5%、1%的水平显著;下同。

外生冲击加大了经济波动。银行集中度的水平项不显著,集中度与冲击交互项的系数显著为负,表明高银行集中度自身并不会显著影响经济波动,但其可以显著缓解外生冲击对经济波动的影响,换言之,高银行集中度对于经济波动起到了"减震器"的作用。加入银行集中度后,信贷占比的水平项与交互项都不显著[1],说明传统文献中使用的金融发展水平并不能全面地解释金融对于经济波动的影响。银行信贷总量只是金融发展的一个层面,银行业的规模和结构也是解释经济波动的重要因素。由于 FDI 占比与进出口占比刻画了开放的不同侧面,作用机制与进出口可能不同,所以第(2)列在第(1)列的基础上加入 FDI 占比,考察回归结果是否稳健。上述结果没有显著的变化。第(3)列继续加入国有企业占比和人均 GDP 的对数,以控制中国特有的体制因素和经济发展水平对于经济波动的影响,上述结果依然稳健。[2] 前三列都没有控制时间固定效应,第(4)和第(5)列,加入时间固定效应,并逐次加入 FDI 占比,集中度与冲击的交互项依然显著为负,且与冲击前面的系数相反。

其他控制变量中,开放度前面的系数显著为正且比较稳健。这表明进出口份额占比越大的省份,经济波动越大。人均 GDP 的对数在第(3)列中显著为负,表明经济越发达的省份,经济波动越小,但这一关系并不稳健。固定资产投资、财政支出和国有化程度对于经济波动的影响并不显著。

表7.1 的实证结果显示,银行集中度显著减弱了外在冲击对经济波

---

[1] 在后文的稳健性检验中也用证券市场融资总额来刻画金融发展,结论没有本质变化。
[2] 由于前两列中,集中度和信贷的水平值都不显著,第(3)列没有控制它们的水平值。

动的影响。

接下来分产业考察银行集中度对于经济波动的影响。由图7.2可知,第二产业的波动是推动实际GDP波动的主要力量,因此,分产业考察银行集中度的影响,可以更清楚地区分银行集中度的作用渠道。如果银行集中度能够显著缓解外在冲击对于第二产业波动的影响,上面的实证结果就得到了更有力的支撑。

表7.2呈现了分产业回归的实证结果。每一列的被解释变量分别是第一产业、第二产业、第二产业中的工业、第二产业中的建筑业、第三产业的实际GDP增长率的四年移动标准差。为节约篇幅,本章只列示了与表7.1的第(5)列相对应的实证结果,与其他列相对应的实证结果类似,银行集中度与冲击的交互项的系数和显著性没有本质变化。

表7.2 银行集中度、外在冲击与经济波动分产业结果

	被解释变量:各产业实际GDP增长率的四年移动标准差				
	第一产业	第二产业	工业	建筑业	第三产业
集中度×冲击	0.535	−4.866**	−4.011**	−2.465	−0.936
	(2.10)	(2.03)	(1.56)	(3.08)	(0.67)
冲击	0.170	1.272*	1.460**	−0.258	0.018
	(0.54)	(0.64)	(0.61)	(0.80)	(0.20)
集中度	0.155	0.065	−0.025	−0.070	0.005
	(0.17)	(0.10)	(0.08)	(0.12)	(0.04)
信贷	0.062	−0.001	−0.004	−0.053	−0.019***
	(0.07)	(0.03)	(0.03)	(0.05)	(0.01)
信贷×冲击	0.487	−0.168	−0.373	1.074	0.094
	(0.37)	(0.75)	(0.55)	(1.08)	(0.14)
平均增长率	−0.135	−0.028	0.001	−0.215**	0.012
	(0.09)	(0.06)	(0.06)	(0.09)	(0.03)

(续表)

被解释变量:各产业实际GDP增长率的四年移动标准差					
	第一产业	第二产业	工业	建筑业	第三产业
平均通胀率	−0.010	0.049	0.027	0.275**	0.068***
	(0.07)	(0.04)	(0.05)	(0.12)	(0.02)
固定资产投资	0.102	−0.013	0.028	0.083	0.002
	(0.15)	(0.04)	(0.04)	(0.09)	(0.02)
财政支出	−0.207*	0.074	−0.011	0.021	−0.068*
	(0.12)	(0.13)	(0.10)	(0.29)	(0.03)
开放度	0.036*	0.014	0.010	0.024	0.011***
	(0.02)	(0.01)	(0.01)	(0.02)	(0.00)
FDI占比	−0.230	−0.035	−0.208*	0.047	0.008
	(0.24)	(0.13)	(0.11)	(0.20)	(0.04)
国有化	−0.121	0.019	−0.024	−0.086	−0.038*
	(0.10)	(0.05)	(0.05)	(0.08)	(0.02)
人均GDP的对数	−0.134	0.048	0.034	0.111**	−0.019
	(0.11)	(0.04)	(0.04)	(0.05)	(0.01)
观测值个数	352	352	352	352	352
R^2	0.161	0.34	0.394	0.191	0.335

由表7.2可见,外在冲击对于第二产业有显著的正向影响,而银行集中度显著地减弱了这种影响。这种关系对于其他产业并不显著。可见,银行集中度的作用渠道主要在于第二产业,更具体地,是第二产业的工业。从影响程度来看,在第二产业和工业的回归中,集中度与冲击的交互项前面的系数约是总体经济波动回归中相应系数的4倍,银行集中度对于工业波动的影响程度更加明显。由于第二产业的波动构成了经济波动的主要力量,银行集中度对于第二产业波动的缓解,较好地解释了它对总体经济波动的缓解作用。

其他解释变量中,信贷投放占比对于第三产业的经济波动有显著的缓解作用。而开放度对于经济波动的显著放大作用主要体现于第一与第三产业。而财政支出对于第一和第三产业的波动有显著的缓解作用。

7.4.2 银行集中度与企业贷款——传导渠道

中国是一个高速增长的经济体,经济过热、产能过剩的问题时有发生。而项目的开工上马,离不开银行贷款的支持。如果银行集中度能够抑制企业的信贷投放,就能在一定程度上防止项目的盲目上马,缓解外在冲击对于经济波动的影响。本小节探讨银行集中度对于企业贷款的影响,从而为上一小节的实证发现提供一个微观基础。

采用式(7.2)设定的回归结果如表7.3所示。在第(1)列至第(6)列中,更换公司层面的控制变量,以检验实证结果的稳健性。第(1)列和第(2)列分别以固定资产占总资产的比重和应收账款与存货之和占总资产的比重衡量有形性,以营业利润占净资产的比重衡量盈利性;而第(3)列至(6)列分别以营业利润占净资产的比重、净利润占净资产的比重、总资产回报率、营业利润占总资产的比重衡量盈利性,以固定资产占总资产的比重衡量有形性。公司层面的控制变量基本符合资本结构的实证文献的相关结果。比如企业规模越大,获得的贷款越多。由于本章的侧重点不在于讨论资本结构的影响因素,此处不再详细展开。

表7.3 银行集中度与企业贷款基本回归结果

	被解释变量:企业长短期借款之和占总资产的比重					
	(1)	(2)	(3)	(4)	(5)	(6)
集中度	−0.406**	−0.393**	−0.403**	−0.404**	−0.413**	−0.370**
	(0.17)	(0.17)	(0.17)	(0.17)	(0.17)	(0.16)

(续表)

	被解释变量:企业长短期借款之和占总资产的比重					
	(1)	(2)	(3)	(4)	(5)	(6)
政策	0.038	0.031	0.032	0.030	0.025	0.025
	(0.00)	(0.00)	(0.00)	(0.00)	(0.00)	(0.00)
信贷	-0.049*	-0.051*	-0.049*	-0.051*	-0.067**	-0.043
	(0.00)	(0.00)	(0.00)	(0.00)	(0.00)	(0.00)
规模	0.089***	0.087***	0.085***	0.083***	0.072***	0.071***
	(0.02)	(0.02)	(0.02)	(0.02)	(0.02)	(0.02)
有形性	-0.182**	0.016	-0.206**	-0.217**	-0.169*	-0.178**
	(0.08)	(0.07)	(0.08)	(0.08)	(0.09)	(0.08)
成长性	-0.013	-0.005	-0.009	-0.009	0.014	0.010
	(0.01)	(0.01)	(0.01)	(0.01)	(0.01)	(0.01)
营利性	-0.134***	-0.144***	-0.136***	-0.083***	-0.966***	-1.355***
	(0.04)	(0.04)	(0.04)	(0.03)	(0.17)	(0.17)
Z 得分	-0.005*	-0.005*	-0.005*	-0.005*	-0.004**	-0.003*
	(0.00)	(0.00)	(0.00)	(0.00)	(0.00)	(0.00)
年龄	0.031***	0.032***	0.033***	0.033***	0.030***	0.035***
	(0.01)	(0.01)	(0.01)	(0.01)	(0.01)	(0.01)
年龄平方	-0.002***	-0.002***	-0.002***	-0.002***	-0.001**	-0.001***
	(0.00)	(0.00)	(0.00)	(0.00)	(0.00)	(0.00)
投资规模	-0.044	-0.032	-0.045	-0.036	-0.025	-0.045
	(0.07)	(0.07)	(0.07)	(0.07)	(0.07)	(0.06)
股利	-0.051	-0.051	-0.049	-0.050	-0.037	-0.031
	(0.04)	(0.04)	(0.04)	(0.04)	(0.03)	(0.03)
税盾	-0.042	-0.038	-0.038	-0.029	-0.079	-0.066
	(0.10)	(0.10)	(0.10)	(0.10)	(0.09)	(0.09)
现金流	-0.048	-0.006	-0.019	-0.146	0.301*	0.762***
	(0.16)	(0.17)	(0.16)	(0.15)	(0.17)	(0.17)
损失	0.001	0.001	0.002	0.002	-0.002	0.001
	(0.01)	(0.01)	(0.01)	(0.01)	(0.01)	(0.01)
观测值个数	1 709	1 680	1 680	1 681	1 528	1 681
R^2	0.251	0.235	0.242	0.24	0.243	0.285

由表7.3可见,银行集中度前面的系数显著为负,且始终保持稳定。即银行集中度越高,企业获得的贷款越少。高银行集中度对于企业贷款有显著的抑制作用。在中国这样一个以投资驱动的经济体中,常常出现项目投资的潮涌现象,金融机构在"羊群行为"的影响下也很乐意给予这些投资项目金融支持(林毅夫,2007)。可以说,银行信贷投放对于加剧投资的潮涌现象和经济波动起到了推波助澜的作用。高银行集中度通过抑制经济过热时银行的信贷投放,在一定程度上避免了潮涌现象中企业将大量资金投入项目,从而缓解了货币投放等外生冲击对经济的大幅影响。

7.5 稳健性检验

本小节进行稳健性检验,以考察第四部分得到的实证结果是否稳健。

7.5.1 银行集中度与经济波动

基本回归使用消费价格指数计算通货膨胀,衡量外在冲击;如果用零售价格指数取代消费价格指数,重新进行相应的回归,结论依然稳健。所得结果如表7.4前三列所示。本章也用四大银行贷款总额占金融机构贷款总额的比重衡量集中度,重新进行基本回归,所得结果如表7.4后三列所示。

表 7.4　银行集中度、外在冲击与经济波动的稳健性检验

	被解释变量:实际 GDP 增长率的四年移动标准差					
	(1)			(2)		
	总体	第二产业	工业	总体	第二产业	工业
集中度×冲击	-1.290*	-4.753**	-3.574**	-0.615**	-1.786*	-1.841***
	(0.64)	(1.85)	(1.41)	(0.23)	(1.00)	(0.59)
冲击	0.394**	1.563***	1.686***	0.687***	2.043**	2.429***
	(0.18)	(0.54)	(0.55)	(0.14)	(0.86)	(0.64)
观测值个数	373	373	373	373	373	373

注:其他控制变量如表 7.1 第(5)列所示;为节约篇幅,不再列出。

本章还尝试了控制证券市场融资总额占 GDP 的比重及其与冲击的交互项,银行集中度和交互项前的系数依然显著为负。本章还将移动标准差的时间频率取为 3 年和 5 年,重新进行了总体和分产业的回归,上面的结论依然稳健。如果将被解释变量换成人均实际 GDP 的移动标准差,依然没有改变前面的结论。限于篇幅,这些结果不再报出。

综上,实证结果表明,银行集中度显著减弱了外在冲击对于经济波动的影响,而且这种作用主要体现在第二产业,更具体地,是第二产业中的工业,而对其他产业的作用并不显著。

7.5.2　银行集中度与企业贷款

由于企业的借款选择可能与公司层面的控制变量存在反向因果关系,本章将公司层面的控制变量滞后一期,以考察银行集中度对于企业贷款的选择是否依然有显著影响。表 7.5 的前两列给出了控制变量滞后一期的结果。第(1)列用营业利润占净资产的比重衡量盈利性,第(2)列用净利润占净资产的比重衡量盈利性。由前两列可见,即使滞后公司层面的控制

变量,高银行集中度依然对企业贷款有显著的负向影响。

表7.5 银行集中度与企业贷款的稳健性检验

被解释变量:企业长短期借款之和占总资产的比重						
	(1)	(2)	(3)	(4)	(5)	(6)
集中度	-0.569***	-0.571***	-0.414**	-0.292*	0.337	0.487**
	(0.20)	(0.20)	(0.18)	(0.17)	(0.29)	(0.20)
集中度的平方					-3.913***	-0.556***
					(1.19)	(0.20)
观测值个数	1 239	1 128	1 239	1 015	1 239	1 239

注:动态面板模型中控制了企业贷款的滞后一期的值;模型通过一阶序列相关、二阶序列不相关的检验,也通过没有过度识别的检验;其他控制变量若正文中没有说明,均与表7.3基本回归中的第(1)列相同;为节约篇幅,这些变量前的系数不再列出。

另外,企业的贷款选择很可能是一个动态的过程,当期的贷款受到上期贷款的影响,所以本章采用动态面板模型,检测这种设定下银行集中度的影响是否稳健。表7.5的第(3)、第(4)列给出了动态面板模型的回归结果。第(3)列用营业收入衡量企业的规模,第(4)列用总资产衡量企业的规模。回归结果通过一阶序列相关和二阶序列相关检验,也通过过度识别检验。回归结果显示,无论采用动态面板模型,还是更换衡量指标,银行集中度前面的系数都是显著为负,即银行集中度越高,企业得到的贷款越少。

考虑到银行集中度对于企业借款选择的影响可能存在非线性的关系,继续加入了银行集中度的二次项(依然采用动态面板模型)。所得结果列于表7.5的第(5)列。另外,本章也用四大银行的贷款总额占金融机构贷款总额的比重衡量银行集中度,所得结果列于表7.5的第(6)列。由这两列可见,无论采用什么指标,二次项的系数都显著为负。第(5)列中，一、二次项的系数联合显著，转折点约为0.04。第(6)列中，一次项的系数显著为正，转折点约为0.44。0.04约为银行集中度1%的分位点，而0.44约为银行集中度5%的分位点，所以即使二次项显著，在中国的银行集中度取值范围内，银行集中度与企业贷款仍呈现出负向关系。

公司层面数据的优点是可以较好地解决内生性问题，不足是它与省级的银行集中度并不是同一层面的数据。作为稳健性检验，本章也以省级层面的信贷投放占GDP的比重为被解释变量，以银行集中度、经济发展水平、开放度、财政支出占比、固定资产投资占比、FDI占比作为解释变量，控制双向固定效应，进行省级层面面板数据的回归，结果依然发现银行集中度对于信贷具有显著的负向影响。为了避免潜在的反向因果问题，将所有解释变量滞后一期，银行集中度依然显著为负。

综上，实证结果表明，银行集中度越高，企业获得的长短期贷款占总资产的比重越小。由于中国是一个高速成长的经济体，改革开放后的平均经济增长率为9.9%，即使是经济增长率最低的1990年，也达到了4%的水平，因此，中国更多面临的是经济过热的局面，常常出现一波又一波的潮涌现象。而银行信贷的膨胀对于经济过热和潮涌现象发挥着推波助澜的作用。高银行集中度通过抑制经济过热时银行的信贷投放，在一定程度上避免了企业项目盲目上马，从而缓解了货币投放等外生冲击对经济的大幅影响。因此，银行集中度对于企业信贷的抑制，提供了银行集中度减弱外生冲击对于经济波动的影响的传导渠道。中国政府推行的银行业集中与竞争政策，对于中国经济抵御外生冲击、防控过度波动，起到了一定的积极作用。

需要指出的是，传统文献认为外资银行也可能在经济波动中发挥了一定的作用,所以理想的做法是在回归中控制外资银行的贷款比重。但是,外资银行在华业务的统计口径并不一致,无法得到省级层面1992—2004年的外资银行贷款数据。根据《在华外资金融机构业务发展状况》的统计,外资银行在整个银行业务中所占比重非常小,基本可以忽略不计。[①] 而且在本章的样本期内,中国的金融市场并没有对外资银行全面开放,外资银行对于中国经济波动的作用应该微乎其微。因此,没有控制外资银行的贷款比重并不会对实证结论构成威胁。

7.6 结论及启示

本章的实证结果表明,高银行集中度对于中国的经济波动起到了"减震器"的作用。银行集中度越高,外在冲击对于经济波动的影响越弱,同时,银行集中度的这一作用主要体现在第二产业,更具体地,体现在第二产业的工业。在控制了银行集中度的影响后,信贷投放的水平项及其与外在冲击的交互项对于经济波动的影响都不显著,这说明单纯的信贷总量并不能全面地解释金融因素对于经济波动的影响,银行业的规模和结构也对于经济波动有着显著的作用。进一步,本章从企业贷款的视角,探索了上述关系背后的传导渠道。实证结果表明,银行集中度越高,企业的长短期贷款占总资产的比重越小,换言之,高银行集中度对于企业信贷具有抑制作用。由于中国是高速成长的经济体,更多时候面临

---

① 以2003年为例,在华外资银行贷款总额是224亿美元,当年的汇率水平是8.2774,全国金融机构贷款余额是158 996.23亿元,因此外资银行贷款余额占全国金融机构贷款余额的比重是1.17%。

经济过热和潮涌现象,而信贷投放对于经济过热发挥着推波助澜的作用,高银行集中度对于信贷投放的抑制,有利于缓解外在冲击对于经济波动的影响。

传统文献认为,银行集中度越高,银行的垄断力量越强,而垄断导致效率损失,不利于微观企业和宏观经济的发展。本章的实证结果表明,这一论断忽视了高银行集中度的另外一个层面的作用:高银行集中度在缓解经济波动对于外在冲击的反应方面具有一定的积极影响。在政府制定银行业竞争与集中的政策,推进银行体系的改革时,不可贸然推进,单方面考虑银行业内部的效率和绩效,而是需要权衡取舍,因势利导,综合考虑利弊后,慎重作出抉择。若操之过急,一蹴而就,可能会扩大经济波动,引发经济的不稳定。

第8章

银行集中度、企业规模与信贷紧缩

8.1 本章引言

金融危机是经济波动的重要表现形式。2007年爆发的全球金融危机对各国经济产生了深远的影响。企业作为经济活动的主体也首当其冲,其信贷状况受到巨大冲击,发生了较为严重的信贷紧缩(credit crunch)。探讨金融危机之后,企业面临的信贷紧缩问题一直是学界关注的热点问题,研究银行集中度如何影响金融危机后企业的信贷紧缩,有助于更全面地理解银行集中度在经济波动中的作用。本章重点探讨银行集中度对企业信贷紧缩的影响。

盘点历次金融危机,不难发现,它们对企业的信贷状况产生了严重的影响。比如,东南亚金融危机使得韩国企业从银行的借贷显著减少。1998年上半年,企业短期和长期银行借款的实际值显著减少。就平均水平而言,企业实际短期银行借款的增速从1997年的35.9%跌至1998年上半年的20.6%。而企业从银行借款总量实际值的年增长率从1997年的30.5%跌至1998年的6.2%(Borensztein and Lee,2002)。而最近的这次金融危机对于信贷紧缩的影响也很明显。比如,巴西和俄罗斯2007

年7月至2008年9月(雷曼兄弟倒闭之前)银行信贷投放实际值的月增长率分别为1.8%和1.9%,而在雷曼倒闭之后的2008年10月至2009年5月期间,这一增长率跌落至0.6%和0.2%(Aisen and Franken, 2010)。

进一步,如果考察不同国家的信贷紧缩情况,可以发现,在不同的国家,信贷紧缩的程度存在较大差异。比如,印度尼西亚在雷曼倒闭前后银行信贷增长率由1.5%跌至0.7%,而南非仅由0.3%跌至0.1%(Aisen and Franken,2010)。什么因素导致了各国信贷紧缩程度的差异?银行作为企业资金的重要供给者,考察其市场结构的差异,即银行集中度的差异是一个重要视角。2007年,印尼前三大银行总资产占所有商业银行总资产的比重为58%,而对于南非,这一比重为77%。虽然这些个别案例是否可以推广有赖于进一步的规范检验,但其提供了一些启发性的证据,启示本章从银行集中度的视角审视企业的信贷紧缩问题。

实际上,银行作为企业资金的重要提供者,其市场结构对企业的信贷产生重要影响。已有大量文献探讨了两者的关系(Petersen and Rajan, 1995;Berger and Udell,1995,1998;Jayaratne and Wolken,1999;Beck et al.,2004;Love,2012;谭之博和赵岳,2012),但并没有得出一致的结论。结论不一的原因之一在于缺乏对企业异质性的考察,即不同的市场结构对不同规模企业的影响是不同的。如果将各个类型的企业混合在一起,很可能出现银行集中度对不同类型企业的影响正负抵消的情况,从而在总体上得出不同的结论。另外,以上文献都侧重于银行市场结构对信贷总量的影响,而没有讨论银行集中度对企业信贷变化的影响,尤其是金融危机后企业面临的信贷紧缩是否因各国不同的银行业结构而呈现显著差异。

Peek 和 Rosengren（1995）、Aisen 和 Franken（2010）虽然考察了信贷紧缩情况，但其立足点是银行层面和宏观信贷总量的紧缩，并没有探讨企业的信贷紧缩。对于企业异质性的考察需要企业层面的数据，仅考察宏观的信贷总量并不能得到银行集中度对于不同规模企业的影响不尽相同的清晰认识。Gertler 和 Gilchrist（1994）、Holmstrom 和 Tirole（1997）、Borensztein 和 Lee（2002）、Tong 和 Wei（2011）虽然考察了企业的信贷变化，但没有探讨银行集中度的重要作用。

从理论上讲，银行业的竞争程度对于企业信贷紧缩幅度的影响是不确定的。一方面，Petersen 和 Rajan（1995）指出，银行集中度越高，银行更容易将帮助企业所得的好处内化，更容易进行收益的平滑。它们可以在小企业面临危机时增加对它们的贷款，以期这些企业发展壮大后收取更高的租金以弥补前期的损失。依照这一逻辑，对于小企业而言，银行集中度越高，信贷紧缩幅度越小。另一方面，银行集中度越高，银行的垄断力量越强，索要的利率越高，增加了融资成本，实力较弱的小企业无力在危机时刻获得新的融资。另外，Stein（2002）的模型表明，大银行在处理硬信息（hard information）方面具有比较优势，而大企业的信息以硬信息为主，银行集中度越高，越利于大企业增加融资。并且，大企业的风险通常较小，信息较为透明，在危机时期，银行出于安全性考虑，也会将有限的资金发放给大企业。考虑到上述两方面的影响，无法先验地确定银行集中度的作用。因此，需要进行实证检验，考察何种效应发挥了主导力量。

利用世界银行 1999 年开展的世界商业环境调查（WBES）数据和

Worldscope数据库提供的24个国家2007年第三季度至2009年第一季度的上市公司季度数据,本章分别运用Probit模型和工具变量回归方法考察了东南亚金融危机和最近这次金融危机以后,银行集中度对不同类型企业信贷变化的影响。实证结果表明,银行集中度对于不同类型企业的信贷变化产生不同的影响。对于小企业而言,银行集中度越高,企业信贷呈现增长的概率更低,而对于大企业而言,这一关系恰好相反。就调查样本中(以中小企业为主)的所有企业而言,银行集中度越高,企业信贷呈现增长的概率更低。从企业信贷的变化幅度来看,本章发现,银行集中度越高,大企业的信贷增幅越大(减幅越小),而小企业恰好相反。进一步,本章发现,银行集中度越高,企业股价上升幅度越大(下跌幅度越小)。由于企业借贷行为受到抵押品价值和信息不对称程度的影响,股市上的良好表现发送了公司业绩较好的信号,利于其获得更多的银行贷款。这一结果为银行集中度越高,大企业信贷紧缩幅度越小提供了互补性证据。

本章的实证研究分两步展开。本章先利用WBES数据,考察不同规模企业(大、小企业)的信贷增长是否受到银行集中度的显著影响。接下来,本章运用上市公司数据,考察银行集中度对不同企业信贷变化量的影响,并通过分析银行集中度对股价的影响,提供了银行集中度影响企业信贷增量的补充性证据。两组结果互相印证,说明银行集中度对企业信贷紧缩的影响并不是同质的,在对其研究中需要充分考虑这种异质性。

本章的贡献体现在思想内容和实证方法两个方面。思想内容上,现有文献考查的是银行业结构与企业融资总量或信贷可得性的关系,并没有关注银行集中度对于不同企业信贷变化的影响。换言之,其讨论的是存量,而非流量。本章关注的是变化量。本章发现,各国银行集中度的差别是各国企业在危机后的信贷紧缩程度迥异的重要原因。在排除企业自身因素的影响后,银行业的结构不同,企业抵御危机的能力不同,经历不同程度的信贷紧缩。并且,本章考察了银行集中度对不同规模企业信贷变化的影响,发现银行集中度的作用存在异质性。这为各国结合自身银行业结构,针对不同规模的企业采取不同的危机缓解措施,提供了启示。本章也进一步探讨了银行集中度对于股价影响的补充性证据,对现有文献进行了丰富和扩展。实证策略上,为了排除金融危机与银行业结构和企业信贷收缩同时相关而带来的内生性,本章不仅将样本限制在金融危机的外围国家,也运用工具变量回归方法,进行稳健性检验。对于这些国家而言,由于危机并不是自身因素导致,而是由其他国家传入,内生性问题并不构成严重威胁,并且工具变量回归方法也有助于解决内生性问题。

本章的结构安排如下。第二部分回顾相关文献,提出本章的研究假说。第三部分介绍数据来源和采用的实证方法。第四部分展现基本实证结果,并对结果进行讨论。第五部分进行稳健性检验。第六部分是文章的结论。

8.2 研究假说

从理论上讲,银行集中度对于企业信贷紧缩的影响存在不确定性;对于不同规模的企业,这种影响也不尽相同。这一小节对相关理论进行梳理,结合文献提出研究假说。

理论上,银行集中度对企业的信贷状况存在两方面的作用。

一方面,Petersen 和 Rajan(1995)从动态优化的角度指出,银行集中度越高,银行更容易将帮助企业所得的好处内化,更容易进行收益的平滑。它们可以给面临较强信贷约束的小企业贷款,以期这些企业发展壮大后收取更高的租金以弥补前期的损失。因此,银行集中度越高,小企业更易获得银行贷款。他们对美国小型商业企业的实证分析发现,银行集中度越高,小企业不仅面临更小的信贷约束,而且会以更低的利率获得必要的资金。本章将这一视角称为银行业结构(银行集中度)的"动态优化效应"。

另一方面,Berger 和 Udell(1998,2002)、Stein(2002)从大、小银行搜集和传递软、硬信息的比较优势存在差异的角度,证明了大银行更适合给大企业融资,而小银行在为中小企业融资方面具有比较优势。而张捷(2002)从信息成本与代理成本权衡决策的角度得出了类似的结论。李志赟(2002)的理论模型在垄断的银行结构中引入中小金融机构后,发现中小企业得到的信贷增加,社会福利增加。并且,中小金融机构的信息优势、数量和中小企业的融资总额之间存在正向关系。林毅夫和李永军(2001)、林毅夫等(2003)、林毅夫等(2009)从融资成本、风险分散和信息利用的角度分析了中小银行在为中小企业融资方面更具有比较优势。本章将这一机制称为银行业结构(银行集中度)的"信息利用和风险分散效应"。

许多实证文献为此提供了经验证据。Berger 和 Udell(1995,1998)、Jayaratne 和 Wolken(1999)发现,小企业贷款在大银行资产中所占的比重低于小银行的相应比例。Peek 和 Rosengren(1998)指出,银行合并后,中小企业得到的贷款比以前减少了。Beck 等(2004)的研究表明,高银行集中度增加了企业获得银行融资的障碍,但这一关系仅在在经济发展水平较低、制度环境较差的国家显著。而 Berger 等(2005)的研究发现,在缺乏小银行的地区,被迫选择向大银行贷款的中小企业面临更大的信贷约束。Love(2012)的实证分析表明,缺乏竞争的银行业结构降低了企业的信贷可得性。谭之博和赵岳(2012)发现,银行集中度越高,中小企业获得的银行融资越少,依靠留存收益融资的比例越大。

进一步,不同规模的企业信贷紧缩的幅度不同,银行业结构对不同规模企业的影响也不同。Gertler 和 Gilchrist(1994)提供了小企业在外生冲击下会经历更严重的信贷紧缩的系统经验证据。Holmstrom 和 Tirole(1997)在理论上给出了严格证明。Berger 等(1998)的实证分析表明,大银行之间的合并减少了中小企业得到的贷款,而小银行之间的合并使中小企业得到的贷款增加。Strahan 和 Weston(1998)也得出了类似的结论,并指出,其原因在于银行合并带来的分散风险的好处大于规模不经济带来的成本。

综合以上的分析,本章得到以下研究假说,后文对此进行实证检验。

银行集中度对企业信贷变化的影响取决于何种效应占据了主导。如果信息利用和风险分散效应更强,银行集中度越高,小企业的信贷紧缩越严重,而大企业的信贷增长越显著。

8.3 数据与方法

由于本章主要关注各国银行集中度对金融危机后企业信贷紧缩的影响，并且银行集中度在时间维度上变化较小，本章主要采用横截面回归。本章先考察东南亚金融危机前后企业的信贷变化状况和银行集中度的作用，再探讨银行集中度对最近这次金融危机后企业面临的信贷紧缩的影响。

在对前者的考察中，本章采用的数据是世界银行的跨国企业调查数据——世界商业环境调查（WBES）。世界银行在1999年进行过一次全球范围的企业调查，这项调查广泛涉及5—50个雇员的小企业[①]，是为数不多的广泛覆盖小企业的调查。由于本章关注企业的异质性，这一调查数据有利于考察银行集中度对中小企业的影响。

该项调查直接问及企业与三年前相比，信贷是否增长。[②] 由于东南亚金融危机贯穿1997年和1998年，这一问题恰好覆盖金融危机前后企业信贷的变化。因此，定义虚拟变量信贷增长，如果信贷发生增长，该变量取1，否则，该变量为0，并以其作为基于调查数据回归的被解释变量。由于因变量为离散变量，回归分析采用Probit模型。

沿用Beck等（2004）对于银行集中度的衡量方法，本章用一国最

---

① 调查对大、中、小企业的定义分别为雇员500人以上、51—499人、5—50人。样本中，大、中、小企业的比重分别为24%、46%、30%。

② 由于调查数据中，对"信贷增长了多少（减少为负）"的回答的缺失值太多，出于数据质量的考虑，本章不对其进行系统的考察，而只采用离散选择模型，考察银行集中度对信贷是否增长的影响。对信贷增长率的考察留待对上市公司的数据分析中进行。

大的三家银行的资产之和占全部商业银行资产之和的比重度量银行集中度,数据来源为 BankScope 数据库。由于银行集中度的变化比较缓慢,参照 Beck 等(2004)的做法,本章在企业层面的回归中,主要用各国银行集中度在 1995—1999 年的平均值来刻画它。作为稳健性检验,本章也将银行集中度 1999 年的水平值放入回归中,结论没有本质变化。

在基于调查数据的回归中,计量设定为:

$$y_i = \beta_0 + \beta_1 \times \text{concentration}_i + \beta_2 \times F_i + \beta_3 \times I_i + \beta_4 \times M_i + \varepsilon_i \quad (8.1)$$

其中,被解释变量 y 是反映信贷增长的虚拟变量;concentration 表示银行集中度,它前面的符号是本章关注的主要内容;F 代表公司层面的控制变量,主要反映传统文献中企业自身特性对其信贷变化的影响。参考 Beck 等(2004,2008)、谭之博和赵岳(2012)的设定,F 包括上期企业销售收入的对数值(考虑到信贷变化和企业规模可能存在反向因果关系,本章将反映企业规模的变量销售收入滞后一期①)、企业竞争者的个数、企业投资增长率、企业的年龄及其平方项、企业是否从事制造业、是否政府所有、是否出口、是否为外资企业的虚拟变量。由于调查问卷中没有涉及企业的有形资产比重、利润率等文献中(Rajan and Zingales,1995)通常控制的指标(这也是使用问卷数据的一个不足之处),基准回归可能面临遗漏变量问题,所以在标准误的计算上,使用聚类稳健标准误(clustered robust standard errors),以允许同一个国家内的企业的误差

---

① 问卷中问及企业当期的销售收入和当期销售收入的成长率是多大,从而可以推算出企业上期的销售收入。

项任意相关。在稳健性检验部分,本章也使用了工具变量的估计方法,以减弱遗漏变量导致的估计的非一致问题。

I 代表制度层面的控制变量。以往的文献(La Porta et al.,1997)强调了制度因素对于企业信贷变化的重要影响,幸运的是,问卷中涉及企业对所处环境的总体法制约束和腐败程度的主观评价(1—4 的指数,1 代表没有约束,4 代表约束很大)。本章对这两个变量加以控制,用以分离法制和政治环境对企业信贷变化的影响。

M 代表宏观经济因素,用以分离总体宏观环境对于企业信贷变化的影响。参照 Beck 等(2008)的做法,M 包括金融发展(私人信贷总量占 GDP 的比重与证券市场总市值占 GDP 的比重之和)、人均 GDP 的对数值和经济增长率。它们也取 1995—1999 年的平均值。

为了避免金融危机与银行业结构和企业信贷同时相关而带来的内生性,参照 Tong 和 Wei(2011)的做法,本章将样本限制在金融危机的外围国家。这样做的考虑是,由于这些国家都是金融危机的外围国家,其国内基本面的因素并没有发生本质变化。对于这些国家而言,金融危机的影响是外生的,由其他国家所传入,并不会与国内的银行业结构产生系统的关联。并且,银行集中度采用的是 1995—1999 年的平均值,即使有关联,关联也要比单纯使用危机年份的银行集中度弱。受限于公司层面信息的可得性,最终可以得到 33 个国家企业层面的数据。[①]

[①] 这些国家为阿根廷、玻利维亚、巴西、保加利亚、加拿大、智利、中国、哥伦比亚、哥斯达黎加、克罗地亚、爱沙尼亚、法国、德国、危地马拉、洪都拉斯、匈牙利、印度、意大利、立陶宛、墨西哥、巴基斯坦、巴拿马、秘鲁、波兰、葡萄牙、新加坡、斯洛文尼亚、西班牙、瑞典、土耳其、英国、美国、乌拉圭。

在对最近这次金融危机后企业面临的信贷紧缩的考察中，本章采用 Worldscope 上市公司数据库。由于该数据库中涵盖的上市公司普遍为规模较大的企业，对于它们的考察，有利于探讨银行集中度对于大企业的影响。为了进一步探究企业的异质性，参照 Almeida 等（2004）、Riddick 和 Whited（2009）、Baum 等（2011），本章也采用样本中总资产的中位数作为分割点，定义资产规模大于中位数的企业为大企业，而资产规模小于中位数的企业为小企业。由于无法得到每家公司精确的银行贷款数据，本章使用财务报表上的长短期借款近似银行信贷。从财务报表附注中，可以发现，这一指标主要由银行贷款所构成。采用 Tong 和 Wei（2011）对时间窗口的选取方法，被解释变量为 2007 年第三季度至 2008 年第四季度公司长短期借款占总资产比重的变化率。稳健性检验部分更换时间窗口，以检测结果是否稳健。本章也仅用短期借款占总资产比重的变化率为被解释变量，进行相应的回归，所得结果没有本质变化。

为了避免反向因果问题的影响，所有公司层面的控制变量取 2006 年年末值，而宏观层面变量取 2002—2006 年的平均值。宏观变量取 2006 年末值的回归结果类似。为了避免金融危机与银行业结构和企业信贷同时相关而带来的内生性，本章将样本限制在本次金融危机的外围国家①，并运用工具变量回归方法，进行稳健性检验。由于危机发生于美国，并且不少发达国家也遭遇了银行危机，所以对于它们来说，信贷紧缩

---

① 这些国家为阿根廷、巴西、智利、中国、哥伦比亚、捷克、埃及、匈牙利、印度、印度尼西亚、以色列、韩国、马来西亚、墨西哥、巴基斯坦、秘鲁、菲律宾、波兰、俄罗斯、新加坡、南非、泰国、土耳其。

可能是由于无法控制的其他经济基本面因素所致。但对于外围国家而言,由于危机并不是由自身因素所引发,而是由其他国家传入,内生性问题并不构成严重的威胁,并且工具变量回归方法也有助于解决内生性问题。

参照 Rajan 和 Zingales(1995)对控制变量的选取,公司层面的控制变量包括企业总资产的对数值、固定资产占总资产比重、市场价值与账面价值之比、息税前利润占总资产比重、息税前利润增长率、负债占总资产比重、投资占总资产比重,以分离企业规模、资产的有形性、企业的成长性、盈利性、杠杆率、投资规模对于信贷变化的影响。宏观层面的变量与基于调查数据的回归保持一致。

由于股价作为反映公司经营状况的晴雨表,是传递公司信息的重要载体,可以有力地缓解企业在获得新的银行贷款过程中的信息不对称问题,作为互补性证据,本章也利用上市公司的股价变化率作为被解释变量,考察银行集中度对于股价变化率的影响。参照 Tong 和 Wei(2011)的做法,本章取 2007 年 7 月 31 日至 2008 年 12 月 31 日各公司股价的变化率(两个时点的变化率)作为被解释变量。控制变量的选取参照 Fama 和 French(1992)的三因素模型,包括企业总资产的对数值、市场价值与账面价值之比和 β 系数与市场回报之积,并借鉴 Tong 和 Wei(2011)的做法,加入 2007 年 1 月 31 日至 2007 年 6 月 30 日的股价变化率,以反映危机前股价变化率的影响。对股价分析的所有数据来自 Datastream 数据库。①

---

① Thomson Reuters 公司已将旗下产品 Worldscope 整合于 Datastream 数据库中。

8.4 基本实证结果

这一小节先对数据进行描述性分析,以获得银行集中度、企业规模对信贷影响的直观认识,再分别汇报基于调查数据和上市公司数据的实证结果。

8.4.1 描述性统计

按照第三部分的分类标准,先将企业分为小企业和大企业,分别在全样本、小企业样本和大企业样本中考察银行集中度对于企业信贷状况的影响。在每个样本中,取银行集中度的中位数,将企业归为低银行集中度组(银行集中度小于中位数)和高银行集中度组(银行集中度大于中位数),分别计算出现信贷增长的企业百分比,所得结果如表8.1所示。

表8.1 关键变量描述性统计   单位:%

	低银行集中度	高银行集中度	两组差值	全样本
全样本				
出现信贷增长的企业百分比	69.50	69.34	0.16	69.42
银行集中度均值	43.24	75.48	32.23***	59.40
小企业样本				
出现信贷增长的企业百分比	71.08	67.25	3.83	69.14
银行集中度均值	46.96	79.27	32.30***	63.36
大企业样本				
出现信贷增长的企业百分比	65.89	73.10	−7.21*	69.71
银行集中度均值	37.34	68.52	31.18***	53.84

注:*、***表示在10%和1%的显著性水平下显著。

由表 8.1 可见,银行集中度在各个组别中存在较大差异。无论在哪种样本中,银行集中度的均值在两个组别中的差都在 1% 的显著性水平下显著。并且,企业规模对于银行集中度的作用存在重要影响。在全样本中,出现信贷增长的企业百分比在低、高银行集中度组分别为 69.50% 和 69.34%,差别仅为 0.16%。而在小企业样本中,这一百分比在两组的差值为 3.83%,银行集中度越高,出现信贷增长的小企业的比重越低。在大企业样本中,这一关系恰好相反。两组的差值为 -7.21%,银行集中度越高,出现信贷增长的大企业的比重越大。

虽然以上分析并没有排除其他因素的影响,更严格的实证研究有待下文展开,但它们提供了初步的直观证据。银行集中度对不同规模企业的信贷变化产生不同的影响,如果将所有企业混合在一起,银行集中度对不同企业的正向、反向作用相互抵消,在总体上并不显著。

8.4.2 银行集中度与企业信贷增长可能性:基于调查数据的结果

接下来考察银行集中度对于危机后企业出现信贷增长的影响。基于公式(8.1)的 Probit 回归结果如表 8.2 所示。

表 8.2 银行集中度与企业信贷增长:基本回归结果

	被解释变量:信贷增长(虚拟变量)			
	所有企业 (1)	小企业 (2)	中小企业 (3)	大企业 (4)
银行集中度	-0.129	-0.651*	-0.393	0.479*
	(0.226)	(0.378)	(0.296)	(0.278)
金融发展	0.004	-0.025	-0.131	0.249
	(0.085)	(0.147)	(0.111)	(0.168)
人均 GDP 增长率	1.207	-1.045	0.002	5.359***
	(1.038)	(1.493)	(1.166)	(2.021)

(续表)

	被解释变量:信贷增长(虚拟变量)			
	所有企业 (1)	小企业 (2)	中小企业 (3)	大企业 (4)
人均 GDP 的对数	-0.044 (0.047)	-0.117 (0.094)	-0.000 (0.056)	-0.152* (0.081)
上期销售收入的对数	-0.117 (0.115)	-0.295 (0.191)	-0.221* (0.119)	0.150 (0.238)
投资增长率	0.000 (0.001)	0.001 (0.001)	0.001 (0.001)	-0.001 (0.001)
年龄	-0.003 (0.003)	0.008 (0.012)	-0.005 (0.005)	-0.008** (0.004)
年龄平方	0.000 (0.000)	-0.000 (0.000)	0.000* (0.000)	0.000*** (0.000)
法制约束	-0.049 (0.051)	-0.172** (0.082)	-0.105* (0.063)	0.141 (0.093)
腐败约束	0.100* (0.056)	0.141 (0.088)	0.130* (0.066)	-0.002 (0.099)
竞争者个数	-0.206 (0.130)	-0.354 (0.271)	-0.158 (0.175)	-0.428** (0.217)
制造业 (虚拟变量)	-0.098 (0.104)	-0.465** (0.231)	-0.009 (0.150)	-0.375** (0.150)
政府所有 (虚拟变量)	0.075 (0.131)	-0.843 (0.552)	0.101 (0.156)	-0.125 (0.238)
外资 (虚拟变量)	-0.086 (0.098)	0.218 (0.327)	-0.117 (0.136)	-0.054 (0.137)
出口 (虚拟变量)	-0.019 (0.086)	-0.055 (0.217)	-0.096 (0.101)	0.313 (0.195)
常数项	0.982** (0.408)	2.334*** (0.870)	0.991** (0.481)	1.162 (0.771)
观测值个数	1 075	322	812	262

注:表中列示的是 Probit 模型估计结果。参考 Beck 等(2004)的做法,表中的银行集中度使用的是 1995—1999 年的平均值,若使用 1999 年的水平值,结论没有本质变化。这里用私人信贷总额占 GDP 的比重与证券市场总市值占 GDP 的比重之和衡量金融发展,如果分别控制私人信贷总额占 GDP 的比重和证券市场总市值占 GDP 的比重,结论没有本质变化。全样本中有一家企业并没有提供雇员的信息,无法将它归类于子样本中,去掉它结果没有本质变化。标准误在国家层面聚类(clustered by countries)。括号中的数值是稳健标准误。*、** 和 *** 表示在 10%、5% 和 1% 的显著性水平下显著。

表8.2的第(1)列是基于所有企业的回归结果。而在第(2)、(3)、(4)列分别是基于小企业、中小企业和大企业的回归结果。

由表8.2可见,本章的研究假说得到了初步的支持。银行集中度对于不同类型企业出现信贷增长的概率的影响是不同的。银行集中度的影响仅在小企业样本和大企业样本显著,且影响方向截然相反。银行集中度越高,小企业出现信贷增长的可能性越低,而大企业越易呈现信贷增长。总体而言,银行集中度对大小企业的效果正负相抵,在全样本回归中并不显著。

上述实证结果表明,银行业结构的"信息利用和风险分散效应"得到了跨国证据的经验支持,而Peterson和Rajan(1995)所指出的"动态优化效应"在跨国企业的经验研究中并没有得到证实。Stein(2002)的理论模型证明,大银行在处理硬信息方面具有比较优势,而大企业的信息以硬信息为主,银行集中度越高,大企业获得新的银行贷款的可能性越大。而对于小企业而言,银行集中度越高,银行的垄断力量越强,索要的利率越高,这增加了融资成本,实力较弱的小企业无力在危机时刻获得新的融资,出现信贷增长的可能性越小。

其他显著控制变量中,反映法制约束的变量在小企业和中小企业的回归中显著为负,表明法制约束越大,中小企业危机后出现信贷增长的可能性越低。

8.4.3 银行集中度与企业信贷变化率:基于上市公司数据的结果

由于可以从上市公司财报中得到企业信贷的变化量,所以接下来基于跨国上市公司数据,考察银行集中度对于企业信贷变化率的影响。由于无法得到每家公司精确的银行贷款数据,采用财务报表上的长短期借款近似银行信贷。从财务报表附注中,可以发现,这一指标主要由银行贷款所构成。表8.3给出了以企业长短期借款占总资产比重的变化率为被解释变量的基本回归结果。如果仅用短期借款占总资产比重的变化率为被解释变量,进行相应的回归,所得结果没有本质变化。

表8.3 银行集中度与企业信贷变化率:基本回归结果

因变量:长短期借款占总资产比重的变化率(2007年第三季度至2008年第四季度)				
	OLS	2SLS		
	所有企业	所有企业	大企业	小企业
	(1)	(2)	(3)	(4)
银行集中度	0.305*	0.698*	0.416*	-1.537
	(0.165)	(0.409)	(0.231)	(3.834)
金融发展	-0.084***	-0.081***	-0.048	-0.214
	(0.025)	(0.023)	(0.035)	(0.184)
人均GDP的对数	0.033	-0.007	0.012	0.398
	(0.031)	(0.053)	(0.028)	(0.660)
人均GDP增长率	-0.041***	-0.058**	-0.050***	0.051
	(0.013)	(0.025)	(0.016)	(0.189)
总资产的对数	0.008	0.014*	0.007	0.072**
	(0.006)	(0.008)	(0.010)	(0.032)
固定资产占总资产比重	-0.129	-0.144*	-0.204**	0.098
	(0.077)	(0.079)	(0.082)	(0.315)
市场价值与账面价值之比	-0.000	-0.000	0.001	-0.000
	(0.001)	(0.001)	(0.007)	(0.001)
息税前利润占总资产比重	0.004	0.003	0.007**	-0.027
	(0.004)	(0.005)	(0.003)	(0.043)
息税前利润增长率	-0.000	-0.000	-0.007**	-0.000
	(0.000)	(0.000)	(0.003)	(0.000)

(续表)

因变量:长短期借款占总资产比重的变化率(2007年第三季度至2008年第四季度)				
	OLS	2SLS		
	所有企业	所有企业	大企业	小企业
	(1)	(2)	(3)	(4)
资产负债率	-0.001	-0.001	-0.001	-0.002
	(0.001)	(0.001)	(0.001)	(0.001)
投资占总资产比重	0.279	0.246	0.267	0.426
	(0.166)	(0.161)	(0.282)	(0.334)
第一阶段回归 F		2.94*	66.36***	0.24
观测值个数	2 185	2 185	1 092	1 093

注:标准误在国家层面聚类(clustered by countries);括号中的数值是稳健标准误;*、**和***表示在10%、5%和1%的显著性水平下显著;所有回归控制各个行业的虚拟变量,限于篇幅,关于它们的结果不再报出。

表8.3的第(1)列给出了基于全样本的OLS回归结果。由第(1)列可知,银行集中度越高,企业信贷的紧缩程度越小(增长幅度越大)。由于上市公司普遍都是规模较大的企业,这一结果与表8.2第(4)列的结果互相印证。

尽管控制了基本的公司层面因素的影响,但也可能面临遗漏变量问题。因此表8.3的第(2)列至第(4)列进行工具变量回归。受Guiso等(2004)对于工具变量选择的启发,本章用1993年银行集中度的水平值作为银行集中度的工具变量。之所以选择1993年,是因为从这一年开始,银行集中度的数据变得广泛可得,与1992年相比,提供这一数据的国家多了20个。由于被解释变量取2007年第三季度至2008年第四季度的变化值,不随时间变化的遗漏因素已经在差分中消除。企业层面控制变量的数据取2006年期末值,与1993年相隔了13年,1993年的银行集中度与2006年企业层面可能遗漏变量的相关性已经微乎其微。

由于银行集中度的变化比较缓慢,具有较强的持续性,所以1993年的银行集中度与2002—2006年银行集中度的平均值依然显著相关。在工具变量回归中,也可以对该工具变量是否为弱工具变量进行检验。

许多文献指出,即使在上市公司这些已经较大的企业中,企业规模的相对大小也是理解其面临的融资约束的重要因素(Almeida et al. 2004;Riddick and Whited,2009;Baum et al. ,2011)。为了进一步考察企业规模的影响,参照上述文献对大小企业的划分,本章取样本中企业资产规模的中位数,在大于中位数的样本(大企业)和小于中位数(小企业)的样本分别进行2SLS回归,所得结果列于表8.3的第(3)、(4)列。限于篇幅,第一阶段的回归结果没有单独报出。在第(2)、(3)列中,工具变量前的系数在第一阶段回归中显著为正。表8.3的倒数第二行给出了第一阶段回归的F值,在第(3)列中,F远大于临界值,表明工具变量并不是弱工具。

由表8.3的第(2)、(3)、(4)列可见,基本回归结果在工具变量回归中保持稳健,本章的研究假说得到了进一步支持。即使是在规模已经较大的上市公司样本中,依然存在企业规模的异质性,这与Almeida等(2004)、Riddick和Whited(2009)、Baum等(2011)等研究一致。并且,银行集中度越高,大企业信贷紧缩程度越小(增长幅度越大);而对于规模相对较小的上市公司而言,银行集中度对其影响为负,但并不显著。Berger等(1998)、Strahan和Weston(1998)、Stein(2002)等所揭示的"信息利用和风险分散效应"依然占据主导。在全样本中,2SLS方法和OLS方法所得的结果相互印证,并与基于大企业样本的结果相一致,表明全样本的结果由规模最大的公司所主导。

其他显著控制变量中,总资产的对数在第(2)、(4)列中显著为正,即企业规模越大,信贷增长率越大(紧缩幅度越小),这与上述基于企业规模分类的回归结果相一致。而关于企业盈利性的结果也符合预期,利润率越高的企业,信贷紧缩幅度越小。

8.4.4 银行集中度与股价变化率:互补性证据

由于上市公司的经营绩效可以通过股价得以反映,股价的上涨利于发送经营业绩较好的信号,也有利于提升公司的抵押品价值,缓解贷款申请过程中的信息不对称问题,有助于企业获得新的贷款(Holmstrom and Tirole,1997)。所以,作为互补性证据,这一小节探讨银行集中度对于股价变化率的影响。Tong 和 Wei(2011)曾采用股价变化率来衡量信贷紧缩的严重程度。如果银行集中度越高,股价上升幅度越大(下跌幅度越小),就可以为银行集中度与企业信贷增长率的关系提供支持性证据,验证结论的稳健性。

表8.4 给出了以2007年7月31日至2008年12月31日两个时点上的股价变化率为因变量的回归结果。将时间窗口延长至2009年第一季度末,所得结果依然稳健。

表8.4 的第(1)列至第(3)列给出了基于OLS的回归结果,而第(4)列至第(6)列展现2SLS回归结果。两组结果比较一致,银行集中度在大企业样本中显著为正,而在小企业样本中并不显著,即银行集中度越高,股价上升幅度越大(下跌幅度越小)。这与表8.3 的结果互相印证,表明结论比较稳健。其他控制变量前的符号也基本符合现有文献的结论。

表 8.4　银行集中度与股价变化率:互补性证据

被解释变量:股价变化率(2007 年 7 月 31 日至 2008 年 12 月 31 日)						
	OLS			2SLS		
	所有企业	大企业	小企业	所有企业	大企业	小企业
银行集中度	0.033	0.273***	0.001	0.433	0.363***	-0.825
	(0.113)	(0.063)	(0.171)	(0.378)	(0.079)	(2.034)
金融发展	-0.001	-0.014	0.017	0.001	-0.018*	-0.024
	(0.015)	(0.013)	(0.018)	(0.021)	(0.011)	(0.100)
人均 GDP 的对数	-0.035	-0.013	-0.077*	-0.071	-0.015	0.064
	(0.021)	(0.014)	(0.044)	(0.049)	(0.014)	(0.355)
人均 GDP 增长率	0.006	0.021***	-0.002	-0.010	0.018***	0.033
	(0.012)	(0.006)	(0.016)	(0.022)	(0.007)	(0.092)
总资产的对数	0.002	0.011	-0.011	0.008	0.011	-0.005
	(0.005)	(0.010)	(0.008)	(0.007)	(0.010)	(0.016)
市场价值与账面价值之比	0.000***	-0.000	0.000***	0.000***	0.000	0.000
	(0.000)	(0.001)	(0.000)	(0.000)	(0.001)	(0.000)
β 系数×市场回报率	0.623***	0.823***	0.510***	0.633***	0.830***	0.467**
	(0.118)	(0.047)	(0.138)	(0.109)	(0.044)	(0.214)
2007 年 1 月 31 日至 6 月 30 日股价变化率	-0.006	-0.003*	-0.019*	-0.007	-0.003**	-0.008
	(0.004)	(0.002)	(0.010)	(0.005)	(0.002)	(0.029)
常数项	0.020	-0.511***	0.588	0.092	-0.527***	-0.339
	(0.235)	(0.171)	(0.399)	(0.325)	(0.161)	(2.342)
第一阶段回归 F				2.88*	96.09***	0.22
观测值个数	3 335	1 641	1 694	3 273	1 623	1 650

注:标准误在国家层面聚类(clustered by countries);括号中的数值是稳健标准误;*、**和***表示在10%、5%和1%的显著性水平下显著;所有回归控制各个行业的虚拟变量,限于篇幅,关于它们的结果不再报出。

综合表 8.1、表 8.2、表 8.3 和表 8.4 的结果,企业规模的异质性是理解银行集中度作用的不可忽略的重要因素。即使是在广泛覆盖 5—50 人的小企业的调查数据中,较小规模企业与较大规模企业的异质性也很明显。而在规模已经较大的上市公司中,较大上市公司与较小上市公司依然存在异质性。银行集中度缓解企业信贷紧缩的作用主要体现在大企业上,而对于小企业的作用甚至相反。较高的银行集中度并不能被笼统地概括为"减震器"或"放大器",其作用因企业规模而异。

8.5 稳健性检验

上述基准回归结果可能受到遗漏变量等内生性问题和时间窗口选择问题的影响。本小节针对上述问题逐一进行稳健性检验,以排除这些威胁性因素的挑战。

8.5.1 银行集中度与企业信贷增长可能性:工具变量回归结果

基于调查数据的回归所面临的潜在威胁是遗漏变量。一些经典文献中所控制的因素,比如利润率、成长性等因素,由于问卷中没有问到,无法加以控制。这些变量可能受到银行集中度的影响,从而使得关键解释变量与误差项存在一定的相关性。如果这一威胁成立,通常的Probit估计量不再一致。因此,下面尝试工具变量的方法,以检验基本回归结果是否稳健。根据前面的讨论,本小节采用1993年银行集中度的水平值作为银行集中度的工具变量。表8.5给出了基于调查数据的工具变量回归结果。

表8.5的第(1)列至第(4)列分别呈现基于所有企业、小企业、中小企业和大企业的回归结果。银行集中度在基于中小企业的样本中显著为负,在基于所有企业的回归中,银行集中度的负向影响变得显著,而在

大企业样本中,银行集中度变得不再显著。

表 8.5　银行集中度与企业信贷增长:工具变量回归结果

	被解释变量:信贷增长(虚拟变量)			
	所有企业	小企业	中小企业	大企业
银行集中度	-0.594*	-0.884	-0.848**	-0.087
	(0.334)	(0.569)	(0.391)	(0.444)
金融发展	0.038	0.049	-0.076	0.220
	(0.086)	(0.152)	(0.113)	(0.150)
人均GDP增长率	1.601	0.156	0.553	4.860**
	(1.327)	(2.328)	(1.596)	(2.385)
人均GDP的对数	-0.023	-0.073	0.022	-0.141*
	(0.054)	(0.108)	(0.064)	(0.081)
上期销售收入的对数	-0.096	-0.350*	-0.192	0.150
	(0.123)	(0.199)	(0.126)	(0.244)
投资增长率	0.001	0.002	0.001	-0.001
	(0.001)	(0.001)	(0.001)	(0.002)
年龄	-0.003	0.007	-0.006	-0.009**
	(0.003)	(0.012)	(0.005)	(0.004)
年龄平方	0.000	-0.000	0.000*	0.000***
	(0.000)	(0.000)	(0.000)	(0.000)
法制约束	-0.056	-0.200**	-0.119	0.132
	(0.057)	(0.091)	(0.072)	(0.100)
腐败约束	0.116*	0.202**	0.155**	-0.002
	(0.062)	(0.103)	(0.076)	(0.103)
竞争者个数	-0.206	-0.342	-0.152	-0.409*
	(0.140)	(0.324)	(0.213)	(0.213)
制造业(虚拟变量)	-0.189*	-0.524**	-0.118	-0.435***
	(0.105)	(0.243)	(0.159)	(0.138)
政府所有(虚拟变量)	0.030	-1.133*	0.030	-0.125
	(0.149)	(0.614)	(0.171)	(0.271)
外资(虚拟变量)	-0.068	0.086	-0.178	0.064
	(0.103)	(0.354)	(0.149)	(0.118)

(续表)

被解释变量:信贷增长(虚拟变量)				
	所有企业	小企业	中小企业	大企业
出口	0.040	−0.050	−0.024	0.319
(虚拟变量)	(0.091)	(0.251)	(0.103)	(0.209)
常数项	0.947**	1.847*	0.913*	1.384
	(0.434)	(0.968)	(0.485)	(0.857)
观测值个数	907	264	672	234

注:表中是 Probit 模型工具变量估计结果;标准误在国家层面聚类(clustered by countries);括号中的数值是稳健标准误;*、** 和 *** 表示在 10%、5% 和 1% 的显著性水平下显著。

由于调查数据主要覆盖中小企业,即使是大企业,也只是雇佣人数较多,是相对较大的企业,距离上市的资产要求还有较大距离。因此,银行集中度对于规模很小的企业的影响是稳健的,银行集中度越高,小企业出现信贷增长的概率越低。

8.5.2 改变时间窗口

为了考察基本回归结果是否对时间窗口的选取敏感,本小节将基于上市公司数据分析的时间窗口的终点放宽至 2009 年第一季度,重新进行工具变量回归,所得结果如表 8.6 所示。

表 8.6 银行集中度与企业信贷变化率:更改时间窗口工具变量回归结果

因变量:长短期借款占总资产比重的变化率(2007 年第三季度至 2009 年第一季度)			
	所有企业	大企业	小企业
银行集中度	0.668*	0.410*	−1.538
	(0.364)	(0.253)	(4.298)
观测值个数	2 185	1 092	1 093

注:所有回归控制变量与表 8.3 的控制变量相同,并控制各行业虚拟变量,限于篇幅,关于它们的结果不再列出;标准误在国家层面聚类(clustered by countries);括号中的数值是稳健标准误;*、** 和 *** 表示在 10%、5% 和 1% 的显著性水平下显著。

由表 8.6 可知，即使更换时间窗口，实证结果依然保持稳健。在公司规模已经普遍较大的上市公司样本中，银行集中度的影响显著为正，并且这一结果由上市公司中规模较大(大于资产中位数)的企业所推动。

综合上述结果，银行集中度对不同规模企业的信贷变化呈现不同的影响，对于小企业的影响为负，而对于大企业的影响为正。银行集中度越高，小企业信贷出现增长的可能性越低，并且信贷紧缩的幅度越大(增长幅度更小)，大企业则恰好相反。

8.6 结论与启示

通过对企业调查数据和上市公司数据的系统分析，本章发现，不同的银行业结构，抵御危机的能力不尽相同；企业在金融危机之后出现的信贷紧缩状况随银行业结构的不同而呈现显著的差异，并且，对不同类型的企业而言，银行集中度的影响迥然不同。从信贷增长的可能性来看，银行集中度越高，小企业出现信贷增长的可能性越小，而从信贷紧缩幅度来看，银行集中度越高，大企业的信贷紧缩幅度越小。高银行集中度缓解了大企业的信贷紧缩，而加剧了小企业的信贷紧缩。

企业的信贷紧缩作为金融危机不利影响的一个重要维度，关于其影响因素的研究，具有重要的理论与政策含义。本章的实证结果富有启示意义。中国的小企业面临的更加严重的信贷紧缩与中国高度集中的银行业结构紧密相连。并且，不能简单断言银行业结构对于企业信贷紧缩的影响，必须考虑企业的异质性，针对不同的企业，采取不同的对策。对于中国这样银行业集中程度较高的国家，大企业的信贷紧缩幅度越小，而小企业的信贷紧缩越大,危机后的信贷政策更应向小企业倾斜,扶助它们走出困境;而对于美国这样银行业高度竞争的经济体,小企业受到的信贷紧缩并不像中国的小企业这样严重,反倒对大企业的信贷状况不利,应该采取相反的政策措施。

第 9 章

结　论

纵观中国和其他世界主要国家的金融市场特征与经常账户余额,各国金融市场的绝对发达程度难以解释其经常账户的失衡状况。美国、英国、德国、日本都拥有非常发达的金融市场,但经常账户的失衡状况迥异。而金融结构与银行集中度的视角可以与现实更好地吻合。中国、德国、日本为银行主导与高银行集中度国家,经历经常账户顺差,而美国、英国为市场主导与低银行集中度国家,经历经常账户逆差。从以上经验观察入手,本书的第一部分提供了金融结构和银行集中度影响经常账户失衡的理论模型与经验证据,诠释了其中的影响机制与作用机理,对传导渠道进行了系统的实证检验。

具体而言,本书首先通过构建理论模型,分析了金融结构对经常账户失衡的影响。本书先构建一个静态微观模型,刻画金融结构对于企业融资和储蓄的影响,接下来,将该微观模型嵌入宏观动态模型中,先讨论金融结构对于封闭经济中资本回报率的影响,再探讨当经济开放后,金融结构对于经常账户失衡的影响。微观静态模型是 Allen 和 Gale (1999) 的拓展,刻画了直接融资(市场融资)与间接融资(银行融资)的权衡取舍:直接融资虽然可以通过每个投资者亲自决策避免观点的不一致,但每个投资者都需付出信息搜集等融资成本;间接融资通过代理人

（金融中介）决策分担了融资成本，但代理人可能投资了一个投资者并不愿意投资的项目（观点不一致）。理论模型证明，当融资成本较大时，通过间接融资获得外部融资的企业份额较大，通过直接融资获得外部融资的企业份额较小。因此，融资成本刻画了金融结构，融资成本较高的国家为银行主导国家。并且，银行主导国家的企业面临更大的外部融资困难，从而更多地依赖于自身储蓄融资。更重要的是，金融结构对企业融资和储蓄的影响存在异质性，大企业在何种金融体系下都较易得到外部融资，而小企业在银行主导国家受到较大的外部融资抑制，进行更多地储蓄。通过将上述模型扩展到宏观动态模型，即资本的需求面由上述微观模型刻画，而资本的供给面由家庭消费与储蓄的最优化行为确定，本书求解了资本的供给与需求方程，并证明，在封闭经济下，当参数满足一定条件时，两个国家的资本需求一致，而银行主导国家的资本供给更小，从而总资本回报率更高。但净资本回报率需从总资本回报率中扣除融资成本，而且供给曲线向上倾斜，因此，银行主导国家的净资本回报率更低。数值模拟结果表明，在更一般的条件下，银行主导国家的资本需求与资本供给更小，净资本回报更低。从而，当金融市场开放后，银行主导国家成为债权持有者，购买市场主导国家的金融资产（债券），经历资本外流和经常账户顺差。即在开放经济下的两国模型中，市场主导国家经历经常账户逆差而银行主导国家经历经常账户顺差。

接下来，本书对金融结构与经常账户的关系及其传导渠道进行了实证检验。运用66国1990—2007年的面板数据和动态面板模型，本书发现，一国的金融结构对其企业储蓄与经常账户失衡产生重要影响。市场主导国家相对于银行主导国家经历更大的经常账户逆差（更小的顺差）。

并且,企业部门储蓄对于经常账户失衡产生重要影响,金融结构影响企业部门的储蓄,而对于家庭和政府部门的影响不显著。运用世界银行1999年开展的世界商业环境调查(WBES)数据库和COMPUSTAT 2000—2007年全球工业和商业企业年度数据库(Global COMPUSTAT Industrial and Commercial Annual Database,GCICAD),本书也提供了有关传导机制的经验证据:银行主导国家的中小企业更多地依赖于内源融资,拥有更高的储蓄率。由于中小企业数量众多,它们共同推高了银行主导国家的企业储蓄。

本书对上述基准回归结果进行了一系列稳健性检验。包括控制时间趋势项的影响,排除金融中心效应,考虑海外上市及金融危机的影响,排除产油国及异常值的影响。实证研究中也尝试了横截面与面板数据回归、Tobit模型及工具变量估计方法,基准回归结果保持稳健。

解释两种金融体系下企业储蓄行为的差异,需要比较在两种金融体系下,小企业受到的外部融资抑制的差异。由于在银行主导国家,企业外部融资的主要途径是银行贷款,而在市场主导国家,股权融资占据更大的企业外部融资相对份额,所以需要比较银行融资与股权融资对于小企业的抑制程度是否存在显著差异。本书接下来比较银行融资与股权融资对于小企业抑制程度的差别,以更深入地理解金融结构对于企业融资行为的影响,为关于企业储蓄行为的研究提供进一步的微观基础和互补性证据。基于中国上市公司1991—2009年的数据和世界银行1999年的跨国企业调查数据,静态面板模型、动态面板模型与横截面Tobit模型的回归分析结果表明,企业的规模越小,银行融资占总资产的比重越小,同时银行融资相对于股权融资的比例越小。银行融资比股权融资对小企业施加了更多的抑制。这些实证结果为从金融结构和企业储蓄的视角解释经常账户失衡提供了进一步的微观基础。由于小企业获得的银行融资显著低于大企业的银行融资,而在股权融资方面,小企业与大企业并没有显著差异,所以,在银行主导国家(主要的融资方式是银行),小企业受到的融资抑制更大,需要提高自身储蓄来应对投资需求,使得该国企业储蓄上升,给定其他因素不变,该国经历更大的经常账户顺差(更小的逆差)。上述实证结果也为中小企业融资难的原因提供了一个新的解释,即中小企业受到的融资抑制与它们所处环境的金融结构相关。不同的外部融资方式对于中小企业的抑制程度不同,中小企业的融资问题就不仅与企业自身因素相关,也与一国的宏观金融结构有关。

分析了金融结构对经常账户失衡的影响后,本书基于1990—2007年56个国家的面板数据和1999年世界银行的企业调查数据,运用动态面板模型和Tobit模型,探讨了银行集中度对经常账户失衡的影响。实证分析结果表明,企业部门的储蓄和经常账户余额存在显著的正向关系。银行集中度越高的国家,企业储蓄越多,经常账户的顺差越大(逆差越小)。并且,这一关系在考虑了金融中心效应后,依然保持稳健。其背后的传导渠道在于,银行集中度越高的国家,企业(尤其是中小企业)从银行融资的份额越小,在外部融资受到较大抑制的情况下,企业更多地依靠自身的留存收益融资,从而提升了高银行集中度国家的企业储蓄,进而对经常账户的失衡状况产生影响。与从金融体系总体规模的角度强调金融发展对经常账户失衡的影响不同,本书的侧重点在于金融结构与银行体系的内部结构因素对于企业储蓄和经常账户失衡的影响。实证研究发现,总量规模上的金融发展并不能完全刻画企业的融资约束和储蓄行为,金融结构与银行业内部结构因素对于企业的融资状况和储蓄行为具有重要影响。结构因素的视角,为从金融体系的角度理解经常账户失衡提供了新的着眼点。

上述研究发现表明,给定其他因素不变,在中国这些银行体系占主导,直接融资相对不发达且银行集中度较高的国家,中小企业受到更多的融资抑制。因此,要想缓解外部失衡,解决银行主导与高银行集中度国家的中小企业融资难问题就成为重要的突破口。长期来看,改善法制环境,加强投资者保护,提高合约实施力度,降低融资成本,大力发展中小板和创业板市场,提高直接融资比重,大力发展中小金融机构是应该坚持的努力方向。短期内,给定金融结构与银行业结构的约束,对于中国这些银行在金融体系中发挥重要作用的国家,在传统信贷模式上进行创新,更好地帮助中小企业获得贷款就具有重要意义。

本书对银行联手电子商务平台为中小企业进行融资这一创新信贷模式进行了考察。通过构建信息经济学的理论分析框架,本书分析了传统信贷模式产生信贷配给的原因,探究了电子商务平台如何通过增大企业违约成本、发挥信息采集优势、与银行和政府共建风险池、实现规模经济等途径,在无需抵押品的情形下帮助低风险的优质中小企业获得银行贷款。本书的理论分析表明,电子商务平台可以通过调整企业的违约成本,实现企业信息的自动甄别,从而缓解信息不对称问题。电子商务平台的批量进入优势可以使其在更广泛的范围内发挥作用。电子商务平台信息采集成本的下降、政府在风险池中注资比例的增加、使用电子商务的企业数目的增多,均可推动电子商务平台在银企关系中扮演更重要的角色。在银行和电子商务平台联手的新型融资模式下,通过向风险池注资,政府可以借助电子商务平台的信息甄别机制,真正帮助经营效率高、风险低的优质中小企业获得银行贷款。这也是政府有的放矢地帮助中小企业解决融资难题,进而缓解经常账户失衡的新思路和重要举措。

同时,上述理论分析也为中国解决中小企业的融资难题提供了新思路。中小企业融资难,与中小企业信用信息的处理、加工、传播能力不足,特别是信用中介机构不够发达密切相关。银行和电子商务平台联手为中小企业贷款这一新型模式启示人们,解决中小企业的融资难题,关键在于降低信息不对称。因此,在全社会建立完善的中小企业信用体系,充分发挥信用资本在企业融资中的作用,拓宽信用甄别渠道,提高企业信息传递能力,对于缓解中小企业的融资难题具有重要意义。

本书的第二部分探讨了金融体系特征对经济波动的影响。运用中国省级层面的面板数据,本书探讨了银行集中度对于中国宏观经济和三次产业波动的影响。实证结果表明,银行集中度越高,外在冲击对于经济波动的影响越弱。高银行集中度对于中国的经济波动起到了"减震器"的作用。同时,银行集中度的这一作用主要体现在第二产业,更具体地,体现在第二产业的工业。在控制了银行集中度的影响后,信贷投放的水平项及其与外在冲击的交互项对于经济波动的影响都不显著,这说明单纯的信贷总量并不能全面地解释金融因素对于经济波动的影响,银行业的结构因素对于经济波动具有显著作用。进一步,本书从企业贷款的视角,探索了上述关系背后的传导渠道。基于中国上市公司面板数据

第9章 结论

的分析表明,银行集中度越高,企业的长短期贷款占总资产的比重越小,换言之,高银行集中度对于企业信贷具有抑制作用。由于中国是高速成长的经济体,更多时候面临经济过热和潮涌现象,而信贷投放对于经济过热发挥着推波助澜的作用,高银行集中度对于信贷投放的抑制,有利于缓解外在冲击对于经济波动的影响。

传统文献认为,银行集中度越高,银行的垄断力量越强,而垄断导致效率损失,不利于微观企业和宏观经济的发展。上述实证结果表明,这一论断忽视了高银行集中度在经济波动层面的作用:高银行集中度在缓解经济波动对于外在冲击的反应方面具有一定的积极影响。政府在制定银行业竞争政策,推进银行体系的改革时,不可贸然推进,仅仅考虑银行业内部的效率和绩效,而需要权衡取舍,因势利导,综合考虑利弊后,慎重作出抉择。若操之过急,一蹴而就,可能会扩大经济波动,引发经济的不稳定。

金融危机是经济波动的一种重要表现形式。深入研究银行集中度对于金融危机后企业信贷紧缩的影响,有助于进一步理解银行集中度对于经济波动的作用。本书的第8章利用世界银行1999年开展的世界商业环境调查(WBES)数据和Worldscope数据库提供的24个国家2007年第三季度至2009年第一季度的上市公司季度数据,运用Probit模型和工具变量回归,考察了东南亚金融危机和最近这次全球金融危机后,银行集中度对不同类型企业信贷紧缩的影响。实证研究分两步展开。先利用WBES数据,考察不同规模企业(大、小企业)的信贷增长是否受到银行集中度的显著影响。接下来,运用上市公司数据,考察银行集中度对不同企业信贷变化量的影响,并通过分析银行集中度对股价的影响,提供了银行集中度影响企业信贷增量的补充性证据。实证结果表明,不同的银行业结构,抵御危机的能力不尽相同;企业在金融危机之后出现的信贷紧缩状况随银行业结构的不同而呈现显著的差异。并且,对不同类型的企业而言,银行集中度的影响迥然不同。从信贷增长的可能性来看,银行集中度越高,小企业出现信贷增长的可能性越小,而从信贷紧缩幅度来看,银行集中度越高,大企业的信贷紧缩幅度越小。银行集中度越高,大企业股价下跌幅度越小。高银行集中度缓解了大企业的信贷紧缩,而加剧了小企业的信贷紧缩。上述结果对潜在遗漏变量问题和金融危机原发国的影响保持稳健。

上述实证结果启示人们,金融危机后,中国的小企业面临的更加严重的信贷紧缩与中国高度集中的银行业结构紧密相连。并且,不能简单地断言银行业结构对于企业信贷紧缩的影响,必须考虑企业的异质性,针对不同的企业,采取不同的对策。对于中国这样银行业集中程度较高的国家,大企业的信贷紧缩幅度越小,而小企业的信贷紧缩越大,危机后的信贷政策更应向小企业倾斜,扶助它们走出困境。

本书的贡献主要体现在以下几个方面。第一,本书丰富和发展了关于金融发展与经常账户失衡的文献。与现有文献强调金融部门的绝对发展水平不同,本书指出,金融部门的结构因素在经常账户失衡中发挥着更加重要的作用。经常账户失衡问题的成因并不仅由于政策扭曲,外部失衡恰恰反映了各国金融结构与银行业结构的差异及这种差异对于企业融资和储蓄行为的影响,改善失衡问题需从结构性因素入手,着力解决中小企业的融资难问题。金融结构与银行集中度的视角有利于更全面地理解经常账户失衡。

第二，本书在从微观视角研究宏观问题方面进行了有益的探索。通过将金融体系特征，企业储蓄与经常账户失衡纳入一个统一的框架，将微观模型与宏观模型相结合，综合运用宏观数据和微观企业数据，本书提供了金融结构与银行集中度影响经常账户失衡的内在机制与系统经验证据。

第三，本书提供了详尽的金融结构与银行集中度影响企业融资的微观基础，并对中小企业融资难的原因提出了新的解释。中小企业融资难不仅与企业自身因素相关，也与一国的宏观金融体系特征有关。

第四，本书为缓解经常账户失衡问题提供了新思路。银行主导的金融结构与较高的银行集中度对中小企业融资施加了较多的约束。应对高企业储蓄问题的关键在于在传统信贷模式上进行创新，处理好中小企业的融资难问题。本书通过分析电子商务平台如何通过增大企业违约成本、发挥信息采集优势、与银行和政府共建风险池、实现规模经济等途径，在无需抵押品的情形下帮助低风险的优质中小企业获得银行贷款，为银行通过电子商务平台为中小企业贷款的新型信贷模式提供了理论基础。在银行和电子商务平台联手的新型融资模式下，通过向风险池注资，政府可以借助电子商务平台的信息甄别机制，真正帮助经营效率高、风险低的优质中小企业获得银行贷款。这也是政府有的放矢地帮助中小企业解决融资难题，进而缓解经常账户失衡的新思路和重要举措。

第五，本书实证检验了银行集中度与宏观经济波动的关系，并且对背后的传导渠道进行了探索。通过探讨银行集中度对金融危机后不同规模企业信贷紧缩的影响,本书为理解银行集中度如何影响经济波动提供了进一步证据。这为全面理解银行集中度的作用,结合自身银行业结构,针对不同规模的企业采取不同的危机缓解措施,提供了启示。

参考文献

中文部分:

[1] 包群、阳佳余(2008):"金融发展影响了中国工业制成品出口的比较优势吗",《世界经济》第3期,第21–33页。

[2] 陈其安、肖映红、程玲(2008):"中小企业融资的三方信贷担保模型研究",《中国管理科学》第16卷专辑,第210–214页。

[3] 戴本忠、李湛(2009):"基于信息差异和故意违约成本模型的信贷市场分析",《南方经济》第10期,第29–39页。

[4] 董利(2006):"金融发展与我国经济增长波动性实证分析",《经济管理》第11期,第84–87页。

[5] 付俊文、赵红(2004):"信息不对称下的中小企业信用担保数理分析",《财经研究》第7期,第105–112页。

[6] 高莉(2009):"新贸易模式与世界经济失衡——基于NITP—GEM的研究",《国际贸易问题》第5期,第26–34页。

[7] 郝蕾、郭曦(2005):"卖方垄断市场中不同担保模式对企业融资的影响——基于信息经济学的模型分析",《经济研究》第9期,第58–65页。

[8] 何帆、张明(2007):"中国国内储蓄、投资和贸易顺差的未来演进趋势",《财贸经济》第5期,第79–85页。

[9] 雷达、赵勇(2009):"中美经济失衡的性质及调整:基于金融发展的视角",《世界经济》第1期,第62－71页。

[10] 李俊青、韩其恒(2011):"不完全金融市场、海外资产结构与国际贸易",《经济研究》第2期,第31－43页。

[11] 李志赟(2002):"银行结构与中小企业融资",《经济研究》第6期,第38－45页。

[12] 林毅夫(2007):"潮涌现象与发展中国家宏观经济理论的重新构建",《经济研究》第1期,第126－131页。

[13] 林毅夫、姜烨(2006):"发展战略、经济结构与银行业结构——来自中国的经验",《管理世界》第1期,第29－40页。

[14] 林毅夫、李永军(2001):"中小金融机构发展与中小企业融资",《经济研究》第1期,第10－18页。

[15] 林毅夫、孙希芳(2008):"银行业结构与经济增长",《经济研究》第9期,第31－45页。

[16] 林毅夫、孙希芳、姜烨(2009):"经济发展中的最优金融结构理论初探",《经济研究》第8期,第4－17页。

[17] 林毅夫、章奇、刘明兴(2003):"金融结构与经济增长——以制造业为例",《世界经济》第1期,第3－21页。

[18] 刘金全、刘志刚(2005):"我国经济周期波动中实际产出波动性的动态模式与成因分析",《经济研究》第3期,第26－35页。

[19] 柳剑平、孙云华(2007):"垂直专业化分工与中国对东亚经济体的贸易逆差兼及中国对美国贸易顺差的比较分析",《世界经济研究》第7期,第16－23页。

[20] 卢锋(2007):"中国国际收支双顺差现象研究:对中国外汇储备突破万亿美元的理论思考",《世界经济》第11期,第5-12页。

[21] 陆建明、杨珍增(2011):"创新和生产的垂直分工与全球失衡:金融发展与金融开放的影响",《世界经济文汇》第4期,第1-16页。

[22] 罗丹阳、宋建江(2004):"私营企业成长与融资来源选择",《金融研究》第10期,第120-127页。

[23] 骆振心、杜亚斌(2009):"银行业发展与中国宏观经济波动——理论及实证",《当代经济科学》第31卷第1期,第65-71页。

[24] 茅锐、徐建炜、姚洋(2012):"经常账户失衡的根源——基于比较优势的国际分工",《金融研究》第12期,第23-37页。

[25] 彭江波(2008):"以互助联保为基础构建中小企业信用担保体系",《金融研究》第2期,第75-82页。

[26] 齐俊妍(2005):"金融发展与贸易结构",《国际贸易问题》第7期,第31-41页。

[27] 谭之博、赵岳(2012):"银行集中度、企业储蓄与经常账户失衡",《经济研究》第12期,第55-68页。

[28] 田巍、姚洋、余淼杰、周羿(2011):"人口结构与国际贸易",北京大学国家发展研究院讨论稿,No. C2011015。

[29] 佟家栋、云蔚、彭支伟(2011):"新型国际分工、国际收支失衡与金融创新",《南开经济研究》第3期,第3-15页。

[30] 王道平、范小云(2011):"现行的国际货币体系是否是全球经济失衡和金融危机的原因",《世界经济》第1期,第52-72页。

[31] 王霄、张捷(2003):"银行信贷配给与中小企业贷款——一个

内生化抵押品和企业规模的理论模型",《经济研究》第 7 期,第 68 - 75 页。

[32] 肖立晟、王博(2011):"全球失衡与中国对外净资产:金融发展视角的分析",《世界经济》第 2 期,第 57 - 86 页。

[33] 肖泽忠、邹宏(2008):"中国上市公司资本结构的影响因素和股权融资偏好",《经济研究》第 6 期,第 119 - 134 页。

[34] 肖作平(2004):"资本结构影响因素和双向效应动态模型:来自中国上市公司面板数据的新证据",《经济评论》第 2 期,第 98 - 103 页。

[35] 谢世清、李四光(2011):"中小企业联保贷款的信誉博弈分析",《经济研究》第 1 期,第 97 - 111 页。

[36] 徐建炜、姚洋(2010):"国际分工新形态、金融市场发展与全球失衡",《世界经济》第 3 期,第 3 - 30 页。

[37] 徐忠、张雪春、丁志杰、唐天(2010):"公共财政与中国国民收入的高储蓄倾向",《中国社会科学》第 6 期,第 93 - 107 页。

[38] 许伟、陈斌开(2009):"银行信贷与中国经济波动:1993—2005",《经济学》(季刊)第 8 卷第 3 期,第 969 - 994 页。

[39] 杨继军(2010):"人口因素如何挑起外贸失衡:现象描述、理论模型与数值模拟",《国际贸易问题》第 11 期,第 3 - 12 页。

[40] 杨盼盼、徐建炜(2012):"中国的财政政策、实际汇率和经常账户失衡",北京师范大学博士学位论文。

[41] 杨胜刚、胡海波(2006):"不对称信息下的中小企业信用担保问题研究",《金融研究》第 1 期,第 118 - 126 页。

[42] 余永定、覃东海(2006):"中国的双顺差:性质根源和解决办法",《世界经济》第 3 期,第 31 - 41 页。

[43] 张承惠、高善文、陈道富、廖强、夏斌(2003):"中国银行体系贷款供给的决定及其对经济波动的影响",《金融研究》第8期,第19-35页。

[44] 张杰、尚长风(2006):"资本结构、融资渠道与小企业融资困境:来自中国江苏的实证分析",《经济科学》第3期,第35-46页。

[45] 张捷(2002):"中小企业的关系型借贷与银行组织结构",《经济研究》第6期,第32-37页。

[46] 张捷、王霄(2002):"中小企业金融成长周期与融资来源变化",《世界经济》第9期,第63-70页。

[47] 张少军、张少华(2008):"中国国际收支双顺差形成的微观机理探究——基于全球价值链视角的实证分析",《当代财经》第9期,第107-111页。

[48] 朱彤、郝宏杰、秦丽(2007):"中国金融发展与对外贸易比较优势关系的经验分析———一种外部融资支持的视角",《南开经济研究》第3期,第124-131页。

[49] 朱彤、漆鑫、李磊(2011):"金融发展、外生冲击与经济波动——基于我国省级面板数据的研究",《商业经济与管理》第1期,第52-59页。

[50] 祝丹涛(2008):"金融体系效率的国别差异和全球经济失衡",《金融研究》第8期,第29-38页。

[51] 赵振全、于震、刘淼(2007):"金融加速器效应在中国存在吗?",《经济研究》第6期,第27-38页。

英文部分:

[1] Acemoglu, D. and F. Zilibotti (1997), "Was Prometheus Unbound by Chance? Risk, Diversification and Growth", *Journal of Political Economy*, Vol. 105, No. 4, pp. 709 - 751.

[2] Acs, Z. J. and D. B. Audretsch (1988), "Innovation in Large and Small Firms: An Empirical Analysis", *American Economic Review*, Vol. 78, No. 4, pp. 678 - 690.

[3] Aghion, P., A. Banerjee, and T. Piketty (1999), "Dualism and Macroeconomic Volatility", *Quarterly Journal of Economics*, Vol. 114, November, pp. 1359 - 1397.

[4] Agostino M., and F. Trivieri (2010), "Is Banking Competition Beneficial to SMEs? An Empirical Study Based on Italian Data", *Small Business Economics*, Vol. 35, No. 3, pp. 335 - 355.

[5] Aisen, A., and M. Franken (2010), "Bank Credit during the 2008 Financial Crisis: A Cross-Country Comparison", IMF Working Paper 10/47.

[6] Allen, F., and D. Gale (1999), "Diversity of Opinion and Financing of New Technologies", *Journal of Financial Intermediation*, Vol. 8, pp. 68 - 89.

[7] Allen, F., and D. Gale (2000), *Comparing Financial Systems*, Cambridge: MIT Press.

[8] Almeida, H., M. Campello, and M. Weisbach (2004), "The Cash Flow Sensitivity of Cash", *Journal of Finance*, Vol. 59, pp. 1777 - 1804.

[9] Antras, P., and R. J. Caballero (2007), *Trade and Capital Flows: A*

Financial Frictions Perspective, NBER Working Paper No. 13241.

[10] Attanasio, O. P. and G. L. Violante (2005), *The Demographic Transition in Closed and Open Economy: A Tale of Two Regions*, Unpublished Manuscript, New York University.

[11] Bacchetta, P. and K. Benhima(2010), *The Demand for Liquid Assets, Corporate Saving and Global Imbalance*, Working Paper, University of Lausanne.

[12] Backus, D., E. Henricksen, F. Lambert, and C. Telmer(2005), "Current Account Fact and Fiction", Meeting Papers from Society for Economic Dynamics.

[13] Barro, R. J. (1976), "The Loan Market, Collateral and Rates of Interest", *Journal of Money, Credit and Banking*, Vol. 8, pp. 439 –456.

[14] Bates, T., K. Kahle, and R. Stulz(2009), "Why do U. S. Firms Hold So Much More Cash than They Used to?", *Journal of Finance*, Vol. 64, pp. 1985 –2021.

[15] Baum, C., S. Dorothea, and O. Talavera(2011), "The Impact of the Financial System's Structure on Firms' Financial Constraints", *Journal of International Money and Finance*, Vol. 30, pp. 678 –691.

[16] Baxter, M. (1995), "International Trade and Business Cycles", In G. M. Grossman and K. Rogoff, (Eds.), *Handbook of International Economics*: 1801 –1864. Amsterdam: North Holland.

[17] Bayoumi, T., H. Tong, and S. Wei(2010), *The Chinese Corporate Savings Puzzle: a Firm Level Cross Country Perspective*, NBER Working Paper

No. 10432.

[18] Beck, T. (2002), "Financial Development and International Trade: Is There a Link?", *Journal of International Economics*, Vol. 57, No. 1, pp. 107 - 131.

[19] Beck, T., A. Demirguc-Kunt, and R. Levine(2000), "A New database on Financial Development and Structure", *World Bank Economic Review*, Vol. 14, pp. 597 - 605.

[20] Beck, T., A. Demirguc-Kunt, and R. Levine(2006), "Bank Concentration, Competition, and Crises: First Results", *Journal of Banking and Finance*, Vol. 30, pp. 1581 - 1603.

[21] Beck, T., A. Demirguc-Kunt, and V. Maksimovic(2004), "Bank Competition and Access to Finance: International Evidence", *Journal of Money, Credit, and Banking*, Vol. 36, No. 3, pp. 627 - 648.

[22] Beck, T., A. Demirguc-Kunt, and V. Maksimovic(2006), "Small and Medium-size Enterprises: Access to Finance as a Growth Constraint", *Journal of Banking and Finance*, Vol. 30, No. 11, pp. 2931 - 2943.

[23] Beck, T., A. Demirguc-Kunt, and V. Maksimovic(2008), "Financing Patterns around the World: Are Small Firms Different?", *Journal of Financial Economics*, Vol. 89, pp. 467 - 487.

[24] Beck, T., L. Mattias, and G. Majnoni(2006), "Financial Intermediary Development and Growth Volatility: Do Intermediaries Dampen or Magnify Shocks?", *Journal of International Money and Finance*, Vol. 25, No. 7, pp. 1146 - 1167.

[25] Beck, T., and R. Levine (2002), "Industry Growth and Capital Allocation: Does Having a Market or Bank-based System Matter?", *Journal of Financial Economics*, Vol. 64, pp. 147 – 180.

[26] Becker, B., and D. Greenberg (2003), *The Real Effects of Finance: Evidence from Exports*, Mimeo, University of Chicago.

[27] Berger, A. N., N. H. Miller, M. A. Petersen, R. G. Rajan, and J. C. Stein (2005), "Does Function Follow Organizational Form? Evidence from the Lending Practices of Large and Small Banks", *Journal of Financial Economics*, Vol. 76, pp. 237 – 269.

[28] Berger A. N., A. Saunders, J. M. Scalise, and G. F. Udell (1998), "The Effect of Bank Mergers and Acquisitions on Small Business Lending", *Journal of Financial Economics*, Vol. 50, No. 2, pp. 187 – 229.

[29] Berger, A., L. Klapper, and R. Turk-Ariss (2009), "Bank Competition and Financial Stability", *Journal of Financial Services Research*, Vol. 35, No. 2, pp. 99 – 118.

[30] Berger, A. N., and G. F. Udell (1995), "Relationship Lending and Lines of Credit in Small Firm Finance", *Journal of Business*, Vol. 68, pp. 351 – 382.

[31] Berger, A. N., and G. F. Udell (1998), "The Economics of Small Business Finance: The Roles of Private Equity and Debt Markets in the Financial Growth Cycle", *Journal of Banking and Finance*, Vol. 22, No. 6, pp. 613 – 673.

[32] Berger, A. N., and G. F. Udell (2002), "Small Business Credit A-

vailability and Relationship Lending: The Importance of Bank Organizational Structure", *Economic Journal*, Vol. 112, pp. 32 – 53.

[33] Besanko, D., and A. V. Thakor (1987), "Collateral and Rationing: Sorting Equilibria in Monopolistic and Competitive Credit Markets", *International Economic Review*, Vol. 28, pp. 671 – 689.

[34] Bester, H. (1985), "Screening V. S. Rationing in Credit Markets with Imperfect Information", *American Economic Review*, Vol. 75, pp. 850 – 855.

[35] Bester, H. (1987), "The Role of Collateral in Credit Markets with Imperfect Information", *European Economic Review*, Vol. 31, pp. 887 – 899.

[36] Bhide, A. (1993), "The Hidden Costs of Stock Market Liquidity". *Journal of Financial Economics*, Vol. 34, pp. 1 – 51.

[37] Bolton, P., and X. Freixas (2000), "Equity, Bonds and Bank Debt: Capital Structure and Financial Market Equilibrium under Asymmetric Information", *Journal of Political Economy*, Vol. 108, No. 21, pp. 321 – 351.

[38] Boot, A. W., S. J. Greenbaum, and A. V. Thakor (1993), "Reputation and Discretion in Financial Contracting", *American Economic Review*, Vol. 83, pp. 1165 – 1183.

[39] Boot, A. W., and S. Greenbaum (1993), "Bank Regulation, Reputation and Rents: Theory and Policy Implications", in Capital Markets and Financial Intermediation, Eds. by Mayer, C. and X. Vives, pp. 292 – 318.

[40] Booth, L., V. Aivazian, A. Demirguc-Kunt, and V. Maksimovic (2001), "Capital Structures in Developing Countries", *Journal of Finance*,

Vol. 56, No. 1, pp. 87 – 130.

[41] Borensztein, E., and J. Lee(2002), "Financial Crisis and Credit Crunch in Korea: Evidence from Firm-level Data", *Journal of Monetary Economics*, Vol. 49, pp. 853 – 875.

[42] Boyd, J., and G. De Nicolo(2005), "The Theory of Bank Risk Taking Revisited", *Journal of Finance*, Vol. 60, pp. 1329 – 1343.

[43] Boyd, J., G. De Nicolo, and A. M. Jalal(2006), "Bank Risk Taking and Competition Revisited: New Theory and Evidence", IMF Working Paper, No. 06297.

[44] Boyd, J. H., and B. D. Smith(1998), "The Evolution of Debt and Equity Markets in Economic Development", *Economic Theory*, Vol. 12, pp. 519 – 560.

[45] Braun, M., and B. Larrain(2006), "Finance and the Business Cycle: International, Inter-Industry Evidence", *Journal of Finance*, Vol. 61, pp. 1097 – 1128.

[46] Brooks, R. (2003), "Population Aging and Global Capital Flows in a Parallel Universe", IMF Staff Papers, Vol. 50, No. 2, pp. 200 – 222.

[47] Caballero, R. J., E. Farhi, and P. Gourinchas(2008), "An Equilibrium Model of Global Imbalances and Low Interest Rates", *American Economic Review*, Vol. 98, No. 1, pp. 358 – 393.

[48] Caballero, R. J., and A. Krishnamurthy(2004), *Fiscal Policy and Financial Depth*, NBER Working Paper No. 10532.

[49] Carletti, E., and P. Hartmann(2003), "Competition and Financial

Stability: What's Special about Banking?", ECB Working Paper, No. 146.

[50] Carroll, C. D. , J. Overland, and D. N. Weil(2000) , "Saving and Growth with Habit Formation", *American Economic Review*, Vol. 90, No. 3, pp. 341 - 355.

[51] Chamon, M. and E. Prasad(2008) , *Why Are Saving Rates of Urban Households in China Rising?*, Global Economy and Development Working Paper.

[52] Chan, Y. S. , and G. Kanatas(1985) , "Asymmetric Valuation and the Role of Collateral in Loan Agreements", *Journal of Money, Credit and Banking*, Vol. 17, pp. 84 - 95.

[53] Chen, J. , and R. Strange(2005) , "The Determinants of Capital Structure: Evidence from Chinese Listed Companies", *Economic Change and Restructuring*, Vol. 38, No. 1, pp. 11 - 35.

[54] Chinn, M. D. , and E. Prasad(2003) , "Medium-term Determinants of Current Accounts in Industrial and Developing Countries: An Empirical Exploration", *Journal of International Economics*, Vol. 59, No. 1, pp. 47 - 76.

[55] Chinn, M. D. , and H. Ito(2007) , "Current Account Balances, Financial Development and Institutions: Assaying the World Saving Glut", *Journal of International Money and Finance*, Vol. 26, No. 4, pp. 546 - 569.

[56] Chinn, M. D. , and H. Ito(2008) , "A New Measure of Financial Openness", *Journal of Comparative Policy Analysis*, Vol. 10, pp. 307 - 320.

[57] Coale, A. J. , and E. Hoover(1958) , *Population Growth and Economic Development in Low-Income Countries*, New Jersey: Princeton University

Press.

[58] Cole, H. L., G. J. Mailath, and A. Postlewaite (1992), "Social Norms, Savings Behavior, and Growth", *Journal of Political Economy*, Vol. 100, No. 6, pp. 1092 – 1125.

[59] De Gregorio, J., and H. C. Wolf(1994), *Terms of Trade, Productivity and the Real Exchange Rate*, NBER Working Paper No. 1255.

[60] Demirguc-Kunt, A., and R. Levine (2001), *Financial Structure and Economic Growth: Cross-Country Comparisons of Banks, Markets, and Development*, Cambridge: MIT Press.

[61] Demirguc-Kunt, A., and V. Maksimovic(2002), "Funding Growth in Bank-based and Market-based Financial Systems: Evidence from Firm-level Data", *Journal of Financial Economics*, Vol. 65, pp. 337 – 363.

[62] Demsetz, R., M. R. Saidenberg, and P. E. Strahan (1996), "Banks with Something to Lose: The Disciplinary Role of Franchise Value", *Federal Reserve Bank of New York Economic Policy Review*, Vol. 2, No. 2, pp. 1 – 14.

[63] De Nicolo, G., and E. Loukoianova (2006), "Bank Ownership, Market Structure and Risk", IMF Working Paper, No. 07/215.

[64] Denizer, A. C., F. M. Iyigun, and A. Owen(2002), "Finance and Macroeconomic Volatility", *Contributions to Macroeconomics*, Vol. 2, No. 1, pp. 1 – 30.

[65] Dooley, M. P., D. Folkerts-Landau, and P. Garber(2003), *An Essay On the Revived Bretton Woods System*, NBER Working Paper No. 9971.

[66] Dooley, M. P., D. Folkerts-Landau, and P. Garber(2004), *The Re-*

vived Bretton Woods System: The Effects of Periphery Intervention and Reserve Management On Interest Rates and Exchange Rates in Center Countries, NBER Working Paper No. 10332.

[67] Dooley, M. P., D. Folkerts-Landau, and P. Garber(2004), *The US Current Account Deficit and Economic Development: Collateral for a Total Return Swap*, NBER Working Paper No. 10727.

[68] Dooley, M. P., D. Folkerts-Landau, and P. Garber(2009), "Bretton Woods II Still Defines the International Monetary System", *Pacific Economic Review*, Vol. 14, No. 3, pp. 297 - 311.

[69] Du, Q., and S. Wei(2010), *A Sexually Unbalanced Model of Current Account Imbalances*, NBER Working Paper No. 16000.

[70] Engel, C., and J. H. Rogers(2006), "The U. S. Current Account Deficit and the Expected Share of World Output", *Journal of Monetary Economics*, Vol. 53, No. 5, pp. 1063 - 1093.

[71] Erceg, C. J., L. Guerrieri, and C. Gust(2006), "SIGMA: A New Open Economy Model for Policy Analysis", *International Journal of Central Banking*, Vol. 2, No. 1, pp. 1 - 53.

[72] Erickson, T., and T. M. Whited(2000), "Measurement Error and the Relationship Between Investment and q", *Journal of Political Economy*, Vol. 108, pp. 1027 - 1057.

[73] Fama, E., and K. French(1992), "The Cross-Section of Expected Stock Returns", *Journal of Finance*, Vol. 47, No. 2, pp. 427 - 465.

[74] Ferrucci, G., and C. Miralles(2007), *Saving Behavior and Global*

Imbalances: the Role of Emerging Market Economies, European Central Bank Working Paper Series No. 842.

[75] Frankel, J. (2006), *Global Imbalances and Low Interest Rates: An Equilibrium Model V. S. a Disequilibrium Reality*, Working Papers Series 06 – 035, Harvard University.

[76] Gertler, M., and S. Gilchrist (1994), "Monetary Policy, Business Cycles, and the Behavior of Small Manufacturing Firms", *Quarterly Journal of Economics*, Vol. 109, No. 2, pp. 309 – 340.

[77] Gertler, M., and K. Rogoff (1990), "North-south Lending and Endogenous Domestic Capital Market Inefficiencies", *Journal of Monetary Economics*, Vol. 26, No. 2, pp. 245 – 66.

[78] Glick, R., and K. Rogoff (1995), "Global versus Country-specific Productivity Shocks and the Current Account", *Journal of Monetary Economics*, Vol. 35, No. 1, pp. 159 – 192.

[79] Gourinchas, P., and H. Rey (2007), "From World Banker to World Venture Capitalist: US External Adjustment and the Exorbitant Privilege", In R. Clarida (Eds.), *G7 Current Account Imbalances: Sustainability and Adjustment*: 11 – 55. Chicago: University of Chicago Press.

[80] Grossman, S., and O. Hart (1980), "Takeover Bids, the Free-rider Problem, and the Theory of the Corporation", *Bell Journal of Economics*, Vol. 11, pp. 42 – 64.

[81] Gruber, J., and S. Kamin (2008), *Do Differences in Financial Development Explain the Global Pattern of Current Account Imbalances*, Interna-

tional Finance Discussion Papers 923, Board of Governors of the Federal Reserve System.

[82] Guo, L. (2008), *Capital Flows and the Financial Development: Will the Financial Globalization Be a Solution or a Problem for Emerging Countries*, Pantheon Sorbonne University.

[83] Guiso, L., P. Sapienza, and L. Zingales (2004), "Does Local Financial Development Matter", *Quarterly Journal of Economics*, Vol. 119, No. 3, pp. 929 - 969.

[84] Hellwig, M. (1991), "Banking, Financial Intermediation, and Corporate Finance", In A. Giovanni and C. Mayer, *European Financial Integration*: 35 - 63. Cambridge: Cambridge University Press.

[85] Hellwig, M. (1998), *On the Economics and Politics of Corporate Finance and Corporate Control*, Working Paper, University of Mannheim.

[86] Henriksen, E. (2005), "A Demographic Explanation of U. S. and Japanese Current Account Behavior", Unpublished manuscript.

[87] Higgins, M., and J. G. Willamson (1997), "Age Structure Dynamics in Asia and Dependence on Foreign Capital", *Population and Development Review*, Vol. 23, No. 2, pp. 261 - 293.

[88] Holstrom, B., and J. Tirole (1997), "Financial Intermediation, Loanable Funds, and the Real Sector", *Quarterly Journal of Economics*, Vol. 112, No. 3, pp. 663 - 691.

[89] Hubbard, R. (2006), "The U. S. Current Account Deficit and Public Policy", *Journal of Policy Modeling*, Vol. 28, pp. 665 - 671.

[90] Jayaratne, J., and J. Wolken(1999), "How Important Are Small Banks to Small Business Lending? New Evidence from a Survey of Small Firms", *Journal of Banking and Finance*, Vol. 23, pp. 427-458.

[91] Ju, J., and S. Wei(2010), "Domestic Institutions and the Bypass Effect of Financial Globalization", *American Economic Journal: Economic Policy*, Vol. 2, No. 4, pp. 173-204.

[92] Keeley, M. (1990), "Deposit Insurance, Risk and Market Power in Banking", *American Economic Review*, Vol. 80, pp. 1183-1200.

[93] Kollmann, R. (1998), "U. S. Trade Balance Dynamics: The Role of Fiscal Policy and Productivity Shocks and of Financial Market Linkages", *Journal of International Money and Finance*, Vol. 17, pp. 637-669.

[94] La Porta, R., F. Lopez-de-Silanes, A. Shleifer and R. W. Vishny (1997), "Legal Determinants of External Finance", *Journal of Finance*, Vol. 52, pp. 1131-1150.

[95] La Porta, R., F. Lopez-de-Silanes, A. Shleifer and R. W. Vishny(1998), "Law and Finance", *Journal of Political Economy*, Vol. 106, pp. 1113-1155.

[96] La Porta, R., F. Lopez-de-Silanes, A. Shleifer and R. W. Vishny (2000), "Investor Protection and Corporate Governance", *Journal of Financial Economics*, Vol. 58, pp. 3-29.

[97] La Porta, R., F. Lopez-de-Silanes, and A. Shleifer(2002), "Government Ownership of Commercial Banks", *Journal of Finance*, Vol. 57, pp. 265-301.

[98] Levine, R. (1997), "Financial Development and Economic Growth: Views and Agenda", *Journal of Economic Literature*, Vol. 35, pp. 688-726.

[99] Loayza, N., S. Klaus, and L. Serven (1998), *What Drives Saving Across the World?*, Manuscript, the World Bank.

[100] Love, I. (2012), "How Bank Competition Affects Firms' Access to Finance", Policy Research Working Paper 6163.

[101] Marcus, A. J. (1984), "Deregulation and Bank Financial Policy", *Journal of Banking and Finance*, Vol. 8, pp. 557-565.

[102] Mckinnon, R., and G. Schnabl (2009), "China's Financial Conundrum and Global Imbalances", BIS Working Paper No. 277.

[103] Mendoza, E. G., V. Quadrini, and J. Rios-Rull (2009), "Financial Integration, Financial Development and Global Imbalances", *Journal of Political Economy*, Vol. 117, No. 3, pp. 371-416.

[104] Micco, A., and U. Panizza (2005), "Bank Concentration and Credit Volatility", Central Bank of Chile Working Papers, No. 342.

[105] Michaelas, N., P. Chittenden, and F. Poutziouris (1999), "Financial Policy and Capital Structure Choice in U. K. SMEs: Empirical Evidence from Company Panel Data", *Small Business Economics*, Vol. 12, No. 2, pp. 113-130.

[106] Myers, S. C. (1977), "Determinants of Corporate Borrowing", *Journal of Financial Economics*, Vol. 5, No. 2, pp. 147-175.

[107] Myers, S. C., and N. S. Majluf (1984), "Corporate Financing

and Investment Decisions When Firms Have Information Investors don't Have", *Journal of Financial Economics*, Vol. 13, No. 2, pp. 77 – 107.

[108] Obstfeld, M., and K. Rogoff(1995), "Exchange Rate Dynamics Redux", *Journal of Political Economy*, Vol. 103, No. 3, pp. 624 – 660.

[109] OECD, (2007), *Corporate Saving and Investment: Recent Trends and Prospects*, OECD Economic Outlook 82, Chapter 3.

[110] Ogaki, M., J. Ostry, and G. Reinhart(1995), *Saving Behavior in Low and Middle Income Developing Countries: A Comparison*, IMF Working Paper WP/95/3.

[111] Oudiz, G., and J. Sachs(1984), "Macroeconomic Policy Coordination among the Industrial Economies", *Brookings Papers on Economic Activity*, No. 1, pp. 1 – 75.

[112] Pang, J., Y. Shi, and H. Wu, "Banking Market Structure, Liquidity Needs, and Industrial Volatility", 24th Australasian Finance and Banking Conference 2011 Paper. Available at SSRN: http://ssrn.com/abstract = 1350142.

[113] Peek, J., and E. S. Rosengren (1995), "Bank Regulation and Credit Crunch", *Journal of Banking and Finance*, Vol. 19, pp. 679 – 692.

[114] Peek, J., and E. S. Rosengren(1998), "Bank Consolidation and Small Business Lending: It's not Just Bank Size that Matters", *Journal of Banking and Finance*, Vol. 22, No. 6, pp. 799 – 819.

[115] Petersen, M., and R. Rajan(1995), "The Effect of Credit Market Competition on Lending Relationships", *Quarterly Journal of Economics*,

Vol. 110, No. 2, pp. 407 - 443.

[116] Piyapas, T. (2007), "Capital Market and Business Cycle Volatility", MPRA Paper 4952, University Library of Munich, Germany, revised 07 Oct 2007.

[117] Raddatz, C. (2006), "Liquidity Needs and Vulnerability to Financial Underdevelopment", *Journal of Financial Economics*, Vol. 80, pp. 677 - 722.

[118] Rajan, R. G. (1992), "Insiders and Outsiders: the Choice between Informed and Arms Length Debt". *Journal of Finance*, Vol. 47, pp. 1367 - 1400.

[119] Rajan, R., and L. Zingales (1995), "What do We Know about Capital Structure? Some Evidence from International Data", *Journal of Finance*, Vol. 50, No. 5, pp. 1421 - 1460.

[120] Riddick, L., and T. Whited (2009), "The Corporate Propensity to Save", *Journal of Finance*, Vol. 64, No. 4, pp. 1729 - 1766.

[121] Riley, J. G. (1979), "Informational Equilibrium", *Econometrica*, Vol. 47, pp. 331 - 359.

[122] Rothschild, M., and J. E. Stiglitz (1976), "Equilibrium in Competitive Insurance Markets: An Essay on the Economics of Imperfect Information", *Quarterly Journal of Economics*, Vol. 90, pp. 629 - 649.

[123] Sandri, D. (2010), "Growth and Capital Flows with Risky Entrepreneurship", IMF Working Paper WP/10/37.

[124] Song, Z., K. Storesletten, and F. Zilibotti (2011), "Growing like

China", *American Economic Review*, Vol. 101, pp. 202 – 241.

[125] Schmukler, S., and E. Vesperoni (2001), "Firms' Financing Choices in Bank-based and Market-based Economies", In A. Demirguc-Kunt and R. Levine, (Eds.), *Financial Structure and Economic Growth*: 347 – 376. Cambridge, MA: MIT Press.

[126] Shen, Y., M. Shen, Z. Xu and Y. Bai (2009), "Bank Size and Small and Medium Sized Enterprise Lending: Evidence from China", *World Development*, Vol. 37, No. 4, pp. 800 – 811.

[127] Stein, J. C. (2002), "Information Production and Capital Allocation: Decentralized versus Hierarchical Firms", *Journal of Finance*, Vol. 57, No. 5, pp. 1891 – 1921.

[128] Stiglitz, J. E. (1985), "Credit Markets and the Control of Capital", *Journal of Money, Credit and Banking*, Vol. 17, pp. 133 – 152.

[129] Stiglitz, J. E., and A. Weiss (1981), "Credit Rationing in Markets with Imperfect Information", *American Economic Review*, Vol. 71, pp. 393 – 410.

[130] Strahan, P. E., and J. P. Weston (1998), "Small Business Lending and the Changing Structure of the Banking Industry", *Journal of Banking and Finance*, Vol. 22, No. 6, pp. 821 – 845.

[131] Stock, J., J. Wright, and M. Yogo (2002), "A Survey of Weak Instruments and Weak Identification in Generalized Method of Moments", *Journal of the American Statistical Association*, Vol. 20, pp. 518 – 529.

[132] Svaleryd, H., and J. Vlachos (2005), "Financial Markets, the

Pattern of Industrial Specialization and Comparative Advantage: Evidence from OECD Countries", *European Economic Review*, Vol. 49, No. 1, pp. 113 – 144.

[133] Tong, H., and S. Wei(2011), "The Composition Matters: Capital Inflows and Liquidity Crunch During a Global Economic Crisis", *Review of Financial Studies*, Vol. 24, pp. 2023 – 2052.

[134] Wang, P., Y. Wen, and Z. Xu(2012), *Two-way Capital Flows and Global Imbalances: a Neoclassical Approach*, Working Paper Series, Federal Reserve Bank of St. Louis.

[135] Willen, P. S. (2004), *Incomplete Markets and Trade*, Working Paper Series 04 – 8, Federal Reserve Bank of Boston.

[136] Weinstein, D. E., and Y. Yafeh (1998), "On the Costs of a Bank-centered Financial System: Evidence from the Changing Main Bank Relations in Japan", *Journal of Finance*, Vol. 53, pp. 635 – 672.

[137] Zhang, J., G. Wan, and Y. Jin(2007), *The Financial Deepening-Productivity Nexus in China: 1987 – 2001*, Research Paper No. 2007/08, UNU World Institute for Development Economics Research(UNU-WIDER).

附录1

第2章的讨论假设每单位融资成本相对于项目回报足够小,简化了对资本需求与供给的计算,以更好地阐述金融结构的影响机制,而不是局限于技术细节。本附录不做这一假设,运用数值解法,模拟融资成本 c 与封闭经济下净资本回报 $f'(K_t)$ (R'_t) 的关系。

求解的思路是从资本需求及资本供给式(2.4)求解出均衡时的 k_t,为此,需要将式(2.4)中的各项表达为 k_t 的函数。

首先,将每单位资本的收益 H_t 代入可以获得直接融资(市场融资)的企业份额 D_t,及可以获得间接融资(银行融资)的企业份额 N_t,由此可以得到:

$$D_t = -\frac{ck_t^{2-\alpha}}{2\alpha A_t} + \frac{ck_t^{2-\alpha}}{2\alpha A_t}\ln(\frac{ck_t^{2-\alpha}}{\alpha A_t}) + \frac{1}{2} - \frac{ck_t^{1-\alpha}}{2\alpha A_t}\ln(\frac{ck_t^{2-\alpha}}{\alpha A_t})$$

$$N_t = -\frac{ck_t^{1-\alpha}\ln k_t}{2\alpha A_t} + \frac{ck_t^{2-\alpha}}{2\alpha A_t} - \frac{ck_t^{2-\alpha}}{2\alpha A_t}\ln(\frac{ck_t^{2-\alpha}}{\alpha A_t}) - \frac{ck_t^{1-\alpha}}{2\alpha A_t} + \frac{ck_t^{1-\alpha}}{2\alpha A_t}\ln(\frac{ck_t^{2-\alpha}}{\alpha A_t})$$

D_t 与 N_t 关于 k_t 的导数为:

$$\frac{\partial D_t}{\partial k_t} = \frac{(2-\alpha)ck_t^{1-\alpha}\ln(\frac{ck_t^{2-\alpha}}{\alpha A_t})}{2\alpha A_t} - \frac{c(1-\alpha)\ln(\frac{ck_t^{2-\alpha}}{\alpha A_t})}{2\alpha A_t k_t^{\alpha}} - \frac{(2-\alpha)c}{2\alpha A_t k_t^{\alpha}}$$

$$\frac{\partial N_t}{\partial k_t} = -\frac{c(1-\alpha)\ln k_t}{2\alpha A_t k_t^{\alpha}} - \frac{(2-\alpha)ck_t^{1-\alpha}\ln(\frac{ck_t^{2-\alpha}}{\alpha A_t})}{2\alpha A_t} + \frac{c(1-\alpha)\ln(\frac{ck_t^{2-\alpha}}{\alpha A_t})}{2A_t\alpha k_t^{\alpha}}$$

将 H_t 代入资本需求 K_t，并对 k_t 求导，可以得到：

$$\frac{\partial K_t}{\partial k_t} = \left[\frac{1}{2} - \frac{ck_t^{1-\alpha}}{2\alpha A_t}(1+\ln k_t)\right] + k_t\left[-\frac{(2-\alpha)c}{2\alpha A_t k_t^\alpha} - \frac{c(1-\alpha)\ln k_t}{2\alpha A_t k_t^\alpha}\right]$$

$$= \frac{1}{2} - \frac{(3-\alpha)ck_t^{1-\alpha}}{2\alpha A_t} - \frac{(2-\alpha)ck_t^{1-\alpha}\ln k_t}{2\alpha A_t}$$

而由 $f = (A_t k_t^\alpha - ck_t)D_t + \left(A_t k_t^\alpha - \frac{c}{k_t}k_t\right)N_t$，可得：

$$\frac{\partial f}{\partial k_t} = (R_t - c)D_t + (A_t k_t^\alpha - ck_t)\frac{\partial D_t}{\partial k_t} + R_t N_t + (A_t k_t^\alpha - c)\frac{\partial N_t}{\partial k_t}$$

$$= \frac{1}{2}\alpha A_t k_t^{\alpha-1} - \frac{c}{2}(1+\ln k_t) - cD_t + (A_t k_t^\alpha - ck_t)\frac{\partial D_t}{\partial k_t} + (A_t k_t^\alpha - c)\frac{\partial N_t}{\partial k_t}$$

$$\equiv G(k_t)$$

将 D_t、D_t 与 N_t 关于 k_t 的导数代入上式，并使用链式法则，可以得到 $f'(K_t)$。

在平衡增长路径 BGP 上，R_t 为常数 R，由 $R = \alpha A_t k_t^{\alpha-1} = \alpha A_{t+1} k_{t+1}^{\alpha-1} = \alpha A_{t-1} k_{t-1}^{\alpha-1}$ 可以得到：

$$k_{t+1} = (1+g)^{\frac{1}{1-\alpha}} k_t, \quad k_{t-1} = k_t/(1+g)^{\frac{1}{1-\alpha}}$$

将它们代入 $K_{t-1} = \left[\frac{1}{2} - \frac{c}{2R}(1+\ln k_{t-1})\right]k_{t-1}$ 与 $K_{t+1} = \left[\frac{1}{2} - \frac{c}{2R}(1+\ln k_{t+1})\right]k_{t+1}$，可以得到：

$$K_{t-1} = \frac{1}{2}k_t/(1+g)^{\frac{1}{1-\alpha}} - \frac{ck_t^{2-\alpha}\{1+\ln[k_t/(1+g)^{\frac{1}{1-\alpha}}]\}}{2\alpha A_t(1+g)^{\frac{1}{1-\alpha}}}$$

$$K_{t+1} = \frac{1}{2}k_t(1+g)^{\frac{1}{1-\alpha}} - \frac{ck_t^{2-\alpha}(1+g)^{\frac{1}{1-\alpha}}\{1+\ln[k_t(1+g)^{\frac{1}{1-\alpha}}]\}}{2\alpha A_t}$$

同理,可以得到 $D_{t-1}(k_t)$ 与 $N_{t-1}(k_t)$。将相应表达式代入式(2.4),最终可以得到关于 k_t 的非线性方程。由数值算法求解该方程,并代回到 $f'(K_t)$,可以得到对应于 c 的资本净回报,画出两者的散点图。

图 A.1 给出了当 c 变化时,相对应的资本净回报(参照文献中的参数取值,取 $\alpha = 0.33, \beta = 0.99, g = 0.03$,并将 A_t 标准化为 1)。由图 A.1 可知,两 X 者呈现负相关关系,即银行主导国家的净资本回报更低。

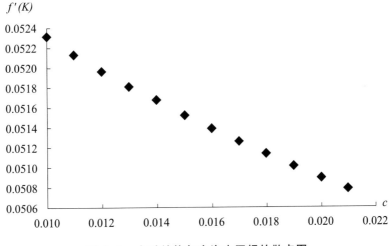

图 A.1　金融结构与净资本回报的散点图

注:$g = 0.03, \alpha = 0.33, \beta = 0.99$。

通过更换 g 的取值,求解 c 与净资本回报的关系,可以检验结论的稳健性。图 A.2 至图 A.4 给出了 $g = 0.01, g = 0.05$ 与 $g = 0.08$ 时,c 与净资本回报的散点图。由图 A.2 至图 A.4 可知,c 与净资本回报的关系对于 g 的不同取值保持稳健。

综上所述,在封闭经济条件下,相对于市场主导国家,银行主导国家的净资本回报率更低。

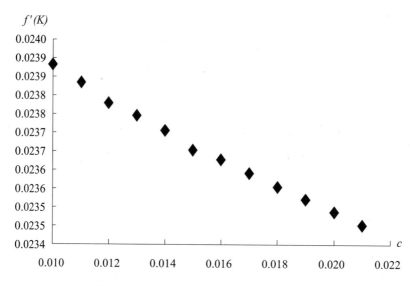

图 A.2　金融结构与净资本回报的散点图

注：$g=0.01, \alpha=0.33, \beta=0.99$。

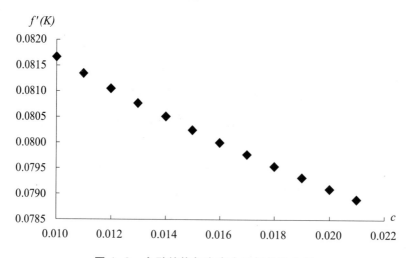

图 A.3　金融结构与净资本回报的散点图

注：$g=0.05, \alpha=0.33, \beta=0.99$。

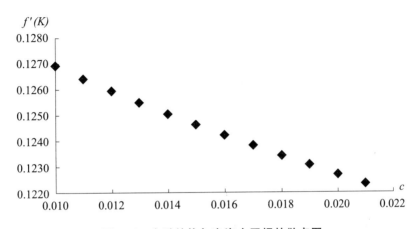

图 A.4 金融结构与净资本回报的散点图

注:$g=0.08$,$\alpha=0.33$,$\beta=0.99$。

附录 2

本附录说明,在一定条件下,一个收入不断增长的经济体,其经常账户顺差(逆差)是可以持续的,并可以保持对外净资产(负债)与经常账户余额占收入的比重为常数。换言之,在较弱的参数条件下,第二章动态模型所刻画的银行主导(市场主导)的经济体在 BGP 上的特征可以得到满足,其收入、消费、投资、对外净资产(负债)以恒定速度增长,经常账户顺差(逆差)占收入的比重恒定。

下面以银行主导国家为例进行说明,市场主导国家的情况类似,不再赘述。由于只讨论一个国家,为了记号简便,去掉代表国家编号的下脚标。

银行主导国家(国家 1)的预算约束式为:

$$CA_t = B_{t+1} - B_t = f(K_t) + R'B_t - C_t - I_t \equiv Y_t + R'B_t - C_t - I_t \quad (1)$$

由式(1)可推得:

$$B_{t+1} = \frac{B_{t+2}}{1+R'} + \frac{C_{t+1} + I_{t+1} - Y_{t+1}}{1+R'} \quad (2)$$

将式(2)代入式(1),可得:

$$(1+R')B_t = C_t + I_t - Y_t + \frac{C_{t+1} + I_{t+1} - Y_{t+1}}{1+R'} + \frac{B_{t+2}}{1+R'} \quad (3)$$

将式(2)向前一期,可以推得:

$$\frac{B_{t+2}}{1+R'} = \frac{B_{t+3}}{(1+R')^2} + \frac{C_{t+2} + I_{t+2} - Y_{t+2}}{(1+R')^2} \qquad (4)$$

将式(4)代入式(3),可以消掉 B_{t+2}。

如此反复迭代,可以得到:

$$\sum_{s=t}^{t+T} (\frac{1}{1+R'})^{s-t}(C_s + I_s) + (\frac{1}{1+R'})^T B_{t+T+1}$$
$$= (1+R')B_t + \sum_{s=t}^{t+T} (\frac{1}{1+R'})^{s-t}(Y_s) \qquad (5)$$

当 $T \to \infty$ 时,横截性条件(Transversality Condition)需要满足,即:

$$\lim_{T \to \infty} (\frac{1}{1+R'})^T B_{t+T+1} = 0$$

这需要 B_t 的增长速度 $\tilde{g}$ 小于 R'。此时,式(5)可以化简为:

$$-(1+R')B_t = \sum_{s=t}^{\infty} (\frac{1}{1+R'})^{s-t}(Y_s - C_s - I_s) \equiv \sum_{s=t}^{\infty} (\frac{1}{1+R'})^{s-t} TB_s \qquad (6)$$

式(6)为跨期预算约束(Inter-temporal Budget Constraint),跨国借贷的可持续性需要式(6)得到满足。

在 BGP 上,$\hat{C}_t = \hat{I}_t = \hat{Y}_t = \hat{B}_t = \tilde{g}$,所以,当 $R' > \tilde{g}$ 时(横截性条件得以满足需要该条件成立),式(6)右边可以化简为:

$$\sum_{s=t}^{\infty} (\frac{1}{1+R'})^{s-t} TB_s = TB_t \sum_{s=t}^{\infty} (\frac{1+\tilde{g}}{1+R'})^{s-t} = TB_t \frac{1+R'}{R'-\tilde{g}} \qquad (7)$$

将式(7)代回式(6),可以得到:$-B_t(R' - \tilde{g}) = TB_t$

由于 $B_t > 0, R' - \tilde{g} > 0$,这需要 $TB_t < 0$。

因此,只要 $R' > \tilde{g}$,$TB_t < 0$,即净资产的增长速度(也是经济增长率)低于实际利率,将贸易赤字的规模保持在净资产的一个固定比率(实

际利率与增长速度之差),银行主导国家的经常账户顺差就是可持续的,其占收入的比重为一常数。

类似的分析可以得出,对于市场主导国家,只要净债务的增长速度低于实际利率,每期通过贸易盈余偿付净债务的一个固定比率(实际利率与增长速度之差),其经常账户逆差就是可持续的,其占收入的比重为一常数。

由于实际利率通常大于经济增长速度[1],这些前提条件较易得以满足。

---

[1] 比如,美国1994—2007年的平均实际利率为4.94%,而平均GDP增长率为3.25%。

后　记

本书汇集了我在攻读博士期间的部分研究成果。研究虽然不是一帆风顺，但朗润园与经济学院大师云集，精英荟萃，总让我在山重水复疑无路之时，峰回路转，找到新的曙光。看到自己的研究成果终于汇集成书，心中充满了喜悦，更充盈着感激。此书在写作过程中得到了父母和许多恩师的帮助，在此对他们表示深深的感谢。

首先要感谢我的父母。我的一点一滴的成绩都凝聚着他们的巨大心血。他们不仅在生活上给予我无微不至的关怀，而且时刻在精神上理解我，鼓励我，支持我。每当我遇到困难，他们总是分担我的痛苦，安慰我，鼓励我，启发我寻求新的思路，探索新的办法，给我鼓劲加油。每当我小有成绩，他们总是分享我的快乐，提醒我戒骄戒躁，谦虚谨慎，踏踏实实地走好每一步。他们始终是我成长和进步的坚强后盾。

我要对姚洋老师致以最真诚的感谢。老师高尚的品格、渊博的学识及深深的人文关怀令我折服，指引我走向了学术研究的道路。老师对经济学理论的深厚功底及对实证研究的丰富经验总是能在关键时刻让我拨云见日，将看似困难重重的研究深入下去。老师身体力行地教会了我如何去思考问题，如何开展好的理论和实证研究，如何在理论与现实间权衡取舍，抓到问题的本质，如何去抽象问题，将研究层层深入，如何站在巨人的肩膀上做出新的探索。老师不仅发表了大量学术论文，而且坚持撰写英文专栏文章,促进中国与他国的对话,并多次分享了他利用撰写专栏文章和国际会议的机会提高英文水平的经验,让我受益匪浅。每当我心生困惑,他总能为我指点迷津,答疑解惑;每当我碰壁受挫,他总能鼓励我坚持不懈,激励我不断前行。老师办公室里那满架的书卷,"激浊扬清"的匾额深深留在我的心中,他勤奋探索、严谨执着的精神时刻鞭策着我前行。

我还要向张军老师致以最真诚的感谢。老师胸怀全局,举重若轻,条分缕析,总能对问题进行入木三分的解读。老师总能把复杂的问题简单化,一以贯之的思维框架和清晰的分析思路总能帮助我们拨云见日,认清问题的本质。老师对于学术研究的执着和挚爱深深鼓励着我。老师勇于面对困难,乐观向上的精神始终激励着我,鞭策我不畏困难,勇于探索。

我还要向魏尚进老师致以最真诚的感谢。访问哥伦比亚大学期间,老师给了我很多指导,教会我如何运用严谨的框架去提炼问题,开展扎实的实证研究。老师多次组织我们参加各种活动,大大开阔了我们的视野。他平易近人的风范、标新立异的想法、勤奋严谨的精神,时刻鼓励着我在为人与为学方面不断精进。

我的进步也离不开张晓波老师的帮助和指导,在此向他致以最真诚的感谢。老师对于现实问题的深刻理解让我受益良多,教会我如何从实地调研中得到灵感和启发,找到好的题目,提炼好的想法,进而开展深入的研究。他时常提醒我们,经济学不能停留在书本,更需要与现实紧密结合,运用扎实的理论、严谨的实证方法去研究重要的现实问题。老师在实证研究方面的扎实功底帮助我在相关领域取得了长足的进步,他不断的鼓励让我充满信心,坚持在学术研究的道路上不懈求索。

最后,我还要感谢北京大学中国经济研究中心的黄益平、霍德明、雷晓燕、李力行、林毅夫、卢锋、沈艳、汪浩、王敏、巫和懋、行桂英、徐建国、鄢萍、余淼杰、张帆、赵波、朱家祥、周其仁等老师,杨汝岱、陈斌开、徐建炜、徐轶青、郭云南、茅锐、张牧扬、贾珅、柳庆刚、蔡晓慧、王雪珂、马光荣、戴觅等学长学姐,陈剑锋、谢沛初、王戴黎、李晋、王豪、吴鸢鸢、苟琴、冯时、田萌、赵岳、李相梁、智琨等同学。我还要感谢复旦大学的陈钊、罗长远、章奇老师,清华大学的鞠建东、文一老师,南开大学的李坤望、包群、孙浦阳老师,中国人民大学的张成思、谭淑豪老师。各位师友的教诲和指点使得本书可以日臻完善。

本书撰写过程中参考了许多国内外学者的研究成果,在此对他们表示深深的感谢。当然,本书存在的不足也请各位师友不吝指正。

谭之博
2016 年 6 月于上海